予測マシンの世紀

AIが駆動する新たな経済

アジェイ・アグラワル
ジョシュア・ガンズ
アヴィ・ゴールドファーブ
小坂恵理──訳

Prediction Machines
The Simple Economics of Artificial Intelligence
Ajay Agrawal ・ Joshua Gans ・ Avi Goldfarb

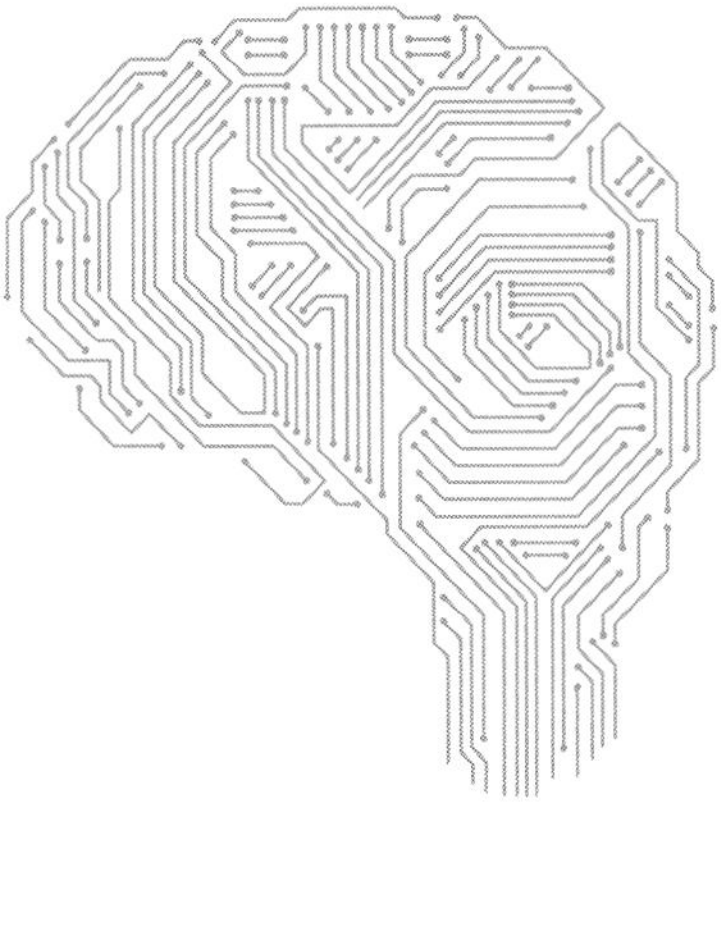

早川書房

PREDICTION MACHINES

The Simple Economics of Artificial Intelligence

by

Ajay Agrawal, Joshua Gans and Avi Goldfarb

Translated by
Eri Kosaka
First published 2019 in Japan by
Hayakawa Publishing, Inc.
This book is published in Japan by
arrangement with
Levine Greenberg Rostan Literary Agency
through The English Agency (Japan) Ltd.

装幀／早川書房デザイン室

私たちの家族、同僚、学生、そしてスタートアップ企業に本書を捧げる。皆さんから受けたインスピレーションのおかげで、人工知能について深く掘り下げ、明確に考えることができた。

目次

＊訳者による注は小さめの［ ］で示した。

第一章　はじめに――機械知能《マシン・インテリジェンス》

もしもまだ、つぎのようなシナリオに馴染《なじ》みがないとしても、そうでなくなるのは時間の問題だろう。ある子どもが部屋にこもって宿題に取り組んでいて、問題文を読み上げる声が聞こえてくる。「デラウェア州の州都はどこですか？」そこで親は考え始める。ボルティモア……うーん、そんなにわかりやすい場所じゃなかった……ウィルミントンかな……いや、違う。しかし考えがまとまらないうちに、アレクサという機械が正確な答えを見つけ出し、「デラウェア州の州都はドーバーです」と教えてくれる。アレクサはアマゾンが開発した人工知能（ＡＩ）で、自然言語を解釈して質問の答えを瞬時に提供する。どんな情報でも提供してくれる物知りのアレクサは、子どもの目には親代わりの存在に映ることだろう。

ＡＩはいたるところに存在している。電話、車、買い物、結婚の仲介、病院、銀行、そしてすべてのメディアに存在している。企業の取締役、ＣＥＯ、役員、管理職、チームリーダー、起業家、投資家、コーチ、政策立案者などが、競うかのようにＡＩについて学ぼうとするのも無理はない。自分たちのビジネスに根本的な変化を引き起こす可能性を、誰もが認識している。

私たち三人は、ＡＩの進歩を独自の有利な視点から観察してきた。経済学者としてのキャリアを、最新の技術革命であるインターネットの研究によって築いてきたのだ。世間の熱狂に惑わされることなく、「意思決定者にとってテクノロジーとは何か」という問題に集中的に取り組んできた。

二〇一二年、私たちは創造的破壊ラボ（ＣＤＬ）を立ち上げた。これはシードステージ（起業準備段階）向けのプログラムで、科学を基盤とするスタートアップ企業の支援を目的にしている。当初、ＣＤＬはあらゆる種類のスタートアップ企業に門戸を開いたが、二〇一五年になると、きわめて有望なベンチャーのほとんどはＡＩに関連した企業になっていた。そして二〇一七年九月の時点で、ＣＤＬは三年連続で、ＡＩ関連スタートアップ企業の参加が世界で最も多く集まるプログラムになっている。

その結果、ＡＩ分野のリーダーがＣＤＬに協力するためトロントに定期的に通うようになった。たとえば、アマゾンのアレクサを動かすＡＩエンジンの発明で中心的な役割を果たしたウィリアム・タンストール＝ペドウは、イギリスのケンブリッジから八週間ごとにトロントを訪れ、研究プログラムに一貫して関わっている。かつて八五人編成のＮＡＳＡのチームが太陽系外宇宙にはじめてＡＩを送り出したときのリーダーで、現在はサンフランシスコを拠点にしているバーニー・ペルも同様である。

ＣＤＬがこの領域で優位に立っている一因は、トロントという所在地にある。最近のＡＩブームを支える機械学習分野での中心的な発明の多くは、トロントで種を蒔《ま》かれ育てられた。かつてトロント大学のコンピューターサイエンス学部に所属していた専門家の一部が今日では、フェイスブック、アップル、イーロン・マスクのオープンＡＩ［ＡＩを研究する非営利組織］など、世界トップの産業ＡＩチームのリーダーとして活躍している。

ＡＩの応用例が身近にたくさん存在していたため、ＡＩがビジネス戦略におよぼす影響の研究に私たちが専念するのは自然の成り行きだった。これから説明していくように、ＡＩは予測技術であり、予測とは意思決定に必要な入力情報である。そして経済学は、意思決定に常に伴うトレードオフを理解するための完璧な枠組みを提供してくれる。こうして私たちは絶好のタイミングで絶好の場所において、科学技術者とビジネス関係者の橋渡し役を務めることになった。その活動の集大成が本書である。

ここではまず、人工知能の進歩が現在目覚ましいからといって、知能そのものが実現するわけではないことを重要な点として指摘しておきたい。私たちに実際にもたらされるのは、知能の重要な構成要素のひとつである「予測」だ。子どもが質問を声に出したときにアレクサが何をしているのかといえば、音声を聞き取り、子どもが話す言葉から、どんな情報を探そうとしているのか予測する作業である。アレクサはデラウェアの州都がどこなのかを「知らない」。それでも、誰かがこのような質問をするときには「ドーバー」という回答を探していることを予測できるのである。

私たちのラボが関わっているスタートアップ企業は、精度の向上した予測の利点をうまく活用している。たとえば、DNAの変化が細胞におよぼす影響をディープ・ゲノミクスが予測するようになったおかげで、医療行為は改善された。文書のどの部分を修正すべきかチズルが予測するようになったおかげで、弁護士の業務は改善された。原油の水分含有量をヴァイリデールが予測するようになったおかげで、石油の輸送の効率は改善された。これらの応用例は、近い将来ほとんどの企業で実践される成果の縮図である。

そうはいっても多くの人は、AIが自分にとってどんな意味を持つのかわからず、霧のなかで迷子になったように感じているのではないだろうか。ならば私たちが、AIがもたらす変化を理解するためのサポートをして、あなたがAIの進歩に乗り遅れないようナビゲーター役を務めたい。畳み込みニューラルネットワークのプログラムやベイズ統計学の学習経験がなくても心配はいらない。

ビジネスリーダーの読者には、経営や意思決定にＡＩがどんな影響をもたらすのか理解してもらう。学生や卒業まもない読者には、仕事のあり方が変化しつつある状況で将来どんなキャリアが求められるのか、考えるための枠組みを提供する。金融アナリストやベンチャーキャピタリストの読者には、投資先を見定めるための土台を紹介する。そして政策立案者の読者には、ＡＩが社会にどんな変化を引き起こす可能性があり、その変化をうまく生かすためにはどんな政策が必要とされるか、理解するためのガイドラインを提供していく。

不確実性やそれが意思決定にとって持つ意味を理解する際には、経済学を利用するのが常套手段だ。予測の精度が上がれば不確実性は減少する。ならばＡＩはビジネス上の決断においてどんな意味を持つのか、本書では経済学を使って解説していきたい。そうすればビジネスのワークフローのなかで、最高の投資対効果を達成するためにＡＩをツールとしてどう活用すべきか洞察が得られ、その結果、ビジネス戦略を設計するための枠組みが構築される。低コストの予測に立脚した新たな経済から利益を上げるため、ビジネスの規模や範囲の設定を考え直すことにもなる。最終的には、仕事、企業の権力集中、プライバシー、地政学に関して、ＡＩ導入に伴う主なトレードオフが明らかになるだろう。

あなたのビジネスにとっては、どんな予測が重要だろう。ＡＩのさらなる進歩は、現在頼りにしている予測にどのような変化を引き起こすだろうか。これまで各業界はパソコンの台頭やその後のインターネットの台頭に伴って仕事の内容を変更してきたが、あなたの業界は予測技術の進歩に合わせ、仕事をどのように改めていくのだろうか。ＡＩはまだ新しく理解が不十分だが、予測のコスト低下がおよぼす影響を評価するうえで、経済学は信頼に値するツールキットだ。そして、具体的な事例は確実に時代遅れになっていくが、本書の枠組みは時の流れに左右されない。テクノロジーが改善され、予測にさらなる制度と複雑さが加わっても、本書の洞察は通用し続けるだろう。

本書『予測マシンの世紀』は、AI経済で成功するためのレシピではない。むしろ本書ではトレードオフに重点を置いている。データが増えるほどプライバシーは失われ、スピードが上がるほど正確さは犠牲になり、自律性が尊《とうと》ばれるほど統制は利かなくなるものだ。本書は、あなたのビジネスにとって最善の戦略を処方するわけではない。それはあなたの仕事だ。あなたの会社やキャリアや国家にとって最善の戦略は、あらゆるトレードオフに関してプラスとマイナスの両面をどのように比較検討していくかによって決まる。本書は、重要なトレードオフを確認するための枠組みを紹介したうえで、自分にとって最高の決断を下すためには良い点と悪い点をそれぞれどう評価すべきか解説していく。もちろん、本書が盤石な枠組みを提供したとしても、物事は急速に変化していく。十分な情報のないまま決断を下さなければならない場面にも直面するだろうが、それでも何もしないで手をこまねいているよりは、行動を起こすほうが良い結果を得られることは多い。

キーポイント

- 今日では人工知能の進歩が目覚ましいが、実のところその結果として知能がもたらされるわけではない。実際にもたらされるのは、知能の大事な構成要素のひとつ、「予測」である。
- 予測は意思決定に欠かせない入力情報だ。経済学では、意思決定について理解するための枠組みが十分に発達している。まだ新しく理解が不十分な予測技術の進歩に込められた意味を理解するためには、経済学でかねてより採用されてきた意思決定理論の論理と組み合わせればよい。そこから得られる一連の洞察は、あなたの組織がＡＩを導入する際のナビゲーターになってくれる。

●何が最善のＡＩ戦略か、ＡＩのツールをどう組み合わせれば最善の結果が得られるのかという問題には、正しい答えがひとつだけではないことが多い。なぜなら、ＡＩにはトレードオフが関わっているからだ。スピードを上げれば精度が落ち、自律性を重んじれば統制が利かず、データを増やせばプライバシーは失われる。本書では、ＡＩを導入する際の決断に伴ってどんなトレードオフが発生するのか、確認するための方法を紹介していく。組織の使命や目的を考慮しながら良い面と悪い面を丹念に評価すれば、最善の決断を下すことも可能だ。

第二章　安さはすべてを変化させる

誰もが「ＡＩモーメント」を過去に経験しているか、まもなく経験するだろう。従来の生活に変化をもたらす新しいテクノロジーについての物語がメディアにあふれかえる状態は、まったくめずらしくなくなった。新しいテクノロジーへの関心が強い人たちは未来の可能性を賞賛するが、なかには拒絶感を抱く人たちもいて、古き良き時代が過ぎ去ってしまったと嘆き悲しむ。実際、テクノロジー関連のニュースが騒々しく報道され続ける状況にほとんどの人たちは慣れきってしまい、変化に影響されないのは変化そのものだけだと思うほど感覚が麻痺してしまった。しかし、それもＡＩモーメントを経験するまでのことだ。この瞬間を境《さかい》に、今回のテクノロジーは今までと違うことを認識する。

コンピューター科学者の一部は、二〇一二年にＡＩモーメントを経験した。このとき、イメージネットという画像認識コンペに参加したトロント大学の学生チームは、見事な成績で勝利を収めた。そのため翌年には最終決勝進出チームのすべてが、当時は斬新だった「ディープラーニング（深層学習）」のアプローチを取り入れたのである。物体認識は、単にゲームが目的ではない。物体を認識すれば、機械はモノを「見る」ことができる。

テクノロジー関連企業のＣＥＯの一部は、二〇一四年一月に新聞の見出しを読んでＡＩモーメントを経験した。そこには、グーグルが六億ドル以上を投じ、イギリスのディープマインド社を買収したと報じられていた。このスタートアップ企業の収益は買収価格を下回っていたが、同社のＡＩはプログラムされなくても独力で学習し、アタリ社のビデオゲームで超人的なパフォーマンスを発揮することができた。

一般市民の一部は、同じ年の後半にＡＩモーメントを経験した。このとき著名な物理学者のスティーブン・ホーキングは、つぎのように熱を込めて語った。「文明によって提供されるすべてのものは、人間の知能の産物である……ＡＩの創造に成功すれば、それは人類史上最大の出来事になるだろう」[1]

なかには、走行中のテスラのハンドルから手を離したとき、ＡＩモーメントをはじめて経験した人たちもいる。テスラはＡＩによる自動運転機能「オートパイロット」を利用しながら、道を軽快に走っていく。

中国政府にとってのＡＩモーメントは、ディープマインド社が開発したＡＩのアルファ碁が、韓国のプロ棋士の李世乭（イ・セドル）との対戦で勝利を収め、ほどなく世界トップクラスの中国人棋士の柯潔からも勝利を挙げたときに訪れた。ニューヨークタイムズ紙は、この対局が中国にとっての「スプートニク・モーメント」になると表現した。[2] かつて人類初の無人人工衛星スプートニク号の打ち上げにソ連が成功したとき、先を越されたアメリカは科学への投資を大幅に増やしたが、それと同様、自国のプロ棋士の敗北に刺激された中国は、二〇三〇年までにＡＩ世界の覇者となることを国家戦略として掲げ、その実現のために資金を投入する決断を下した。

そして、私たち著者にとってのＡＩモーメントは、二〇一二年に訪れた。高度な機械学習技術を有する創業まもないＡＩ関連企業が、ＣＤＬの研究プログラムへの参加を申請し始めたのである。当初はちらほらとやって来る程度だったが、まもなく大挙して押し寄せるようになった。こうして多くの企業が支援を求めてきた結果、私たちは様々な産業の橋渡し役となり、薬の発見、顧客サービス、製造、品質保証、小売、医療機器といった分野が結びついた。AIという新しいテクノロジーは強力かつ多目的型なので応用範囲が広く、貴重な価値が生み出される。私たち著者は、AIの経済的意味についての理解に努めている。ほかのテクノロジーと同様AIもまた、経済学で取り上げるべき主題であることは間違いない。

そもそも、このテクノロジーそのものが驚異的である。かつて著名なベンチャーキャピタリストのスティーブ・ジャーベットソンは、皮肉を込めてこう語った。「今後五年間に経験する魔法のような新製品のほとんどすべてが、これらのアルゴリズムによって作られることはほぼ間違いないだろう」[3]。ジャーベットソンはAIを「魔法のような」と形容したが、それは「2001年宇宙の旅」「スター・ウォーズ」「ブレードランナー」、もっと最近では「her／世界でひとつの彼女」や「エクス・マキナ」といった映画でお馴染みのAIのイメージと一致している。AIの応用は魔法を見ているようだと語ったジャーベットソンの気持ちは理解できるし、共感もできる。そして私たち経済学者の仕事は、一見すると魔法のようなアイデアをシンプルかつ明快で、実践的な形に仕立て上げることだ。

世間の熱狂に惑わされない

経済学者は、普通とは異なる方法で世界を眺める。需要と供給、生産と消費、価格と費用といった力が働く枠組みを通して、あらゆる物事を見ようと努める。そんな経済学者もお互いに意見が異なることは多いが、それでも共通の枠組みから逸脱するわけではない。仮定や解釈について論じ合っても、価格設定において希少性や競争が果たす役割など、基本的な概念については議論を戦わせない。このような見方で世界をとらえるアプローチの結果、私たち経済学者は独特の立場を確保している。マイナスの面から言うと、私たちの視点はドライなので、ディナーパーティーでは人気者になれない。一方、プラスの面としては、ビジネス上の決断について明確で有益な情報を提供することができる。

では、すべての基本となる「価格」から始めよう。何かの製品の価格が下がると、その製品を使う機会は増える。これは経済の基本的な側面で、いままさにＡＩに関して進行している。今日、ＡＩはいたるところに存在している。スマートフォンのアプリに詰め込まれ、電気供給網を最適化し、株式ポートフォリオを管理する人間の役割を奪っている。まもなくあなたを車に乗せて走り、荷物を自宅まで空から送り届けてくれるかもしれない。

経済学者が何かひとつの点に秀《ひい》でているとしたら、それは世間の熱狂に惑わされないことだろう。大きな変化を引き起こす新しいイノベーションに周囲の人たちの目が向いているとき、私たちは物価の下落というシンプルな側面に注目する。ただし、漠然と眺めているわけではない。ＡＩがあなたの組織にどんな影響をおよぼすのか理解するためには、具体的にどの製品の価格が変化して、それが広い経済にどんなカスケード効果［小さな事象がつぎつぎと連鎖・増幅して、大きな影響をおよぼしていくこと］をもたらすのか、正確に知る必要がある。それでようやく、行動計画を立てることができる。大きなイノベーションの影響が最も予想外の場所で感じられるケースは多い。それは経済の歴史が教えてくれる。

一九九五年の商用インターネットの物語について考えてみよう。ほとんどの人がテレビドラマ「となりのサインフェルド」に夢中になっているあいだに、マイクロソフトは同社初のマルチタスクＯＳとなるウィンドウズ95をリリースした。その同じ年にアメリカ政府は、インターネット上での商用トラフィックの普及を妨《さまた》げる最後の規制を撤廃した。ブラウザを発明したネットスケープ社はそれをきっかけに、商用インターネット関連企業としては初めて大がかりな新規株式公開（ＩＰＯ）を行なった。これを変曲点として、インターネットは斬新なテクノロジーの段階を脱して商業化され、経済を津波のように席巻していった。

ネットスケープは大きな利益を上げていたわけではないが、ＩＰＯにおける時価総額は二〇億ドルを超えた。ベンチャーキャピタル・ビジネスに関わる投資家は、まだ海のものとも山のものともつかないスタートアップ企業に何百万ドルもの評価を与えることをためらわず、その行動は「収益発生の前段階での投資」と呼ばれた。当時、ＭＢＡ（経営学修士）を取得して大学院を卒業したばかりの優秀な人材は、高収入を得られる従来の仕事には目を向けず、インターネットの可能性に賭けた。やがてインターネットの影響が様々な産業に広がり、バリューチェーンの上流にも下流にも普及していくと、テクノロジーを礼賛《らいさん》する人たちはインターネットをニューテクノロジーと呼ぶのをやめて、「ニューエコノミー」という言葉を使うようになった。この用語は人気を博した。その結果、インターネットはテクノロジーの範疇を超越し、人間の活動を支える土台として浸透していった。政治家、企業役員、投資家、起業家、主要報道機関などが新しい用語を使い始め、誰もがニューエコノミーに言及するようになった。

ただし、経済学者は例外だった。新しい経済《ニューエコノミー》にも新しい経済学《ニューエコノミクス》にも目を向けなかった。経済学者にとっては、インターネットも従来と同じ経済にしか見えなかった。たしかに、いくつか重要な変化が生じたのは事実だ。モノやサービスはデジタル上で流通するようになり、コミュニケーションは容易になった。そして検索ボタンをクリックすれば、情報を見つけることができる。しかしいずれも、以前から可能だった。何が変わったのかといえば、実行するための費用が安くなったことである。インターネットの台頭は、流通やコミュニケーションや検索のコスト低下につながったのだ。したがって、テクノロジーの進歩は高価なものから安価なものへのシフト、不足状態から飽和状態へのシフトとしてとらえ直すべきであり、あなたのビジネスにおよぼす影響を考えるためにもそれが欠かせない。たとえば、はじめてグーグルを使ったときを覚えているだろうか。まるで魔法のように情報にアクセスする能力に心を奪われたかもしれない。しかし経済学者の視点では、グーグルは検索の費用を低下させただけである。そして検索費用が安くなると、ほかの手段（電話帳、旅行代理店、求人広告など）を使った情報検索が収入源だった企業は、競争に関して危機的状況に置かれた。その一方、誰かに見つけてもらうことが必要な人たち（たとえば本を自費出版する人、埋もれている収集品を売りたい人、映画を自主制作した人など）は商売が繁盛した。

このような特定の行動に要する相対的なコストの変化は、一部の企業のビジネスモデルに劇的な影響をおよぼし、一部の業界を様変わりさせた。しかし、経済の法則が変化したわけではない。未だにあらゆるものを需要と供給の観点から理解できるし、既成の経済原理を使って戦略を設定し、政策を提言し、未来を予想することができる。

安いものはあらゆる場所に存在する

何か基本的なものの価格が大きく下がるときには、世界全体が変化する可能性がある。たとえば照明について考えてほしい。おそらくあなたは、この本を何らかの人工照明の下で読んでいるだろう。しかも、本を読むのに人工照明を使う価値があるかどうかなど、考えたこともないはずだ。しかしアメリカの経済学者のウィリアム・ノードハウス［二〇一八年にノーベル経済学賞を受賞］は、詳細な分析をもとに、今日と同じ量の光を確保するためのコストは一八〇〇年代はじめには四〇〇倍も高かったと結論づけている。[4] もしも照明にそんな価格が設定されたら、コストに注目しないわけにはいかない。本を読むために人工照明を使うべきか、じっくり考えるだろう。その後、照明の価格が大きく低下した結果、世界は明るくなった。夜が昼間のようになっただけでなく、自然光が差し込まない大きな建物で暮らし、働くことができるようにもなった。人工照明のコストがタダ同然にまで下がらなければ、今日のような生活はほとんど不可能だった。

テクノロジーの変化は、かつて高価だった製品の価格を引き下げる。照明の大幅なコストダウンが私たちの行動に変化を引き起こした結果、照明を使おうかどうしようかと考える段階は卒業し、スイッチを入れる前に一瞬も迷わなくなった。価格がこれだけ大きく引き下げられると、かつては実行できなかった事柄を実行する機会が創出され、不可能だったことが可能になる。当然ながら経済学者は、照明のような生活必需品の大幅な価格低下に込められた意味の解明に熱中する。

安い照明の生産がもたらす影響の一部は想像しやすいが、なかには想像しづらいものもある。新しいテクノロジーによって何か新しいものが作られるようになったときの影響は、常に正確に確認されるわけではない。テクノロジーが人工照明であろうと、蒸気動力や自動車やコンピューターであろうと、状況は変わらない。

スタンフォード大学の経済学者であり、私たち著者のメンターのひとりでもあるティム・ブレスナハンは、コンピューターが行なうのは計算であって、それ以上のものではないと指摘している。コンピューターが登場して商業化された結果、計算が安上がりになったのだ。[5] しかし計算が安上がりになると、従来と同じ形で応用される機会が増えるだけでなく、音楽など、これまで計算との関連がなかった分野にも応用されるようになった。

世界初のコンピューター・プログラマーと称されるエイダ・ラブレスは、この潜在的可能性にいち早く気づいた。一八〇〇年代はじめに彼女は、ある連続する数字（ベルヌーイ数）を、チャールズ・バベッジが設計して未だ理論段階だったコンピューター上で計算するために、世界初の指示プログラムを書く作業に取り組んだ――当時は非常に高価な照明の下で。現代のスタートアップ界隈の業界用語を使うなら、計算はスケールする［規模の拡大が可能である］ことによって可能性をどんどん膨らませていけるものだと、ラブレスは理解していた。コンピューターの応用範囲が数学の演算に限定されないことを認識していた彼女は、「たとえば和声楽や作曲において、高さの異なる音同士の関係を数字で表現して調整できるならば、機械のエンジンが音楽を緻密かつ科学的に作曲することも可能で、どんなに複雑でも問題はない」と考えた[6]。まだコンピューターが発明されていない時代にもかかわらず、計算機が音楽を保存・再現し、芸術と人間性を明確に表現できることをラブレスは理解していたのである。

そして、まさにその通りのことが起きた。一世紀半後、計算のコストは大きく下がり、その結果、ほとんどの人たちが夢にも見なかったような応用例がいくつも考案されたのである。多くの事柄にとって計算は非常に重要な入力情報なので、それが安く提供されるようになると、かつての照明と同じように世界を様変わりさせた。何かのコストが極限まで下がれば、世間の熱狂は静まる。ただしその時点で、最新の素晴らしいテクノロジーのすごさは目立たなくなる。あなたは、スティーブ・ジョブズが「新しい加算器」についてプレゼンで華々《はなばな》しく紹介する場面を見たことはないかもしれない。それでも、実際のところ彼は一貫して加算器の開発に取り組んできた。重要な要素のコストダウンに成功したおかげで、ジョブズの新しい加算器は変革を起こした。

ではつぎにＡＩの話に移ろう。ＡＩが経済的に重要な意味を持つのは、重要なものが安く提供されるからに他ならない。ＡＩと聞いて、あなたはいま知性や推論、あるいは思考そのものについて考えているかもしれない。あるいはロボットがあちこちに存在している情景や、「スタートレック」に登場する友好的なコンピューターのような物理的実体を持たない存在のおかげで、人間が考える必要のなくなった未来を想像しているのではないだろうか。ラブレスも同じことを考えたが、すぐにその可能性を排除した。少なくともコンピューターに関しては、つぎのように書き残している。「何かを誕生させることはできない。私たちが知っていることを、私たちの命令通りに実行することはできる。分析に従うこともできるが、分析の結果としてどんな関係や真実が見出されるか予想する力は持っていない[7]」

　ＡＩという概念への注目は過熱気味で、様々な評価が付きまとっているが、後にアラン・チューリングが「ラブレス伯爵夫人の異論」と呼んだ発言の内容はいまでも通用する。コンピューターは未だに考えることができないのだから、思考が安く提供されるわけではない。むしろ安くなることが期待できるのは、たとえば計算のように広く普及しているものだ。いたるところに存在しているので敢《あ》えて意識もしないが、コストが低下すれば生活や経済に大きな影響がおよぶ。

　では、新しいＡＩ技術によって何が安くなるのだろう。それは予測だ。経済学者が語るように、私たちは以前よりもたくさんの予測を使い始めるだけでなく、意外なところで予測が新しく使われる場面を目撃するようになるだろう。

安さは価値を創造する

　予測とは、情報が欠落している部分を埋め合わせていくプロセスである。あなたがすでに持っている情報――しばしば「データ」と呼ばれる――に注目し、まだ持っていない情報を生み出すためにそれを利用していくのだ。ＡＩについての議論の多くでは様々な予測手法が強調されるが、その名前やラベルは訳のわからないものばかりで、その傾向はますます強まっている。クラシフィケーション、クラスタリング、リグレッション、決定木、ベイズ推定、ニューラルネットワーク、位相的データ解析、ディープラーニング、強化学習、深層強化学習、カプセルネットワーク、といった具合だ。特殊な予測問題の解決にＡＩを役立てることに興味のある技術者にとっては、こうした技術は重要な存在である。

本書では、このような手法を支える数学の詳細については特に取り上げず、どの手法も予測に関わっている点に注目したい。いずれも、手持ちの情報を利用して、まだ持っていない情報を生み出していくために使われる。本書では、予測が役立つ状況を皆さんが確認しやすいようにアドバイスを行なったうえで、予測からできるかぎり多くの利益を獲得する方法について紹介することに専念する。

予測が安上がりになれば、予測は増えていく。経済はシンプルな仕組みから成り立っており、何かのコストが下がれば、それを実行する機会は自《おの》ずと増える。たとえば、一九六〇年代にコンピュータ産業の成長が始まって計算のコストが大きく低下すると、アメリカ国勢調査局、国防総省、ＮＡＳＡなど、すでに計算を取り入れていた現場では、計算を使う機会が増えた（ＮＡＳＡの事情に関しては、最近になって映画「ドリーム」のなかで描かれた）。その後、たとえば写真撮影のように、従来は計算と無関係だった問題の解決にも、新たに安くなった計算は使われ始めた。かつて写真は化学処理されたが、計算のコストが十分に下がるとデジタルカメラが登場し、計算に基づいて処理されるようになった。デジタルカメラには、０と１の数字の組み合わせでデータが格納されており、算数を使ってそれらを組み合わせることで可視画像が出来上がる。

同じことは予測にも言える。いまでも予測は在庫管理や需要予測など、従来のタスクに使われ続けている。しかし最近の重要な傾向として、従来は予測と関係のなかった問題にも予測が使われるようになっている。Integrate.ai（インテグレート・ドット・エーアイ）［トロントを拠点とするＡＩソフトウェア企業］のカスリン・ハウは、問題を確認したうえで予測問題としてとらえ直す能力を「ＡＩインサイト」と呼んでいる。今日では世界中のエンジニアがこの能力を取得しつつある。たとえば、輸送も予測問題に変容しつつある。この二〇年間、自動運転車は制御された環境で存在してきたが、走るところは工場や倉庫など、見取り図が細かく書かれている場所に限定されていた。見取り図がある場合には、「イフ・ゼン（もし〜ならば、〜する）」というベーシックな論理的知能で操作可能なロボットを設計すれば十分で、誰かが車の前を歩けば止まり、棚が空っぽになればつぎの棚に移動する。しかし、通常の街路で自動運転車を使うのは不可能だった。あまりにも多くのことが発生する可能性があって、あまりにも多くの「イフ」をコード化しなければならなかったからだ。

このように自動運転車は、正確な予測が可能で制御された環境以外では機能できなかったが、やがてエンジニアは車の運転を予測問題としてとらえ直した。どの状況では何をすべきか機械にいちいち指示する代わりに、ひとつの予測問題に集中すればよいことを認識したのである。それは、「人間ならどうするか」という問題である。そしていまでは、街路やハイウェイなど非制御環境で自動運転する方法を機械に訓練するため、複数の企業が何十億ドルもの投資を行なっている。

ＡＩが車のなかで人間のドライバーと一緒に座っているところを想像してほしい。人間のドライバーは何百万キロも運転した経験があり、目や耳を通して環境についてのデータを受け取り、そのデータを脳で処理したうえで、新たに入力されるデータに反応して行動する。直進するか曲がるか、ブレーキを踏むかアクセルを踏むか、判断していく。エンジニアはこの車にセンサー（すなわちカメラ、レーダー、レーザー）を取り付け、ＡＩにとっての目や耳の役割を任せている。そのためＡＩは、人間が運転中に入ってくるデータを観察すると同時に、人間の行動も観察できる。環境に関する特定のデータが入ってくると、人間は右折するのか、ブレーキを踏むのか、それともアクセルを踏むのだろうか。ＡＩが人間を観察する機会が多いほど、環境に関する新しいデータに基づいて人間のドライバーが具体的にどんな行動をとるか、上手に予測できるようになる。特定の道路状況で人間のドライバーが何をするのか予測することによって、ＡＩは車の運転を学んでいくのだ。

ここで大切なのは、予測のコストが下がると、ほかのもの、すなわち経済学者が「補完材」と呼ぶものの価値が上昇することだ。コーヒーのコストが下がると砂糖やクリームの価値が高くなるが、それと同様に自動運転車では、予測のコスト低下をきっかけに、車の周囲の状況に関するデータを集めるセンサーの価値が高くなる。たとえば二〇一七年にインテル社は、イスラエルのスタートアップ企業モービルアイ社に一五〇億ドルを支払い、データ収集技術を手に入れた。この技術があれば、車は事実上、物体（一時停止標識や人間）や目印（レーンや道路）を見ることができる。

予測が安上がりになると、予測も予測の補完材も増えていく。そしてこのふたつのシンプルな経済的要因は、予測マシンが創造した新たな機会をどんどん発展させていく。最初の段階では、予測マシンは人間を厄介な予測作業から解放し、コストの節約に貢献する。やがて機械の性能が向上するにしたがい、予測の方法は変化を遂げ、意思決定の質も改善される。そしてある時点で、予測マシンの精度も信頼性も十分になると、組織が物事を実行する方法にまで変化が生じる。なかには企業の経済的側面に劇的な影響をおよぼすＡＩもある。戦略の実行を支える生産性を向上させるためだけではなく、戦略そのものを変化させるためにＡＩが使われるようになるのだ。

安さは戦略を生み出す

企業の幹部から私たちが最も頻繁に受ける質問をひとつ挙げるなら、「ＡＩは我々のビジネス戦略にどのような影響を与えるのだろうか」という質問だろう。それに答えるため、ここで思考実験を行なってみよう。ほとんどの人たちは、アマゾンでの買い物に慣れている。そして大抵のオンライン小売業者を相手にする場合と同じく、あなたはアマゾンのウェブサイトを訪れ、目指す商品を買い求め、カートに入れる。支払い手続きを済ますと、アマゾンから商品が送られてくる。現在、アマゾンはこの「ショッピング・ゼン・シッピング（商品購入後に発送する）」のビジネスモデルを採用している。

買い物のプロセスで、アマゾンのＡＩはあなたが購入したくなりそうなアイテムを予測して、オススメ商品として紹介する。ＡＩはまずまずの仕事をしているが、完璧からは程遠い。私たち著者のケースでは、購入したくなるものをＡＩが正確に予測する割合は全体のおよそ五パーセント。実際のところ、二〇回勧められて一回購入するだけにすぎない。ただし、何百万もの商品が提供されるのだから、この数字は決して悪くない！

では、アマゾンのＡＩが私たちに関する情報をもっとたくさん集め、そのデータを使って予測を改善するところを想像してほしい。スピーカーのつまみを回して音量を上げるように、ＡＩによる予測の精度を上げるところを思い描いてほしい。

つまみを回し続けると、ＡＩの予測精度はある時点で閾値《いきち》を超え、アマゾンのビジネスモデルに変化が引き起こされる。予測の精度が十分に高まれば、注文を受けるまで待っているより、顧客がほしがっていることが予測された時点で商品を送るほうが利益につながる。

注文しなくても製品が送られてくれば、あなたはほかの小売業者を訪問する必要がなくなる。そして手元に届けられた商品に刺激され、もっと買い物をしたい気分になるかもしれない。こうしてアマゾンの顧客内シェアは高くなる。当然ながら、これはアマゾンにとって素晴らしいが、あなたにとっても素晴らしい。アマゾンは買い物する前に出荷してくれるのだから、万事がうまくいけば、買い物の手間はすっかり省略される。ダイアルを回して予測の精度を上げれば、アマゾンのビジネスモデルが変化して、「ショッピング・ゼン・シッピング」から「シッピング・ゼン・ショッピング（商品発送後に購入する）」へと移行するのだ。

もちろん買い物客は、ほしくもない商品が手元にどっさり届けられ、返品するような面倒に関わりたくない。そうなるとアマゾンは、返品のためのインフラに投資するだろう。配達用のトラックと同じものが何台も準備され、それが顧客のもとを一週間に一度巡回し、不要な商品を回収するシステムが確立されれば便利だ。[8]

では、こちらのほうが良いビジネスモデルだとしたら、なぜアマゾンはこれまで実行に移していないのだろう。実行すれば、返品を回収して処理するコストが顧客内シェアの増加による利益を上回ってしまうからだ。いまのままでは、発送した商品の九五パーセントが返品されてしまう。送られる側にとってもアマゾンにとっても、これは実に迷惑な話だ。現時点では、アマゾンが新しいモデルを採用できるほど、予測能力は高くないのである。

ただし、新しいやり方が利益につながることがある時点で見込めるようになれば、実際に予測の精度の向上が利益をもたらすようになる以前の段階でも、アマゾンが新しい戦略を採用するシナリオは想像できる。他に先行すれば、アマゾンのＡＩは他よりもたくさんのデータを集め、どんどん改良されていく。自分たちが早く始めるほど、競争相手は追いつくのが難しくなることをアマゾンは認識している。予測が改善されれば多くの買い物客が集まるようになり、その結果、ＡＩを訓練するためのデータが充実する。データが増えれば予測の精度はさらに上がり……といった具合に、好循環が生み出されていく。採用が早すぎれば犠牲を伴う可能性があるが、遅すぎれば致命的な結果を招きかねない。[9]

疑い深い読者も、アマゾンが二〇一三年に「予測発送」の特許をアメリカで取得している事実を知ったら驚くだろう。[10] しかしここで肝心なのは、アマゾンが新しい戦略を実行すべきか否かということではない。むしろ、予測の精度が十分に上がれば、戦略に大きな影響がもたらされることに目を向けてほしい。いま紹介した事例では、アマゾンのビジネスモデルが「ショッピング・ゼン・シッピング」から「シッピング・ゼン・ショッピング」に移行すれば、（トラックの準備など）返品サービスを行なうための垂直統合［企業が商品の開発から生産、販売までを自社で一手に行なうこと］への誘因が働き、投資のタイミングが早まる。すべては、予測マシンの精度を上げるだけで実現するのだ。

これは戦略にとってどんな意味を持つのだろう。まず、予測マシンの改善が、自分の関わる部門や事業にどの程度の進歩をどれだけの速さでもたらすのか把握するための情報収集に、投資しなければならない。そしてつぎに、その改善によって生まれる戦略的オプションに関して、基本方針を明確にするための投資が欠かせない。

このSFばりの思考実験を始めるにあたり、目を閉じて、予測マシンのダイアルに自分の指が置かれている場面を、つぎにダイアルを最大値の11まで回す場面を想像してみよう。

本書のプラン

自分の組織に予測マシンがおよぼす戦略的影響を明らかにしたければ、まずは土台を築かなければならない。本書はまさにそれを目指し、基礎から始めるピラミッド構造で組み立てられている。

土台となる第一部では、機械学習によって**予測**がどのように改善されるのかを説明する。学校で教えられた統計学や、アナリストから見せられる統計と、今回の進歩が異なる理由を説明していく。そのつぎに、予測を補完する大事な要素であるデータ、なかでも優れた予測に必要なデータについて取り上げ、あなたがそれを持っているかどうか確認する方法について考える。そして最後に、いつごろ予測マシンは人間の能力を上回るのか、いつになったら人間と機械が協力し、予測の精度をさらに高めていくのかを探究する。

第二部では、**意思決定**に欠かせない入力情報としての予測の役割について解説したうえで、ＡＩ研究コミュニティでこれまで顧《かえり》みられなかったもうひとつの要素の重要性に注目する。それは判断だ。予測によって不確実性が減少すれば決断しやすくなるが、決断は判断によって価値を付与される。経済学者の専門用語を使うなら、判断とは、見返り、効用、報酬、利益などを決定するために使われるスキルだ。予測マシンに込められた最も重要な意味は、判断の価値を高めることだと言ってもよい。

第三部では、現実的な問題に焦点を当てる。予測マシンを役立たせるためには、ＡＩ**ツール**が欠かせない。予測マシンに割り当てられた特別のタスクは、ツールによって実行に移される。ＡＩツールの構築（あるいは購入）が最高の投資収益を生み出すのはどんなときか、理解するための一助として、本書では三つのステップを紹介する。このようなツールが既存のワークフローにすんなり入り込む場合もあるが、なかにはワークフローのデザイン変更が必要な場合もある。ここでは、ＡＩツールが基本的にどんな特徴を備えているのか特定するために役立つ重要な要素として、ＡＩキャンバスを紹介する。

第四部では**戦略**に注目する。アマゾンを使った思考実験のところですでに述べたが、一部のＡＩはタスクの経済的側面に非常に大きな影響をおよぼすので、企業や業界を変容させる場合がある。するとその時点で、ＡＩは組織の戦略の土台となる。従来、ＡＩに注目するのは製品開発担当の責任者や操作に関わる技術者だったが、ＡＩが戦略に影響を持つようになると、企業の役員が関心を抱き始める。ただし、あるツールが大きな影響力を持つ時期は、予《あらかじ》め予想しづらい場合もある。たとえば、グーグルの検索ツールをはじめて試してみたとき、それがメディア業界を様変わりさせ、世界でも最高ランクの企業が生み出される土台になると予想できた人はほとんどいなかった。

ＡＩは良い機会を提供するだけでなく、システミック・リスク〔特定の市場や決済システムの機能不全が、金融システム全体に波及すること〕をはらんでいるので、毅然とした行動をとらないとビジネスに悪影響がおよびかねない。一般にＡＩが議論の対象になるときは、人間にもたらすリスクに焦点が当てられる傾向が見られ、組織におよぶ危険は大して注目されない。しかし、たとえば人間が作成したデータに基づいて訓練された予測マシンの一部は、すでに良からぬ偏見やステレオタイプを「学習」している。

本書の最後となる第五部では、広く**社会**に関わる問題に対し、私たち経済学者の理論を応用する。そして、ＡＩをめぐる議論で最も頻繁に取り上げられる以下の五つの疑問について考察していく。

1．人間の仕事はまだ存在するだろうか？　――**存在する。**

2．ＡＩはさらなる不平等を生み出すだろうか？　――**可能性はある。**

3．一握りの大企業がすべてを支配するのだろうか？　――**状況による。**

4．各国は政策立案に関して「底辺への競争」［国家が産業育成のために減税や規制緩和を他国と競って行なうことで、労働環境や社会福祉などが最低水準へと向かうこと］の傾向を強め、そこで国内企業に競争優位性を与えるため、私たちのプライバシーや安全を犠牲にすることも厭《いと》わないのだろうか？——**一部の国はそうなるだろう。**

5．世界は終わるのだろうか？——**本書から価値を引き出すための時間は、まだ十分に残されている。**

キーポイント

● 予測コストの低下がビジネスにもたらす影響に関して、経済学の洞察は明確である。予測に関連する従来のタスク（在庫管理や需要予測など）だけでなく、新しい問題（車の運転や翻訳など）にも予測マシンが使われるようになるだろう。さらに、予測コストの低下はほかの事柄の価値にも影響をおよぼし、補完材（データ、判断、行動など）の価値を高める一方、代替材（人間による予測など）の価値を減少させる。

● 組織が予測マシンを活用するためには、現在採用されている戦略の実行を支援するためにAIツールを取り入れればよい。これらのツールが強力になれば、戦略そのものの変化を促す可能性も考えられる。たとえば、買い物客が何をほしがっているのかアマゾンが予測できるようになれば、購入後に発送する「ショッピング・ゼン・シッピング」モデルの代わりに、発送後に購入してもらう「シッピング・ゼン・ショッピング」モデルが採用され、注文を受ける前に商品が自宅に届けられる。このような変化は組織の変容をもたらす。

●ＡＩを利用するために組織が新しい戦略を追求するようになれば、その結果として、ＡＩが社会におよぼす影響に関して新たなトレードオフが発生するだろう。ニーズや好みによってトレードオフの選択の仕方は左右され、国や文化によっても確実に異なる。本書では、ＡＩによる影響をピラミッド型の五段階に分類し、各段階で具体的にどんな影響がもたらされるか確認するため五部構成になっている。予測について取り上げる最底部から、社会にとってのトレードオフを考察する頂点まで、ピラミッドは以下のような構造である。

（１）予測、（２）意思決定、（３）ツール、（４）戦略、（５）社会。

第一部

予　測

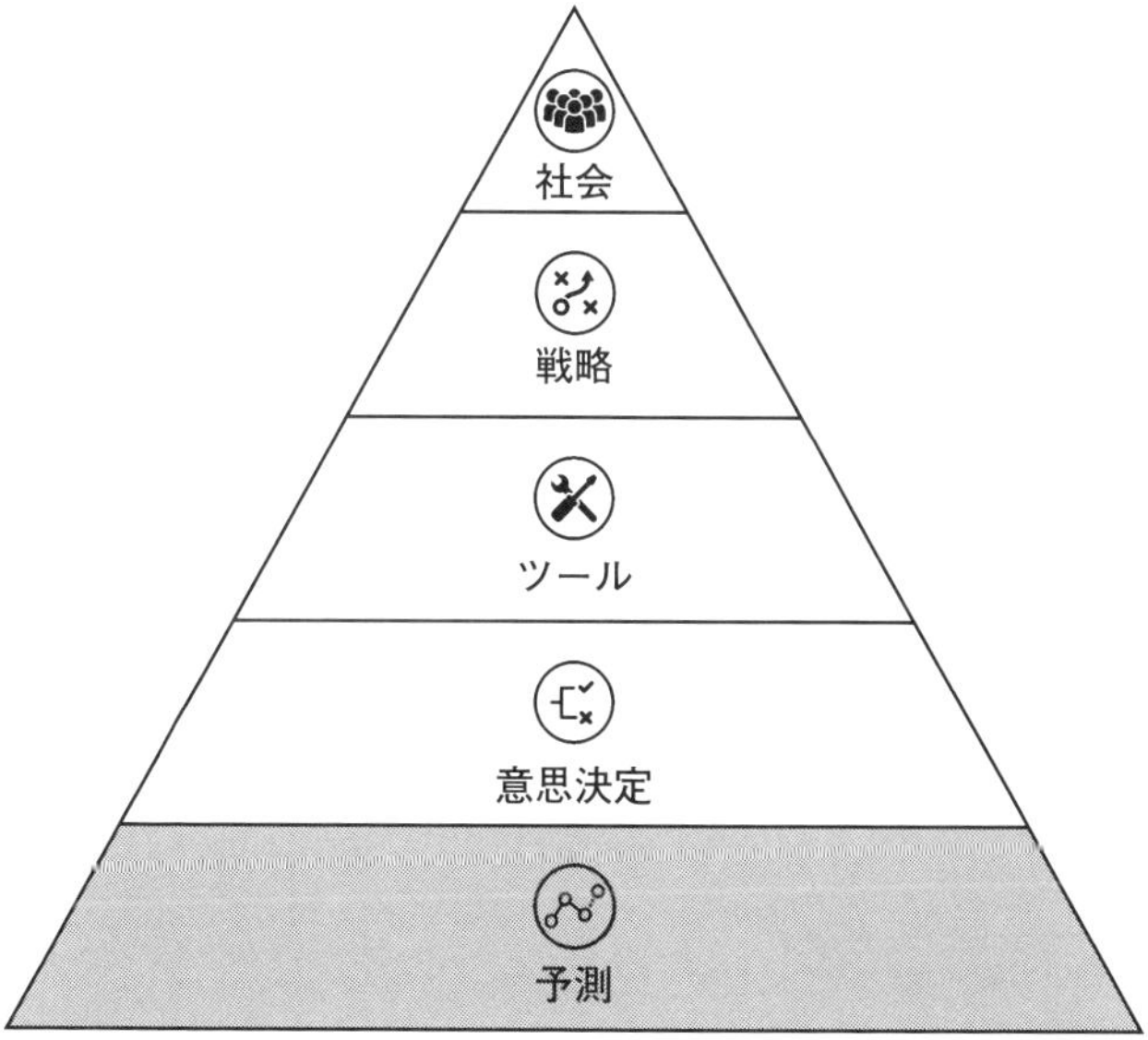

第三章　魔法の予測マシン

ハリー・ポッターと白雪姫とマクベスの共通点は何だろう。答えは、いずれのキャラクターも予言すなわち予測によって行動を促されている点だ。映画「マトリックス」でさえ、一見すると知的機《インテリジェント・マ》械《シン》をテーマにした作品のようだが、人間の登場人物が予測の正しさに抱く確信がストーリー展開の原動力になっている。宗教からおとぎ話まで幅広い分野で、未来についての知識は重宝される。そのため予測は行動を左右して、決断に影響をおよぼす。

古代ギリシャで神託を伝える預言者の多くが尊敬されたのは、明らかに予測能力を評価されたからだった。神託は時として謎かけの形で伝えられ、質問者を迷わせたものだ。たとえばリディア王国のクロイソス王は、ペルシャ帝国攻撃というリスクの高い選択肢を検討していたが、どの預言者の言葉も全面的には信用できなかった。そこでペルシャ攻撃について助言を求める前に、預言者全員の能力を試そうと決めて、どの預言者のもとにも使者を派遣した。一〇〇日目、各地の預言者のもとに送られた使者は、クロイソス王がいま何をしているところかと尋ねた。このときデルフォイの預言者の予測が最も正確だったため、国王はこの人物に助言を求め、預言を信用したのである。[1]

クロイソス王のケースのように、予測の対象が現在の場合もある。現在のクレジットカードの取引は合法的なのか不正なのか、医療画像で確認される腫瘍は悪性なのか良性なのか、iphoneのカメラを覗き込んでいる人物は持ち主なのかどうか、予測を行なう。予測（prediction）の語源であるラテン語の動詞「praedicere」は、「予め知らせる」という意味だが、私たちの文化では予測という言葉を理解する際、過去、現在、未来を問わず、隠れた情報を明らかにする能力である点が強調される。魔法占いにおいて、水晶玉は最も馴染み深いシンボルだろう。水晶玉からは、誰かの未来の財産や恋愛生活について予測する占い師を連想するかもしれない。しかし「オズの魔法使い」では、ドロシーは水晶玉を通して現在のエムおばさんの様子を観察している。まとめると、予測はつぎのように定義できる。

予測とは、欠落している情報を補充するプロセスである。予測においては、しばしば「データ」と呼ばれる手持ちの情報に基づいて、新たな情報を生み出していく。

予測の魔法

数年前、（著者のひとり）アヴィは、ラスベガスのカジノでの非常に大きな取引で、自分のクレジットカードが使われていることに気づいた。本人はラスベガスに行っていないし、だいぶ前に一度訪れただけだ。そもそもギャンブルに大金を投じて失うことなど、経済学者としての世界観にそぐわないし、魅力を感じない。ひととおり事情を説明されたカード業者は、支払いを処理せずカードを再発行した。

ところが最近、似たような問題が再び発生した。誰かがアヴィのクレジットカードを買い物に利用したのだ。今回、アヴィはその事実を請求明細書で確認したわけではなかったので、慇懃無礼《いんぎんぶれい》な顧客サービス担当者に事情を説明する必要がなく、面倒なプロセスの再現は免《まぬが》れた。彼のカードは不正にアクセスされ、新しいカードがすでに発送済みだという電話が、顧客サービス担当者のほうから先にかかってきたのである。

買い物履歴をはじめ、アヴィに関する入手可能な様々なデータに基づいて、クレジットカード業者は取引が違法であることを正確に推測した。カード会社には自信があったので、調査にかけた数日間、カードの使用を停止させることもなかった。その代わり魔法のように、本人には何の手間もかけさせずにカードを再発行したのである。もちろん、クレジットカード業者は水晶玉を持っていない。持っていたのはデータと予測モデル、すなわち予測マシンだ。予測の精度が上がれば不正行為が減少するだけではない。マスターカード社の企業リスク／セキュリティ担当責任者アジェイ・バーラが指摘するように、「不当に取引を拒まれることへの不安を消費者から取り除く」ためにも役立つ[2]。

予測とは欠落している情報を埋め合わせるプロセスだという私たちの定義は、ビジネスに応用しやすい。クレジットカードの最近の取引が違法かどうか予測によってわかれば、クレジットカードネットワークには好都合だ。クレジットカードネットワークは過去の違法な（そして違法ではない）取引についての情報を利用しながら、最近行なわれた特定の取引が違法かどうかを予測する。違法だと判断した場合には、クレジットカード業者はそのカードを使った今後の取引を停止できる。予測が迅速ならば、現在進行中の取引さえ停止することが可能だ。

ある情報から別の情報を創造するという概念は、近年ＡＩが達成した大きな成果を中心で支えている。その成果とは言語翻訳だ。これは人類のあらゆる文明にとっての目標であり、何千年も昔のバベルの塔の物語では神聖視さえされている。従来、自動翻訳へのアプローチにおいては、言語のルールの専門家である言語学者が作業を任され、ルールに基づいてプログラム可能な形に翻訳を行なった。[3] たとえばスペイン語のフレーズを英語に変換する場合には、単語を単に置き換えるだけでは十分ではない。名詞と形容詞の順番を逆にする必要があることを理解してはじめて、判読可能な英語の文章が出来上がる。

しかし最近ではＡＩの進歩のおかげで、翻訳は予測の問題として見直されるようになった。グーグルの翻訳サービスの質がいきなり向上した結果、翻訳は魔法のように感じられる。たとえば、アーネスト・ヘミングウェイの「キリマンジャロの雪」は、つぎのような美しい文章で始まっている。

Kilimanjaro is a snow-covered mountain 19,710 feet high, and is said to be the highest mountain in Africa.

二〇一六年一一月のある日、コンピューター科学者であり東京大学教授の暦本純一は、このヘミングウェイの珠玉の短篇小説の日本語訳（「キリマンジャロは雪に覆われた19,710フィートの山で、アフリカで最も高い山と言われている」）をグーグルで英語に翻訳し直した。その結果、つぎのような英文が出来上がった。

Kilimanjaro is 19,710 feet of the mountain covered with snow, and it is said that the highest mountain in Africa.

ところが翌日、グーグル翻訳はつぎのように変化していた。

Kilimanjaro is a mountain of 19,710 feet covered with snow and is said to be the highest mountain in Africa.

ふたつの訳文には大きな違いが存在する。自動翻訳特有のぎこちない文章は、筋の通った文章へと一夜にして変化した。最初の訳文からは辞書を片手に翻訳者が苦戦しているイメージが思い浮かぶが、あとのほうでは、翻訳者がどちらの言語にも精通しているような印象を受ける。

ヘミングウェイのレベルには到底およばないが、訳文は著《いちじる》しく改善されている。バベルの塔が崩壊して言語が混乱する以前の時代が、戻ってきたようでもある。しかも、この変化は偶然の結果ではない。近年のAIの目覚ましい進歩について本書では焦点を当てているが、グーグルはそれを上手に利用して、翻訳作業を支えるエンジンを刷新したのである。いまやグーグルの翻訳サービスは、予測の精度を上げるためにディープラーニングに頼っている。

英語から日本語への翻訳では、英語にマッチする日本語の単語やフレーズを予測する。ここでは、選んだ日本語を並べる順序についての情報が欠落している。したがって、外国語から得られるデータに基づいて正しい言葉を選んだら、正しい順序に並べるための予測が必要で、その作業を経て理解可能な文章が出来上がる。作業が順調ならば、翻訳された文章だと気づかれないこともある。

企業は競うかのように、この魔法のテクノロジーの商業利用に乗り出した。たとえば中国では、アイフライテック（科大訊飛）がディープラーニングを用いた自然言語処理サービスを開発し、利用者はすでに五億人を突破している。このサービスは、中国語の音声メッセージを様々な言語のテキストメッセージに変換し、二言語間でのコミュニケーションを可能にするものだ。具体的には、家主が入居者と異なる言語でコミュニケーションを交わすため、病院の患者がロボットに行き先を尋ねるため、医師が患者の病気の詳細について指示するため、ドライバーが車両とコミュニケーションを交わすために、この自然言語処理サービスが利用されている。[4] ＡＩが頻繁に使われるほど多くのデータが集まり、多くの事柄を学ぶほど性能は向上する。ユーザーがたくさんいれば、ＡＩはどんどん改善していく。

予測は過去と比べてどれだけ改善されたのか

グーグル翻訳の変化からは、機械学習（ディープラーニングはそのサブフィールドのひとつだ）において予測の質を調整するコストが大きく低下したことがわかる。計算能力に従来と同じコストをかけるだけで、以前よりも質の高い翻訳がグーグルから提供される。従来と同じ質の予測を生み出すコストが、大きく下がったのだ。

予測技術の進歩は、不正の検出など、従来から予測に関連している領域に影響をおよぼしている。クレジットカードの不正検出能力が大きく改善されたため、いまやクレジットカード会社は、私たちが何か不都合な点に気づく前に不正を見つけ出して処理をすませる。予測の改善は徐々に進んでいるようだ。たとえば一九九〇年代末には、当時の先端的な方法によって不正取引のおよそ八〇パーセントが検出された。[5] この割合が二〇〇〇年には九〇〜九五パーセントに改善され、今日では九八〜九九・九パーセントになっている。[6] 最後の数字が上昇したのは機械学習のおかげで、九八パーセントから九九・九パーセントへの変化は画期的だった。

九八パーセントから九九・九パーセントに増加しても小さな変化のように思えるかもしれないが、

間違えたときのコストが高くつくときには、小さな変化にも意味がある。精度が八五パーセントから九〇パーセントに改善されれば、間違える回数は三分の二に減少するが、九八パーセントから九九・九パーセントに改善されれば、二〇分の一に減少する。二〇分の一という数字は、決して小さな変化ではない。

予測のコスト低下は、人間の多くの行動に変化を引き起こしている。コンピューターによる計算が実現すると、最初に国勢調査の集計や弾道諸元表など、馴染み深い計算の問題に応用されたように、機械学習によって費用が低下した予測技術の多くは、従来から予測を必要としてきた問題にまず応用された。不正検出のほかには、信用度の調査、健康保険、在庫管理などに使われている。信用度の調査においては、対象となる人物がローンを返済する可能性について予測する。健康保険の場合は、対象となる人物が医療にどれだけの金銭を費やすか予測する。在庫管理の場合は、特定の日に倉庫にはいくつのアイテムが存在しているか予測する。

もっと最近では、まったく新しい問題に予測が応用されるようになった。物体認識、言語翻訳、創薬など、機械知能のテクノロジーが進歩する以前は、予測がほとんど不可能だった分野が多い。たとえば、毎年開催され知名度も高いイメージネット・チャレンジでは、画像に写っている物体が何かを予測して競い合う。画像のなかの物体を予測するタスクは、人間にとっても難しい。イメージネットのデータは一〇〇〇種類ものカテゴリーに分かれ、そのなかには犬種をはじめよく似た画像も含まれている。チベタン・マスティフとバーニーズ・マウンテン・ドッグ、あるいは金庫のダイヤルとダイヤル錠は、識別が困難だ。人間は全体のおよそ五パーセントで間違いを犯す。[7]

コンテストが始まった二〇一〇年から最後に開催された二〇一七年のあいだに、予測は大きく改善された。図３‐１には、コンテストに優勝したチームの予測の正確さを年ごとに表した。縦軸はエラ

図３－１
画像分類のエラーの推移

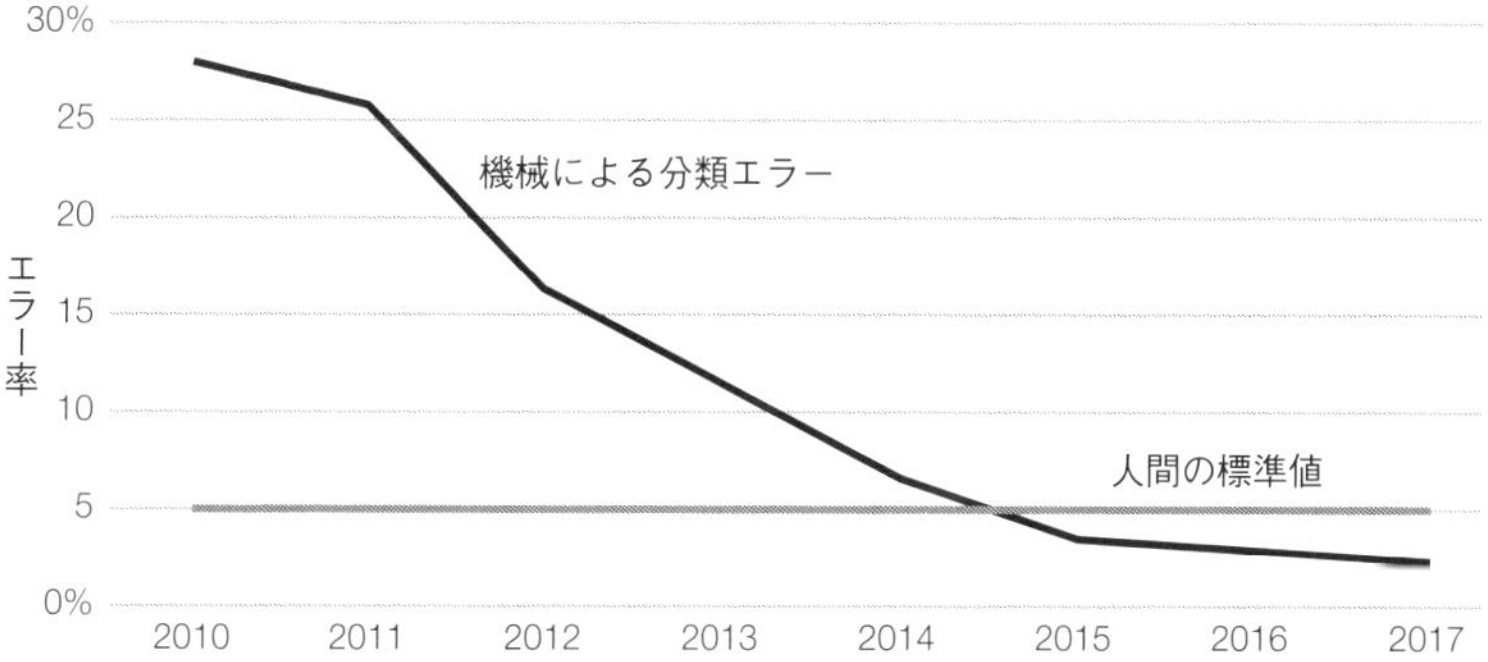

ー率なので、低いほど優れていることになる。二〇一〇年、最も成績のよかった機械による予測は、エラー率が二八パーセントだった。二〇一二年にコンテスト参加者がディープラーニングをはじめて使うようになると、エラー率は一六パーセントにまで下がった。プリンストン大学教授でコンピューター科学者のオルガ・ルッサコフスキーは、つぎのように語っている。「二〇一二年には、正確さに関して大きなブレークスルーが実現した。しかしそれは、数十年前から存在してきたディープラーニングという概念の正しさの証《あかし》でもあった」[8]。アルゴリズムの著しい改善はその後も続き、二〇一五年には、あるチームのエラー率が人間の標準値をはじめて下回った。二〇一七年になると、参加した三八チームの大半が人間の標準値を下回り、優勝チームのエラー率は人間の標準値の半分以下になった。機械はこのようなタイプの画像を人間よりも上手に確認できるようになったのである[9]。

低価格の予測がもたらす結果

現世代のＡＩは、ＳＦに登場する知的機械にはまだ遠くおよばない。予測するだけでは、「2001年宇宙の旅」のHALや「ターミネーター」のスカイネット、「スター・ウォーズ」のC3POのような存在は実現しない。では、現代のAIが予測するだけなら、なぜこれほど大騒ぎされるのだろう。なぜなら、予測はきわめて基本的な入力情報だからだ。あなたは気づいていないかもしれないが、予測はいたるところで行なわれている。ビジネスも私生活も予測だらけだ。しかも予測は往々にして、意思決定を支える入力情報として隠されている。予測が改善すれば情報が改善し、ひいては意思決定が改善する。

まるでスパイのように「有益な情報を収集する」という意味では、予測では「インテリジェンス」が使われると言ってもよい[10]。機械による予測とは、有益な情報を人工的に生み出す作業である。インテリジェンスの重要さはあなどれない。優れた予測が優れた結果につながることは、クレジットカードの不正利用を検出した事例からも明らかだ。予測のコストが下がり続ければ、予測が役に立つ活動は増え続け、応用範囲は広がっていく。そのプロセスのなかで、機械翻訳のように以前は想像もできなかった多くの事柄が実現するのだ。

キーポイント

●予測とは、情報の欠落部分を埋め合わせていくプロセスである。予測においては、しばしば「データ」と呼ばれる既存の情報を利用して、まだ持っていない情報を生み出していく。しかも未来についての情報だけでなく、現在や過去についての情報も生み出す。クレジットカード取引の不正を検出するとき、画像に写った腫瘍を悪性だと診断するとき、iPh ｏｎｅを手に持っている人物がその所有者なのか確認するときなどだ。

●予測の精度がわずかに改善されるだけでは大した影響が生じないように思えるが、実はそれはまやかしである可能性が高い。たとえば、精度が八五パーセントから九〇パーセントに上昇すれば、九八パーセントから九九・九パーセントに上昇する場合と比べて二倍以上の影響がもたらされるような印象を受ける（前者は五パーセントの上昇、後者は二パーセントの上昇）。しかし実際のところ、前者のケースでは間違える回数が三分の一に減っているが、後者のケースでは二〇分の一に減少する。これだけ改善されれば、状況によっては非常に大きな変化が引き起こされる。

●情報の欠落部分を埋め合わせるプロセスは一見すると平凡だが、そのおかげで予測マシンは魔法のように働く。実際、これはすでに実現しており、機械は見ることも（物体認識）、操縦することも（無人自動車）、翻訳することも可能だ。

第四章　「知能」と呼ばれるわけ

一九五六年、ニューハンプシャー州のダートマス大学に学者のグループが集まって、ＡＩ研究の道筋について緻密な計画を立てた。プログラムの作成を通じ、ゲームをする、数学理論を証明するといった認知的思考能力がコンピューターに備わるのかという点に参加者の関心は集まった。そして、コンピューターが物事を表現するためにはどんな言語や知識が必要かについて慎重に検討された。ほかには、選択権を与えられたコンピューターが最善の選択をするにはどうすべきかも話し合われた。参加者はＡＩの可能性について楽観的だった。ロックフェラー財団に資金援助を要請する声明には、つぎのように書かれた。

機械が言語を使用し、抽象化や概念化を行ない、現段階では人間以外に不可能な問題を解決し、自己改善できるような方法を見つけたいと考えています。精鋭ぞろいの科学者グループが夏のあいだこの問題に取り組めば、これらの問題のひとつ、あるいはふたつ以上で大きな進歩が実現するでしょう。[1]

ここで紹介されたアジェンダは未来を先取りしていたが、現実的ではなかった。一九五〇年代のコンピューターは、処理速度の低さなど、課題が山積していた。学者たちが思い描いた夢の実現など望むべくもなかった。

最初の声明が提出されてからほどなく、ＡＩは翻訳の分野で一定の進歩を遂げたものの、順調とはいかなかった。きわめて特殊な環境を対象とするＡＩの研究（たとえば人工セラピストを育てるための研究など）は、広く普及することがなかった。一九八〇年代はじめには、エキスパートシステム［人間の専門家の意思決定能力を模倣したシステム］を慎重に組み上げ、医療診断のような高度な領域に導入することも期待されたが、このようなシステムは開発にコストがかかり、扱いにくく、無数の例外や可能性に対処することが不可能で、後に「人工知能の冬」として知られる停滞期が訪れた。

しかし、いまや冬は終わりを告げたようだ。データが増え、モデルが改善され、コンピューターの性能が向上した結果、最近では機械学習の能力が高まり予測の精度が上がった。さらに、ビッグデータの収集と保存の状態も改善し、新しい機械学習のアルゴリズムにフィードバックが提供された。その結果、統計に基づいてデータが処理される古いモデルとは比べものにならないほど性能が向上した。しかも、優れたプロセッサが発明されたおかげで、新しい機械学習モデルは柔軟性も予測の精度も大きく進歩した。実際、その進歩は驚くほどで、コンピューター科学のこの部門は一部で再び「人工知能」と呼ばれるようになった。

移り気な顧客を予測する――機械学習と統計学の違い

予測の進歩を中心で支えるのは、質の上がったデータとモデルとコンピューターである。それぞれの価値を理解するため、ここでは予測にとっての長年の懸案について考えてみよう。マーケティング担当者が「顧客離れ」と呼ぶ現象の予測だ。多くの企業にとって、顧客を獲得する費用は高くつくので、離れられたときのコストはばかにならない。企業が取得原価から利益を得るためには、いったん獲得した顧客をつなぎとめておく必要がある。保険や金融サービスや電気通信などのサービス業界では、顧客離れの予防は最も重要なマーケティング活動だと言えるかもしれない。顧客離れを減らすためには、まずは潜在的にリスクの高い顧客を確認しなければならない。その際、企業は予測関連の技術を利用することができる。

これまで、顧客離れを予測するための中心的な方法は「回帰」と呼ばれる統計的手法で、研究では回帰法の改善に焦点が当てられてきた。学術誌や実践の場において、研究者は何百もの異なる回帰法を提案したり試したりしたものだ。

回帰法は何をするのかといえば、過去に発生した事象の平均に基づいて予測を行なう。たとえば、明日は雨が降るかどうか判断する際、前の週の毎日の天気を参考にするとすれば、一週間の平均に注目するのが最も頼りになるだろう。雨の日が二日あったなら、明日の降水確率は七分の二、すなわち二九パーセントということになる。特定の状況について少しでも多くのデータを取り込めるモデルを構築すれば、平均を求める計算は改善されていくはずで、これまで知られてきた予測ではその作業に多くが費やされてきた。

ここではいわゆる「条件付き平均値」が使われる。たとえばあなたがカリフォルニア州北部に住んでいれば、雨の降る可能性が季節によって異なることを過去の経験から知っているだろう。夏は雨が少なく、冬は多い。この場合、冬のある一日の降水確率が二五パーセントで、夏には五パーセントだったとしても、ふたつの数字を平均した一五パーセントが明日の降水確率だという評価は下さない。

いまが冬と夏のどちらかによって、評価を調整するからだ。

季節ごとの調整は、条件付き平均値を求める方法のひとつにすぎない（小売業ではよく使われるが）。時刻、汚染、雲量、海洋温度など、入手可能なあらゆる情報に基づいて条件付き平均値は割り出される。

さらに、複数の事柄を同時に考慮して条件付き平均値を求めることも可能だ。今日は晴れていて、季節は冬で、三二〇キロメートル西では雨、一六〇キロメートル南では晴れ、地面は濡れていて、大西洋の気温は低く、時速二四キロメートルの風が南西から吹いている――この条件下で明日は雨が降るだろうか、という具合に。しかし、これは簡単ではない。七つのタイプの情報の平均値を計算するだけで、一二八の異なる組み合わせが生まれてしまう。情報のタイプを増やすと、組み合わせは指数関数的に増えていくのだ。

機械学習が登場する以前、複数の事柄を条件として考慮する効果的な方法は多変数回帰で、これを使えば、何十、何百、あるいは何千もの条件付き平均値を計算せずにすんだ。回帰法ではデータを集めたら、予測ミスが最小化され、いわゆる「適合度」が最大化されるような結果を見つけ出す。

ありがたいことに適合度という専門用語は、言葉から受ける印象以上に数学的に役に立つ。回帰法は予測ミスの平均値を最小限にとどめ、小さなエラーよりも大きなエラーのほうを重大視する。これは実際に強力な方法で、比較的小さなデータセットのなかで何が予測に役立つかを判断する際には特に効果を発揮する。たとえばケーブルテレビの顧客離れに関しては、テレビを見る頻度に注目する。ケーブルテレビのサービスを利用していない人たちは、解約する可能性のある顧客と見なされる。

さらに回帰モデルにおいては、偏りのない結果が生み出されることも重視される。予測を複数回にわたり十分に行なった場合、その平均をとることで正確な値を導けるはずだ。私たちは偏りのある予測（たとえば、値が体系的に過大評価または過小評価されているもの）よりも偏りのない予測のほうを好む。だが、偏りがなければ完璧な予測というわけではない。この点は、統計学に古くから伝わる以下のジョークによって説明することができる。

物理学者とエンジニアと統計学者の三人が狩りに出かけた。森を歩いていると、空き地に一頭のシカを目撃した。

物理学者は目標までの距離と、弾丸の速度と落下地点を予測したうえで、照準を合わせて発砲するが、弾丸は左側に一・五メートル離れた地点に落下して、シカを撃ち損じた。

エンジニアは不満げな様子で言った。「きみ、風を計算に入れるのを忘れたじゃないか。だめだよ」。なめた指を立てて風のスピードと方角を確認したうえで、エンジニアはライフルを手に取って発砲するが、弾丸は右側に一・五メートル離れた地点に落下して、シカを撃ち損じた。

突然、統計学者が発砲することなく、歓声を上げた。「よし！　しとめたぞ！」

平均をとれば完璧であっても、一回一回の予測が正確とはかぎらない。左や右に大きくそれてしまう可能性がある。回帰法で平均を計算して正しい解答が得られたとしても、実際に標的をしとめることはできないということがありうる。

回帰法と異なり、機械学習による予測は平均においては正確でないかもしれないが、予測のミスはそれほど大きくならないことが多い。統計学者によれば、分散を減らすことと引き換えにある程度の偏りを許容するのだ。

機械学習と回帰分析の重要な違いは、新しい技術が開発される道筋である。機械学習の新しい手法を発明するときには、それが実践での成果の改善に結びつくことを証明することが欠かせない。対照的に、新しい回帰法を発明するときには、理論的な正しさをまず証明しなければならない。実践での成果に焦点を当てる機械学習の発明のほうが、イノベーターにとって実験の余地は大きい。新しい方法から生み出される予測の平均値が不正確であることや、予測が偏ることは大目に見られる。実験の自由が許される環境で充実したデータや高速化したコンピューターを利用しながら、機械学習はこの一〇年間で急速に改善されたのである。

一九九〇年代末から二〇〇〇年代のはじめにかけて、機械学習で顧客離れを予測する実験の成功は限定的だった。機械学習の手法は改善されつつあったが、概して回帰法のほうが優れた成果を残していた。データはまだ豊富ではなく、コンピューターの性能も十分に発達していなかったので、機械学習の能力をうまく生かすことができなかった。

たとえば二〇〇四年にデューク大学のテラデータ・センターは、顧客離れを予測して競うデータサイエンスのトーナメントを実施した。当時、このようなトーナメントはめずらしかった。誰でも参加可能で、優勝すれば賞金を獲得できる。このとき優勝したのは回帰モデルだった。なかには、まずまずの成果を上げた機械学習の手法もあったが、後にAI革命の原動力となるニューラルネットワークの手法は、大した成績ではなかった。ところが二〇一六年には、すべてが様変わりしていた。顧客離れの予測で最高の成績を残したモデルでは機械学習が使われており、（ニューラルネットワークを利用した）ディープラーニング・モデルは概してほかのすべてのモデルの成績を上回った。

何が変化したのだろう。まず、データとコンピューターの質がようやく一定の水準に達した結果、機械学習が優位に立てる環境が整った。一九九〇年代には、大きなデータセットの構築はまだ難しかった。たとえば従来のやり方では、六五〇人の顧客の情報と三〇未満の変数に基づいて顧客離れの予測が行なわれていた。

しかし二〇〇四年の時点では、コンピューターのデータ処理と保存の能力は改善された。先程紹介したデューク大学のトーナメントでも、訓練用のデータセットには何万人もの顧客を対象とする何百もの変数に関する情報が含まれるようになった。変数や顧客の人数がこれだけ追加されたおかげで、機械学習の手法は回帰法の成績を上回らないまでも、肩を並べるレベルにまで達した。

いまや研究者は、何千もの変数と何百万人もの顧客の情報に基づいて顧客離れを予測している。コンピューターの演算能力が改善された結果、数字だけでなくテキストや映像など、驚くほど大量のデータを含めることが可能になった。たとえば携帯電話の顧客離れに関しては、電話料金の請求書や支払い遅延の有無など従来の変数に加え、一時間ごとの通話記録に関するデータも利用されている。

さらに、入手可能なデータの使い方も上手くなった。たとえばデューク大学のコンテストでは、何百もの変数のなかからどれを選び、どの統計モデルを使うかが成功の鍵を握る。機械学習にせよ従来の回帰法にせよ、当時最高と評価された手法においては、直感と統計調査の結果を組み合わせた情報に基づき、変数とモデルが選ばれた。しかしいまや機械学習、なかでも特にディープラーニングはモデルの柔軟性を許容するため、変数同士を予想外の方法で組み合わせることができる。たとえば、電話料金の請求金額が高い顧客のなかでも、月末よりも月はじめの使用料金が高いケースのほうが、解約の可能性は低い。あるいは、週末の長距離電話の使用料金が高く、支払いが滞《とどこお》りがちで、メールを頻繁に利用する傾向のある顧客は、特に解約の可能性が高い。このような組み合わせは予想外かもしれないが、予測には大いに役立つ。いずれも予想するのが難しいので、標準的な回帰法を使って予測するときには含まれない。しかし機械学習では、プログラマーではなく機械にとって重要な変数同士の組み合わせや相互作用に注目する。

機械学習の手法全般、なかでも特にディープラーニングが改善された結果、入手可能なデータを効果的に活用し、顧客離れに関する正確な予測を行なうことが可能になった。いまや機械学習は、回帰法やそれ以外の様々なテクニックを明らかに凌駕《りょうが》している。

顧客離れ以外の予測

機械学習によって予測が改善されたのは、顧客離れだけではない。金融市場から天気まで、ほかにも様々な状況で予測が改善されている。

二〇〇八年の金融危機は、回帰法に基づいた予測が見事に失敗したケースだ。金融危機を招いた一因は、債務担保証券（ＣＤＯ）のデフォルト（債務不履行）可能性に関する予測だった。一〇〇七年、スタンダード・アンド・プアーズなどの格付け機関は、トリプルＡの評価を受けたＣＤＯが五年で利回りを提供できなくなる可能性は、八〇〇分の一未満だと予測した。しかし五年後には、ＣＤＯの四分の一以上が利回りを提供できなくなっていた。過去のデフォルトについては豊富なデータが十分にそろっていたが、当初の予測は大きく外れてしまった。

この失敗はデータ不足が原因ではない。アナリストがデータを活用して予測する方法が間違っていたのだ。格付け機関の予測は複数の回帰モデルに基づいており、異なる市場の住宅価格のあいだには相関関係が存在しないことが前提にされた。しかしこれは二〇〇七年だけでなく、それ以前にも間違っていた。多くの住宅市場が同時にショックに見舞われる可能性を含めれば、たとえＣＤＯが全米の多くの都市に分散されていても、ＣＤＯで大損する確率は確実に上昇する。

アナリストは自分たちが重要だと確信できる仮説に基づいて回帰モデルを構築したが、そのような確信は機械学習にとって不要だ。機械学習モデルは、多くの変数のなかのどれが最も役に立つか決断を下したうえで、重要でないものと、思いがけず重要なものを見分ける能力が特に優れている。いまや、アナリストの直感や仮説の重要性は薄れた。機械学習は予想外の相関関係に基づいて予測を行なうことが可能で、たとえばラスベガスとフェニックスとマイアミの住宅価格は連動していると考える。

単なる予測ならば、なぜ「知能」と呼ばれるのか

近年、機械学習が大きく進歩したため、予測のなかで統計を利用する方法に変化が生じた。ごく最近ではAIや機械学習の性能が大きく向上した結果、「従来の統計データがステロイド剤を使ったかのように強化されたものだ」と考えてみたくもなる。ある意味、それは正しい。機械学習の最終的な目標は、欠落している情報を埋め合わせるための予測を生み出すことなのだから。しかも機械学習のプロセスにおいては、間違いを最小限にとどめてくれる解決策を探し出さなければならない。

では、機械学習が「人工知能」という呼び名に値する斬新な演算技術とされるのはなぜだろう。実際、予測が非常に優れているため、ルールに基づく論理の代わりに予測を利用できるケースもある。

予測の効果を上げるためには、コンピューターのプログラムを作成する方法を変えなければならない。従来の統計手法や、イフ・ゼンなどのアルゴリズムは、複雑な環境ではうまく機能しない。たとえば、何枚もの写真のなかから猫を探すとしよう。ここでは、猫は色も外見も同じではない。立っている猫、座っている猫、寝そべっている猫、ジャンプしている猫、不機嫌そうな猫など、様々だ。室内にいるケースも、屋外にいるケースもある。これではたちまち頭が混乱してしまう。まずまずの成果を上げるためにも、慎重に考えなければならない。しかも、ここで対象になっているのは猫だけ。

写真のなかのすべての物体を認識するとしたら、どんな方法をとればよいのか。それぞれ個別に認識していかなければならない。

最近では、「ディープラーニング」と呼ばれる技術が進歩を支えており、これは「バックプロパゲーション（誤差逆伝播法）」と呼ばれるアプローチに依存している。ここでは本物の脳と同じように複数の事例から学ぶことによって、面倒な手順が回避されていく（人工のニューロン〔神経細胞〕が本物のニューロンを模倣できるか否かは興味深い問題だが、この技術の有効性とは無関係である）。もしも子どもに「猫」という単語を覚えさせたければ、猫を見かけるたびに言葉を繰り返すだろう。機械学習も基本的にはそれと変わらない。「猫」というラベルが付けられ、猫が写っている写真をたくさん入力する一方で、「猫」というラベルがなくて、猫が写っていない写真もたくさん入力する。すると機械は、「猫」というラベルに関連するピクセルのパターンを認識するようになるのだ。

では、猫と犬が写っている写真を何枚も持っていたらどうか。猫と四足の物体のあいだのリンクは強化されるが、犬と四足の物体のあいだのリンクも同じように強化される。しかし機械学習では、細かく区別する必要はない。バリエーションに富んだ何百万枚もの写真（なかには犬が写っていないものもある）にそれぞれラベルを付けて機械に入力すれば、さらに多くの関連付けが創造され、猫と犬がはっきり区別されるようになる。

いまや多くの問題は、アルゴリズムの問題（「猫はどんな特徴を備えているのか？」）から予測の問題（「ラベルのないこの画像は、私が以前見たことのある猫と同じ特徴を備えているだろうか？」）へと変貌を遂げた。機械学習は、確率モデルを使って問題を解決する。

では、多くの科学技術者が機械学習を「人工知能」と呼ぶのはなぜか。機械学習による出力、すなわち予測は、知能にとって重要な要素だからだ。学習によって予測の精度が向上すれば、それに伴って機械の性能も改善される。その結果として物体認識など、人間の知能と関係の深いタスクをこなせるようになった。

ジェフ・ホーキンスは著書『考える脳　考えるコンピューター』（ランダムハウス講談社、二〇〇五年、伊藤文英訳）のなかで、予測は人間の知能を支える土台だと早くから論じた。人間の創造力や生産性向上の中核を成す知能は、脳が記憶を利用しながら予測するプロセスに支えられているというホーキンスの理論は、本質をとらえている。「私たちは五感を使い、常に低次の予測を同時に行なっているが、それが予測のすべてではない。私はもっと大胆な発想で、予測は脳に備わった機能のひとつであるだけでなく、新皮質の主要な機能であり、知能の土台であると考える。新皮質は予測を司る器官だ[2]」

私たちはこれから経験すること——これから何を見て、感じて、聞くことになるのか——に関して常に予測を行なっていると、ホーキンスは論じている。人間が成長して大人になるにしたがい、脳の予測能力は正確さを増し、予測はしばしば実現する。しかし、予測が未来を正確に言い当てられなかったときには、私たちは矛盾に気づき、その情報が脳にフィードバックされる。その結果、アルゴリズムがアップデートされ、学習を通じてモデルはさらに強化される。

ホーキンスの研究は物議を醸している。彼のアイデアは心理学の文献で議論の対象になり、多くのコンピューター科学者から、新皮質は予測マシンのモデルだと強調する姿勢を全面的に否定されている。きわめて優秀なＡＩはチューリングテスト（機械が人間を欺いて、実際には機械ではなく人間ではないかと思わせることができるかを試すテスト）に楽々合格できるという概念は、どう見ても現実と大きくかけ離れている。現在のＡＩアルゴリズムは論理的思考が不可能だ。さらに、ＡＩを問いただし、予測の情報源について確認することも難しい。

しかし、基礎を成すモデルが適切か否かはともかく、予測を知能の土台として強調した点は、近年ＡＩに引き起こされた変化の影響を理解するうえで役立つ。この変化は、予測技術の劇的な改善によって実現したものだ。一九五六年のダートマス会議で多くの学者が抱いた願望が、いまや実現可能な範囲内にある。予測マシンは様々な方法で「言語を利用し、抽象概念やコンセプトを形成し、現在［一九五五年の時点で］は人間にしか解決できない問題を解決し、自らを改善していくことができる」[3]。

このような進歩が汎用《はんよう》人工知能や「シンギュラリティ（技術的特異点）」やスカイネットの到来の前触れかどうかについては、ここでは考えない。しかしこれから紹介していくが、予測という狭い範囲に焦点を当てるだけでも、これから数年間で驚くような変化が引き起こされる可能性が考えられる。コンピューターの進歩による計算コストの低下がビジネスや私生活に劇的な変化をもたらす大きな原動力になったように、予測のコストが下がれば同様の変化が引き起こされるだろう。

決定性プログラミングから確率的プログラミングへのコンピューターの進歩は、社会科学や物理科学の進歩と密接に結びついている。そこに知能が関わっているか否かはともかく、階段関数的な移行は大きな影響をおよぼした。哲学者のイアン・ハッキングは著書『偶然を飼い馴らす――統計学と第二次科学革命』（木鐸社、一九九九年、石原英樹・重田園江訳）のなかで、一九世紀以前の確率はギャンブラーの領域だったと述べている[4]。やがて一九世紀になって政府が国勢調査のデータを集計するようになると、数学の新しい分野である確率が社会科学に応用され始めた。二〇世紀に入ると、物理的な世界についての私たちの理解は根本から変化して、ニュートン学説の決定論的視点から量子力学の不確実性へと移行した。二一世紀のコンピューター科学における最も重要な進歩は、かつて社会科学や物理科学の分野で見られた進歩に匹敵するのかもしれない。アルゴリズムはデータと確率論に基づいて構築されたときに最大の成果を発揮することが、いまでは認識されている。

キーポイント

- 機械学習と統計学は目指すものが異なる。統計学では平均値が重視されるが、機械学習ではその必要がない。その代わり、作業効率の向上を目標に据える。予測が改善するかぎり、予測に偏りがあっても許される（強力なコンピューターを使えば不可能ではない）。その結果、科学者には自由に実験する環境が与えられ、この一〇年間で充実したデータと高速化されたコンピューターを利用して、予測は著しく改善した。
- 従来の統計手法では明確な仮説を打ち出すか、少なくともモデル仕様において人間の直感に頼ることが必要とされる。機械学習では、モデルに何を含めるか予め特定する必要がない。複雑なモデルを一度にたくさん取り入れ、多くの変数同士の様々な組み合わせから生み出される相互作用に注目する。
- 最近の機械学習の進歩は、しばしば人工知能の進歩として言及されるが、それには以下の三つの理由がある。（１）この技術に立脚するシステムは学習し、時間とともに改善していく。（２）特定の状況において、こうしたシステムはほかのアプローチよりも著しく正確な予測を行なう。一部の専門家は、予測が知能の中核を成していると指摘している。

（3）こうしたシステムは予測の精度が向上した結果、翻訳や車の運転など、かつては人間の知能の独占領域と考えられていた分野のタスクをこなせるようになった。いまはまだ、予測と知能の関連性についてわからない部分がある。本書では、予測の進歩は知能の進歩によるものかという問題について立場を明確にしたうえで、結論を導き出しているわけではない。本書は知能のコスト低下ではなく、予測のコスト低下がもたらす結果に焦点を当てる。

第五章　データは新しい石油である

グーグルのチーフ・エコノミストのハル・ヴァリアンは二〇一三年、コカ・コーラのロバート・ゴイズエタにこう語った。「一〇億時間前、現代のホモ・サピエンスが登場した。一〇億分前、キリスト教が誕生した。一〇億秒前、ＩＢＭのパソコンが発売された。グーグル検索は……今朝からすでに一〇億回行なわれている」[1]。驚くほど大量のデータを持っているのはグーグルだけではない。フェイスブックやマイクロソフトのような大企業から地方自治体やスタートアップ企業にいたるまで、あらゆる組織がデータを以前よりも安く簡単に集められるようになった。このデータには価値が備わっている。何十億回も検索されれば、何十億ものデータが提供されることになり、それによってグーグルのサービスは向上していく。なかには、データを「新しい石油」と呼ぶ人たちもいる。

予測マシンはデータに依存している。優れたデータがたくさん手に入るほど、予測の精度は高まる。経済用語を使うなら、データは予測の主な補完材であり、予測のコストが下がるほど価値は高まる。

ＡＩの場合、データには三つの役割がある。一番目は**入力データ**で、アルゴリズムに提供され、予測を行なうために使われる。二番目は**訓練データ**で、アルゴリズムを作り出すためだけでなく、ＡＩが実践で役立つように訓練するためにも使われる。三番目は**フィードバックデータ**で、フィードバックを受けて経験を積み重ねたアルゴリズムの性能は改善されていく。状況によってはかなりの重複が見られ、同じデータが三つの役割のすべてをこなすこともある。

ただし、データを取得するためのコストは高い。したがって投資する際には、データの充実によってもたらされる恩恵と、取得に伴うコストのあいだのトレードオフを考慮する必要がある。データに関して正しい決断を下すためには、予測マシンがデータを利用する仕組みについて理解しなければならない。

予測にはデータが必要

最近ではＡＩが熱狂的なブームになっているが、かつてはビッグデータがもてはやされた。この二〇年のあいだにデータは多種多様になって、質も量も大きく向上した。いまや画像やテキストはデジタル化され、機械による分析が可能だ。センサーはいたるところに存在している。データが熱狂的に受け入れられるのは、現在進行中の出来事に対して人びとが抱く不安を和らげ、理解を深めるために役立つからである。

ここでは、心拍数を監視するためのセンサーの改善について考えてみよう。アライブコアやカーディーオなど、いかにも医療関係という名前を持つ様々な企業や非営利組織が、いまでは心拍数に関するデータを利用する製品を製造している。たとえば、カーディオグラムというスタートアップ企業が開発したｉＰｈｏｎｅアプリは、アップルウォッチから提供される心拍数のデータを利用して、大量の情報を生み出していく。このアプリのユーザーなら誰でも、心拍数を一秒ごとに測定することができる。一日のなかで心拍数が大きく変動する時間帯があるかどうか確認できるし、一年間、さらには一〇年間のうちに心拍数の増減がないか確かめることも可能だ。

ただし、このような製品の潜在能力は、豊富なデータを予測マシンと結びつけてこそ生かされる。今日では学術研究と産業研究のどちらの分野でも、スマートフォンは心拍数の異常（医学用語では心房細動）を予測できることが証明されている。[2]そのためカーディオグラム、アライブコア、カーディーオなどの企業は開発した製品を予測マシンと組み合わせ、心拍数のデータを心臓病の診断に役立てている。ユーザーの心拍数に異常はないかどうか、まだわからない情報に関して心拍数のデータを使いながら予測を立てるのが一般的なアプローチである。

この入力データは、予測マシンを機能させるために欠かせない。実際、予測マシンは入力データがなければ動かないので、訓練データやフィードバックデータとは異なり、入力データは単に「データ」と呼ばれることが多い。

十分な知識のない購入者は、心拍数のデータと心拍リズムの異常との関連性を生データから確認できない。一方、カーディオグラムは多層ニューラルネットワークを使いながら、心拍リズムの異常を九七パーセントの精度で検知できる。[3]心臓発作のおよそ四分の一は、このような異常によって引き起こされる。予測の精度が向上すれば、医師は治療法を改善できるし、薬によって発作を予防することも可能だ。

この仕組みが機能するためには、個々の購入者が心拍数のデータを提供しなければならない。予測マシンと個人データを結びつけてはじめて、心拍リズムの異常が発生している可能性を予測することができる。

機械はデータからどのように学習するのか

いまの世代のＡＩ技術が「機械学習」と呼ばれることには理由がある。機械はデータから学習する。心拍数のモニターのケースでは、不規則な心拍リズム（そして心臓発作の可能性の増大）を心拍数のデータから予測するためには、不規則な心拍リズムが実際に発生している事例とデータとの関連について機械が学習しなければならない。それには、予測マシンはアップルウォッチから提供される入力データ（統計学者は「独立変数」と呼ぶ）と、不規則な心拍リズムに関する情報（「従属変数」）を結びつける必要がある。

予測マシンが学習するためには、不規則な心拍リズムに関する情報が、アップルウォッチの心拍数のデータ収集に使われた人たちから提供されなければならない。つまり予測マシンは、心拍リズムが不規則な大勢の人たちから心拍数のデータを集める必要がある。さらに、心拍リズムが不規則ではない大勢の人たちからもデータも集める必要がある。そのうえで予測マシンは、心拍リズムが不規則な人と、そうでない人の心拍数のパターンを比較していく。そうすれば、予測は可能になる。もしも新しい患者の心拍数のパターンが、心拍リズムが規則的な人たちのサンプルよりも不規則な人たちの訓練サンプルのほうに似ていれば、この患者の心拍リズムは不規則だと機械は予測する。

多くの医学的応用と同じく、カーディオグラムは学術研究者と協力してデータを集める。研究者たちは六〇〇〇人のユーザーの心拍リズムを監視しており、そのうちおよそ二〇〇人はすでに心拍リズムが不規則だと診断されている。カーディオグラムは、アップルウォッチから心拍数のパターンについての情報を集めて比較すればよい。

こうした製品は発売されてからも予測の精度が改善し続けるが、そのためには、予測の正しさを判断するためのフィードバックデータが必要とされる。製品ユーザーのあいだでの、不規則な心拍リズムの発生率に関するデータが常に欠かせない。予測マシンは発生率のデータを手に入れると、このデータを心臓モニタリングに関する入力データと組み合わせ、さらなるフィードバックを生み出す。こうして、予測の精度は向上し続ける。

しかし、訓練データを取得するのは難しい。同じ項目群（この場合には心臓病患者）について予測し続けるためには、関心のある結果（不規則な心拍リズム）についての情報だけでなく、その結果を新しいコンテキスト（心臓モニタリング）で予測するために役立つ事柄についての情報も必要とされる。

これが何か未来の事象の予測となると、さらに困難になってくる。予測マシンには、予測する時点でわかっている情報のみが提供されるからだ。たとえば、ひいきのスポーツチームの来年度の試合のシーズンチケットの購入を考えているとしよう。トロントでは、ほとんどの人たちのひいきはトロント・メイプルリーフスというプロアイスホッケーチームだろう。勝ち試合の応援には行きたいが、負けている試合で声援を送るのは気が進まない。そこで来シーズン、チームが最低でも全試合の半分に勝利する場合にかぎり、チケットを購入する価値があると決断する。決断を実行に移すためには、勝ち試合の数を予測しなければならない。

アイスホッケーでは、ゴール数の多いほうのチームが勝利するので、勝ちやすいのはゴールを決める回数が多いチームで、ゴールを決める回数が少ないチームは負けやすいと直感的に考える。そこで、各チームのゴール、対戦相手ごとのゴール、各チームの勝ち数に関して、過去のシーズンからのデータを集めて予測マシンに提供する。こうして提供されたデータは、勝ち試合の数に関する優れた予測変数になりそうな印象を受ける。そこでこの情報を利用して、来年度の勝ち数を予測することにする。

しかし、これではうまくいかない。来シーズンにチームがゴールを何回決めるかについての情報が欠落しているのだから、データに基づいて未来の勝ち試合の数を予測することはできない。そして、前年度のゴールに関するデータを集めても役に立たないのは、今年度のデータから学習するように予測マシンが訓練されているからだ。

結局のところ予測を行なうためには、その時点で手に入るデータだけしか頼りにならない。しかし予測マシンを訓練し直せば、前年度のゴールの回数に関する情報に基づいて今年度の勝ち数を予測できるようになる。前年度の勝ち数、チームに所属するプレーヤーの年齢、彼らの戦歴など、ほかにも利用できる情報はある。

ＡＩの商用アプリケーションの多くには、こうした構造が備わっている。入力データと結果指標を組み合わせて予測マシンを創造したうえで、新しい状況からの入力データを利用して、その状況でどんな結果が生じるかを予測する。結果に関するデータが手に入るかぎり、予測マシンはフィードバックを通じて学習し続ける。

データについての決断

データの入手はしばしば高いコストを伴うが、データなくして予測マシンは機能しない。予測マシンを創造し、機能させ、改善させていくために、データは欠かせない存在である。

そうなると、データをどんな規模と範囲で取得するべきか、決断しておかなければならない。異なるタイプのデータがいくつ必要か。訓練には、どれくらいの数の対象が必要となるか。どれくらいの頻度でデータを集めればよいか。タイプや対象や頻度が増えるほどコストは高くなるが、潜在的な利益も大きくなる。このような決断を下す際には、自分は何を予測したいのか、慎重に決めておかなければならない。どんな問題の予測をしたいのか具体的に確認できれば、何が必要なのか自《おの》ずと明らかになる。

たとえばカーディオグラムが予測したいのは、心臓発作だ。そのため不規則な心拍リズムが、（医学的に有効な）代用品として使われた。[4] こうして予測の対象を定めたら、あとは同社のアプリを利用する各ユーザーの心拍数のデータを集めればよい。睡眠、身体的活動、家族、病歴、年齢に関する情報も利用することができるが、年齢などに関する情報を集めるためにいくつか質問したあとは、心拍数の測定に優れた装置をひとつ準備するだけでよい。

一方、カーディオグラムには訓練用のデータも必要とされた。それは六〇〇〇人分のデータで、そこには心拍リズムの異常を抱えている人たちがわずかに含まれる。カーディオグラムはセンサーを各種取り揃え、ユーザーの様々な詳細情報を入手できることもできたが、ほとんどのユーザーに関して少しの情報を集めれば十分だった。ＡＩを訓練するためには、心拍リズムの異常に関する情報にアクセスするだけでよい。そのため、使われる変数の数はかなり限られた。

機械が優れた予測を行なうためには、訓練データのなかに十分な数の人間（分析単位）を確保しておかなければならない。この人数はふたつの要因に左右される。ひとつは正常なシグナルと雑音の比率、もうひとつは予測に求められる正確さだ。つまり、心拍数は予測変数として強いか弱いか、そして予測ミスはどれだけのコストを伴うかによって、必要とされる人数は決定される。もしも心拍数が予測変数として強く、予測ミスが重大事につながらないとすれば、数人分のデータを集めれば十分だろう。逆に心拍数が予測変数として弱く、予測が外れるたびに生命の危険を伴うなら、何千人いや何百万人分のデータを集めなければならない。カーディオグラムは予備研究の段階で六〇〇〇人を集め、そのなかで心拍リズムが不規則なのは二〇〇人だった。その後は、アプリのユーザーが不整脈を抱えていたり発症したりしていないか、フィードバックを通じてさらなるデータを集めた。

では、六〇〇〇人という数字は何が根拠なのだろうか。予測にどれだけの信頼性が期待され、どれだけの正確さが求められるかに応じてデータの必要量を評価するうえで、データサイエンティストは優れたツールを持っている。それは「検出力計算」と呼ばれるもので、これを使えば、役に立つ予測を立てるためにいくつの分析単位が必要になるかがわかる。[5] ここで管理的な視点から考えなければならないのが、トレードオフだ。予測の精度を高めるためには研究対象となる分析単位を増やさなければならないが、分析単位を追加するほどコストは高くなる。

カーディオグラムは頻繁にデータを収集しなければならない。それを可能にするのがアップルウォッチで、これなら毎秒ごとにデータが集められる。心拍数は一日のなかでもばらつきがある。心拍数の測定値が研究対象者の現状を正しく反映するためには、何度も繰り返し測定しなければならない。患者が医者を訪れたときに検査するだけでは十分ではない。そのためカーディオグラムのアルゴリズムでは、装着型のデバイスから絶えず提供される測定値が利用されている。

このような形でのデータ収集は、高いコストを伴う投資だった。患者はデバイスを常に装着しなければならないので、日常の挙動が乱されてしまう（アップルウォッチを持たない患者にとっては、特に深刻な問題である）。さらに健康に関するデータが含まれるので、プライバシー上の不安も無視できない。そこでカーディオグラムはプライバシーが改善される形でシステムを開発したが、その見返りとして開発コストが上昇しただけでなく、機械がフィードバックに基づいて予測を改善する能力が低下してしまった。予測で使われるデータをアプリから集めるが、データはアップルウォッチに残されたままなのだ。

ではつぎに、必要なデータ収集量に関する統計学者と経済学者の見解の違いについて論じていきたい（プライバシーに関する問題は第四部で論じる）。

規模の経済

データが増えれば予測は改善されるが、実際のところどれだけのデータが必要なのだろうか。（分析単位の数、変数のタイプ、頻度のいずれにせよ）新たな情報を加えることでもたらされる利益は、既存のデータ量によって増減する可能性がある。経済学者ならば、データにおいては規模に関する収穫逓増《ていぞう》・逓減《ていげん》の法則が成り立つ、と表現するところだ。

純粋に統計的視点に立つなら、データには収穫逓減の法則が当てはまる。一〇〇番目の観察よりも三番目の観察からのほうが有益な情報が得られ、一〇〇万番目の観察よりも一〇〇番目の観察からのほうが多くを学習できる。訓練データに観察結果を加えるにつれて、予測の改善には結びつきにくくなる。

一回一回の観察は、予測の生成に役立つ追加のデータとなる。カーディオグラムのケースでは、心臓の鼓動の間隔が観察される。「データに収穫逓減の傾向が見られる」とすれば、不整脈があるか否か把握するには、最初の一〇〇回の鼓動に注目するだけでよい。それを過ぎると予測は改善されないのだから、増やしても意味はない。

ここで、空港に行くには何時に出発したらよいかという問題を考えてみよう。これまでその空港に行った経験がなければ、はじめて出かけるときには役に立つ情報が数多く提供される。二回目や三回目でも、おおよその所要時間を把握できるだろう。しかし一〇〇回目ともなれば、所要時間に関して多くを学習できる可能性は低い。この場合、データは収穫逓減の法則にしたがっている。

だが、経済学の視点に立つと、収穫逓減の法則は当てはまらない。経済学は、データが予測をどのように改善するかには注目しないからだ。その代わり、予測から得られる価値がデータによってどのように改善されるかという点に注目する。予測と結果は連動しているときもあり、その場合には、観察対象に統計的に収穫逓減の傾向が見られれば、あとからもたらされる結果にも収穫逓減の法則が働くことが示唆される。しかし、常にそうなるとはかぎらない。

たとえば、消費者はあなたの関わっている製品と競争相手の製品のどちらを使うか選ぶことができる。あなたの製品を利用するのは、大体において競争相手の製品と同レベルもしくは高いレベルが維持される場合に限られるだろう。ただしデータが簡単に手に入る状況においては、すべての競争者が同じように優れた成果を上げるケースが多い。その証拠に、一般的な項目の検索に関してけ、ほとんどの検索エンジンから似たような結果が提供される。グーグルとビングのどちらを使っても、「ジャスティン・ビーバー」を検索すると同じ結果が得られる。したがって検索エンジンの価値を高めるためには、めずらしい項目の検索でライバルよりも良い結果を出さなければならない。ためしに「disruption（分裂）」という言葉をグーグルとビングのどちらでも検索してみよう。グーグルの場合には辞書の定義のほかに、破壊的イノベーションに関するクレイ・クリステンセンのアイデアと関連する項目が結果として表示される。一方ビングでは、最初に表示される九つの結果は辞書の定義に限られる。グーグルの結果のほうが優れているのは、めずらしい項目の検索で何が求められているのか見つけ出す能力が優れているからだ。ほとんどの人は、めずらしい項目の検索にも一般的な項目の検索にもグーグルを利用する。検索能力のわずかな違いが、市場シェアや利益の大きな違いに結びつくのだ。

このように、データは統計的には収穫逓減の法則にしたがっており、一〇億回目の検索は一回目の検索ほど検索エンジンの改善につながらない。しかしビジネスの視点からすると、競争相手よりも優れたデータをたくさん持っているとき、データには非常に大きな価値が備わる。[6] ユニークな要素に関して他人よりも多くのデータを持っていれば、市場で多くの報酬がもたらされるとも一部では論じられている。経済的な視点に立つなら、こうしたケースには収穫逓増の法則が当てはまると言ってもよいだろう。

キーポイント

●予測マシンは以下の三つのタイプのデータを利用する。（1）AIを訓練するための訓練データ。（2）予測を行なうための入力データ。（3）予測の精度を改善するためのフィードバックデータ。

●データ収集はコストのかかる投資だ。データ収集のコストは、どれだけの量のデータが必要で、収集プロセスをどれだけ深く掘り下げるかによって左右される。データ取得のコストと、予測精度の向上から得られる恩恵のあいだのバランスをとることが肝心だ。最善のアプローチを決定する際には、どのタイプのデータに関してもROI（投資対効果）を評価しなければならない。データ取得にはどれだけのコストがかかるかだけでなく、データ取得による予測精度の向上にはどれだけの価値があるのかを考える必要がある。

●データを増やすほど多くの価値が生み出されるかどうかについて、統計学と経済学は異なる理由に基づいて異なる見解を持っている。統計的視点からは、データは収穫逓減の法則にしたがっている。データ単位を増やすほど、前のデータからの改善度は減少していく。一〇〇〇回目の観察に比べ、一〇回目の観察のほうが予測を大きく改善してくれる。一方、経済学の視点からとらえると、関係は曖昧《あいまい》である。既存のデータがわずかではなく大量の場合には、新たなデータを加えるほうが効果的な可能性も考えられるからだ。たとえば、データを追加した結果として予測マシンの性能が閾値を超えて、利用できなかったものが利用可能になったり、規定値を下回っていたものが上回ったり、競争相手よりも劣っていた能力が相手を上回ることもある。したがって企業は、新しいデータの追加、予測精度の向上、さらなる価値の創造といった要素のあいだの関係をきちんと理解しておかなければならない。

第六章　分業の新たな形

あなたが電子文書に変更を加えるたび、その変更は記録される。これはほとんどの人たちにとって、修正の履歴を確認するための便利な方法にすぎない。しかしロン・グロズマンはこれを、ＡＩでデータを処理して変更を予測するための絶好の機会と見なした。二〇一五年にグロズマンはチズルというスタートアップ企業を立ち上げた。最初に発表された製品は、法律関係の書類のなかから機密扱いになりそうな情報を予測した。これは法律事務所から歓迎された。文書の公表を求められるときには、機密情報の部分を抹消または修正する必要があったからだ。従来、修正は手作業で行なわれ、人間が文書を読みながら機密情報を抹消していった。しかしグロズマンのアプローチによって、時間と手間の節約が約束された。

機械による抹消作業は成果を上げたが、不完全だった。機械は時々、公表すべき情報を間違って抹消してしまったのだ。あるいは逆に、機密扱いにするべき情報を残してしまうこともあった。一定の法的水準に届くためには、人間の手助けが必要だった。そこでテスト段階では、何を修正すべきかチズルの機械が提案し、それを人間があるときは拒み、あるときは受け入れた。実際のところ、機械と人間が協力することで多くの時間が節約され、人間だけで作業するときよりもエラー率は低下した。

人間と機械による分業が成果を上げたのは、スピードと注意力という人間の弱点が克服され、テキストの解釈という機械の弱点が克服されたからである。

人間にも機械にも欠点はある。それが具体的に何かわからないままでは、機械と人間が協力して予測するにはどうしたらよいか見極めることはできない。なぜか？　その理由は、一八世紀にアダム・スミスが提唱した経済学的考察に由来する、つぎの考え方にある。すなわち、分業においては相対的強弱度に応じて役割が分担されるというものだ。本書の文脈では、予測に関して人間と機械の役割が分担される。分業の仕方を正しく理解するためには、人間と機械のそれぞれにとって、予測のどの側面が最もふさわしいのか判断しなければならない。

予測における人間の弱点

古くから行なわれている心理学の実験では、×と○を無作為に書き並べたものを被験者に見せて、つぎにどちらが来るのか予測してもらう。たとえば、以下のように。

○××○×○×○×○××○○××○×○×××○××

このような記号列を見せられると、×のほうが○よりも少し多いことにほとんどの人が気づく（実際に数えてみれば、×が全体の六〇パーセント、○が四〇パーセントであることがわかるだろう）。そこで、たいていはつぎに×が来ると推測するが、バランスを考えて○と答える場合もある。しかし、予測を当てる可能性を最大化したければ、常に×を選ぶはずだ。そうすれば、正解する確率は六〇パーセントになる。一方ほとんどの被験者と同じく、回答自体を60／40という割合で行なうと、正解する確率は五二パーセントになる。×と○の相対的な頻度を無視してどちらかを単純に選ぶ場合（50／50）よりも、予測の成功率はわずかに高いだけだ。[1]

　このような実験からは、人間は統計が苦手だということがわかる。確率を見積もるのにはそれほど苦労しない状況であってもだ。予測マシンなら、このような誤りを犯さない。だが、もしかしたら人間は、こうしたタスクにゲーム感覚で臨み、真剣には取り組んでいないのかもしれない。明らかにゲームとして片づけられない状況でも、同じような間違いを犯すのだろうか。

　答えは間違いなくイエスだ。それは、心理学者のダニエル・カーネマンとエイモス・トベルスキーが行なった数々の実験で明らかにされた。[2]ふたりは被験者にふたつの病院について考えてもらった。一方の病院では一日に四五人の赤ん坊が生まれ、もう一方の病院では一五人の赤ん坊が生まれる。この場合、生まれてくる赤ん坊の六〇パーセント以上が男の子という日が多いのは、どちらの病院だろう。答えは、一日に生まれる赤ん坊が少ないほうの病院だが、正解した被験者はほんのわずかだった。なぜ小さな病院が正解なのかといえば、事象の数（この場合は出生数）が多くなるほど、毎日の結果は平均に近づくからだ（この場合は五〇パーセント）。その仕組みを理解するために、コイントスを想像してほしい。コインを五〇回投げるときよりも五回投げるときのほうが、すべて表という可能性は高い。同様に、小さな病院は生まれてくる赤ん坊が少ないので、平均から大きく離れた結果が生じやすい。

　このようなヒューリスティクス〔意思決定を素早く下すために用いる経験則〕やバイアスに関しては、何冊かの本が執筆されてきた。[3]実際、確かな統計的原理に基づいて予測を行なうことを苦手とする人は多く、だから専門家が頼りにされる。しかし残念ながら、専門家が決断を下すとき、彼らも同じようなバイアスにとらわれ同じような困難に直面する。こうしたバイアスは医療、法律、スポーツ、ビジネスなど様々な分野で悩みの種になっている。たとえばトベルスキーとハーバード・メディカルスクールの研究者らは、肺ガンの二種類の治療法を医師に選ばせた。放射線治療と手術である。五年生存率のうえからは、手術が勧められる。実験に参加した医師はふたつのグループに分けられ、放射線治療よりもリスクが大きい手術による短期間の生存率について、異なる形で情報を提供された。この場合、「一カ月後の生存率は九〇パーセントだ」と説明を受けたグループでは、八四パーセントの医師が手術を選んだ。しかし、「最初の一カ月の死亡率は一〇パーセントだ」と説明されたグループでは、手術を選ぶ割合が五〇パーセントにまで下がった。どちらも同じことについての説明だが、情報の提示の仕方の違いが決断に大きな変化を引き起こしたのである。機械ならば、このような結果は考えられない。

　専門家が複雑な情報に直面するとうまく予測できなくなる状況を、カーネマンはほかにも数多く明らかにしている。経験豊かな放射線科医でも、X線写真の見立てを五回に一回は間違える。監査役、病理学者、心理学者、経営者のあいだでも同様の間違いが見られることがある。人間ではなく、何か別の手段を使って予測する方法があるならば、そんな手段について真剣に考えるべきだとカーネマンは結論を下した。

　専門家の予測が当てにならないことは、マイケル・ルイスの『マネー・ボール』（ハヤカワ・ノンフィクション文庫〔完全版〕、二〇一三年、中山宥訳）でも中心的なテーマになっている[4]。プロ野球チームのオークランド・アスレチックスは深刻な問題に直面していた。主力選手のうちの三人が退団したにもかかわらず、戦力を補充するための財源が足りなかったのだ。そこでゼネラル・マネージャーのビリー・ビーン（映画ではブラッド・ピットが演じた）は、ビル・ジェイムズが開発した統計システムを利用して選手の成績を予測することにした。この「セイバーメトリクス」システム〔セイバー（SABR）とはアメリカ野球学界の略称、メトリクスとは測定基準のこと〕を採用したビーンと部下のアナリストたちは、チームのスカウトの勧めにしたがわず、自分たちで独自のチームを編成した。限られた予算のなかでの補強を通じてアスレチックスはライバルたちの成績を上回り、二〇〇二年にはワールドシリーズに出場する。この新しいアプローチが成果を上げたのは、それまで重要だと思われてきた指標（盗塁数や打率など）から離れ、別の指標（出塁率や長打率など）に注目するようになったからだ。さらに、理解に苦しむこともあるスカウトたちのヒューリスティクスに頼るのをやめたことも大きい。映画のなかで、ひとりのスカウトはこんなせりふを口にする。「ガールフレンドが不細工なのは、自信のなさの表れだよ」。意思決定がこのような不確かなアルゴリズムに支えられているのだから、野球の世界ではデータに頼る予測がしばしば人間を上回っても意外ではない。

新たに注目されたメトリクスでは、チーム全体の成績への選手の貢献度が重視された。オークランド・アスレチックスは新しい予測マシンのおかげで、大事な選手を再発見することができた。従来のやり方で高く評価されてきた選手に比べて資質を知られているわけではないが、年俸が低いわりにチームの成績への貢献度は高い貴重な戦力が確認されたのである。新しい予測システムを持たないほかのチームでは、このような人材は過小評価されてしまう。アスレチックスはほかのチームのバイアスをうまく利用したのだ。[5]

人間による予測は、たとえ経験豊かで有能な専門家であっても困難を伴う。それが最も如実に示されているのは、アメリカの裁判官が保釈許可に際して下す決断についての研究だろう。[6]アメリカでは、毎年このような決断の数が一〇〇〇万件にのぼる。保釈されるか否かは家族や仕事など個人的な問題にとって非常に重大であるし、政府が受刑者のために負担するコストへの影響は言うまでもない。裁判官が決断を下すときには、被告が保釈された場合の逃亡や再犯の可能性を基準に考えなければならない。最終的に有罪判決を受ける可能性は重視されない。決断の基準は明快で、定義もはっきりしている。

この研究では機械学習を使い、被告が保釈中に再犯や逃亡を犯す確率を予測するアルゴリズムが開発された。訓練データは広い範囲から集められた。二〇〇八年から二〇一三年にかけてニューヨーク市で保釈された七五万人に関してのデータで、逮捕歴、起訴内容、人口動態に関する情報などが含まれている。

結論を言うと、機械の予測は人間の裁判官よりも優れていた。たとえば機械は、被告全体の一パーセントを最もリスクが高いグループに分類し、そのなかの六二パーセントが保釈中に再犯すると予測した。ところが（機械による予測にアクセスできない）人間の裁判官は、このグループのほぼ半分の被告を保釈することを決断した。結局、機械による予測はかなり正確で、機械により高いリスクを確認された被告の六三パーセントが実際に保釈中に再犯し、半分以上がつぎの公判期日に出頭しなかった。しかも、機械が高リスクと判断した被告の五パーセントは、保釈中にレイプか殺人を犯した。

機械の勧めにしたがっていたら、裁判官は機械と同じように保釈する人数を決定し、保釈中の犯罪率を四分の一にまで減らしていたかもしれない。あるいは収監される被告の人数を五〇パーセント増やしていたら、犯罪率は据え置かれたかもしれない。[7]

ここでは何が進行しているのだろう。なぜ裁判官の評価は予測マシンと大きく異なるのだろう。原因のひとつとして考えられるのは、被告の外見や法廷での態度など、アルゴリズムには入手できない情報を裁判官が利用することだ。このような情報は役に立つかもしれないが、判断を誤らせる恐れもある。実際、保釈中の犯罪率の高さを考えれば、判断を誤らせる可能性のほうが高いと結論してもおかしくない。裁判官の予測能力はかなりお粗末なのだ。研究からは、この不幸な結論を裏付けるさらなる証拠が多数提供されている。

人間にとってこのような状況での予測が難しいのは、犯罪率の説明には複数の要因が複雑に関わり合っているからだ。異なる指標のあいだの複雑な相互作用を考慮する能力に関して、予測マシンは人間よりもはるかに優れている。過去に犯罪歴があれば被告が逃亡するリスクは高くなると人間は単純に信じたくなるが、機械であれば、それが正しいのは被告が特定の期間に無職だった場合にかぎることを発見するかもしれない。要するに、最も重要なのは相互作用の効果で、そこに関わる特徴の数が増えるほど、人間が正確な予測を行なう能力は低下していく。

こうしたバイアスが見られるのは、医療や野球や法律といった分野に限らない。専門職では絶えず観察される特徴だ。経済学者によれば、管理職であれ一般社員であれ予測する機会は多く、しかも結果がお粗末な事実に気づかないまま、自信満々に予測する。ミッチェル・ホフマン、リサ・カーン、ダニエル・リーは、専門技能をそれほど必要としないサービスを提供する企業一五社の雇用への取り組みについて調査を行なった。その結果、通常の面接以外に客観的で検証可能なテストを実施するようになった企業は、面接だけで採用を決めていたときに比べて社員の在職期間が一五パーセント高くなることがわかった。[8]こうした取り組みを行なうにあたり、管理職は社員の在職期間を最大化するよう指示された。

認知能力の診断や適職に関する指標など、テストは広範囲を網羅した。ただし、採用担当管理職の自由裁量を制約し、低い得点の応募者を勝手に採用できないようにすると、社員の在職期間はさらに長くなり、離職率が減少した。つまり、社員の在職期間を最大化するよう指示され、採用に関する経験が豊かで、機械が予測したかなり正確な情報を提供された人物であっても、自分勝手な判断を制約されないかぎり、上手に予測することはできなかったのである。

機械が予測で苦手な部分

元アメリカ国防長官のドナルド・ラムズフェルドはかつてこう語った。

世の中には既知の知、すなわち知っているということを知っている事柄がある。つぎに既知の未知、すなわち知らないということを知っている事柄がある。そしてもうひとつ未知の未知、すなわち知らないということを知らない事柄もある。我が国をはじめとする自由主義諸国の歴史を振り返ってみると、厄介なのは最後のカテゴリー、すなわち未知の未知であることがわかるだろう。[9]

この発言は、予測マシンがどのような状況でうまく機能しないのか理解するうえで役に立つ枠組みを提供してくれる。まず、「既知の知」というカテゴリーには、十分なデータがそろって優れた予測が可能な状況が該当する。二番目の「既知の未知」というカテゴリーには、データが乏しく予測が困難なことがわかっている状況が該当する。三番目の「未知の未知」というカテゴリーには、過去の経験や集めたデータのなかに含まれない事象が該当する。それでも起こりうるため予測は困難だが、そのことには気がつかないかもしれない。そして最後にもうひとつ、ラムズフェルドが認識しなかったカテゴリーとして、「未知の既知」がある。明確と思われた因果関係が、実際には未知の、あるいは観察できない要因によって生じたものである場合がこれに該当する。その要因は時間とともに変化するため、予測できたと思ってもその正しさは疑わしい。予測を困難にするこうした限界は、統計学ではよく知られている。予測マシンが失敗するのは、まさにこのような局面なのだ。

既知の知

　データが十分にそろっていれば、予測マシンは順調に機能する。優れた予測を提供できるという意味で、ここでは機械が状況を把握している。そして私たちも、機械の予測が優れていることを理解している。これは現世代の機械知能のまさにスイートスポットであり、不正検出、医療診断、野球選手、保釈に関する決断のすべてがこのカテゴリーに該当する。

既知の未知

　今日では（そして近い将来の）最高の予測モデルでさえ、大量の情報を必要とする。データが十分にそろわない状況では予測の精度が落ちてしまうことを私たちは知っている。つまり、私たちは知らない事柄があるという事実を把握しており、これは「既知の未知」に該当する。

　なかには、稀《まれ》にしか起きないため十分なデータがそろわない事象もあり、そうなると結果の予測は容易ではない。たとえばアメリカの大統領選挙は四年に一度しか行なわれず、そのあいだには候補者も政治環境も変化してしまう。大統領選の結果を数年前の時点で予測するのはほぼ不可能だ。二〇一六年の選挙では、投票の数日前、いや当日でさえ、予測は困難であることが明らかになった。同様に、大地震も（ありがたいことに）ごく稀にしか発生しないので、いつどこで、どの程度の大地震が発生するのか予測するのは難しい（地震学者は予測の研究に取り組んでいるが[10]）。

　機械とは対照的に、人間は、わずかなデータで驚くべき予測能力を発揮することがある。たとえば、一度か二度しか見たことがない顔を、別の角度からでも認識できる。小学校四年生のときの同級生が四〇年後に様変わりしていても、確認することができる。ボールが描く軌道を幼いころから推測できる（ボールをいつでも正しい地点でキャッチできるわけではないが）。さらに人間は類推も得意とする。新しい状況に置かれたときには、それと環境が似ているほかの状況を思い浮かべるものだ。一例として科学者は何十年間も、原子は太陽系のミニチュア版のようなものだと想像してきた。未だに多くの学校では、このたとえを使って教えている。[11]

コンピューター科学者は機械が必要とするデータ量の削減を目指し、「ワンショット学習」などの技術の開発に取り組んでいる。これが完成すれば、一度見た物体ならば上手に予測できるようになるが、現在の予測マシンはまだその域に達していない。[12] これらはいずれも「既知の未知」のカテゴリーに当てはまる。そして、既知の未知における決断は未だに人間のほうが得意なので、機械の管理者はそんな状況が発生する可能性を想定し、人間の助けを求められるように機械をプログラムすることもできる。

未知の未知

予測するためには、どんなものに予測する価値があるのか誰かが機械に教えなければならない。過去に一度も発生した経験がないものについて、機械は予測することができない（少なくとも、人間が慎重に判断したうえで便利なたとえを提供し、何かほかのものに関する情報を使って機械が予測できるようにしないかぎりは不可能である）。

ナシーム・ニコラス・タレブは著書『ブラック・スワン――不確実性とリスクの本質』（ダイヤモンド社、二〇〇九年、望月衛訳）のなかで「未知の未知」について強調し、まったく新しい事象については過去のデータから予測できないことに焦点を当てている。[13] この本のタイトルは、ヨーロッパ人がオーストラリアで新しいタイプの白鳥《スワン》を発見したことからヒントを得ている。一八世紀のヨーロッパ人にとって、スワンといえば白い鳥をさした。ところがオーストラリアに到着してみると、予想外のまったく新しいものを目撃した。黒い白鳥《ブラック・スワン》だ。それまでブラック・スワンなど見たこともなかったので、その存在を予測できるような情報はいっさいなかった。[14] ブラック・スワンの存在が明らかになっても、ヨーロッパやオーストラリアの社会が将来進む方向には重要な影響をほとんど与えない。しかしなかには、「未知の未知」が重大な結果を招くこともある。

たとえば、一九九〇年代は音楽業界にとって良き時代だった。[15] ＣＤの売上は伸び続け、利益も順調に増えて、バラ色の将来が待っているとしか思えなかった。ところが一九九九年、当時一八歳のショーン・ファニングがナップスターを開発する。このプログラムを利用すれば、インターネット上で音楽ファイルを無料で共有できるようになった。ほどなくファイルは何百万回もダウンロードされるようになり、音楽業界の利益は減少し始めた。そして未だに回復していない。

ファニングは「未知の未知」に該当する存在で、彼のような人物の登場を機械は予測できなかった。そしてタレブにかぎらず一部の人たちが強調しているように、人間も「未知の未知」についての予測があまり得意ではない。「未知の未知」に直面すると、人間も機械も失敗してしまう。

未知の既知

おそらく予測マシンの最大の弱点は、自信を持って提供する答えが時として間違っていることだろう。少し前で紹介したように「既知の未知」のケースでは、人間は予測が不正確になることを理解しており、正確さに自信を持てないまま予測する。「未知の未知」のケースでは、人間は答えを得られるとは考えない。これに対して「未知の既知」の場合には、予測マシンは非常に正確な答えを提供しているように見えるが、実はそれが大きく間違っていることもあり得る。

どうしてそのような結果になるのかといえば、データから決断に役立つ情報が提供される一方、決断からデータが得られる可能性もあるからだ。決断からデータが生み出されるプロセスを機械がきちんと理解していないと、予測は失敗しかねない。たとえばあなたが、自分の組織で予測マシンを今後使うかどうかの予測に興味があるとしよう。あなたは有利な立場を確保している。本書を読んでいることは、予測マシンを利用する経営者になるか否かの予測因子としてほぼ確実に優れているからだ。

それには、少なくとも三つの理由が可能性として考えられる。まず、これが最もわかりやすいが、本書の洞察は大いに役立つ。本書を読むという行為が引き金となって予測マシンについて学習し、予測のためのツールをビジネスに効果的に取り入れることができる。

二番目の理由は「逆の因果関係」と呼ばれる。この場合、あなたが本書を読んでいるのは予測マシンをすでに使っているか、あるいは近い将来に使う計画を確実に持っているからだ。本書をきっかけにテクノロジーを採用するわけではない。すでに採用されたテクノロジー（ひょっとしたら検討中のテクノロジー）がきっかけとなり、本書を読んでみたくなるのだ。

三番目の理由は「欠落変数」と呼ばれる。この場合には、あなたはテクノロジーの傾向や経営に興味を持っていて、そのために本書を読む決心をする。あるいは、職場で予測マシンのような新しいテクノロジーを使ってみようと決断する。つまり、テクノロジーや経営に対する潜在的な好みがきっかけとなり、本書を読み、予測マシンを利用することになる。

こうした区別は大して重要ではないときもある。本書を読んでいる人が予測マシンを採用するか否かという点だけが気になるなら、何が何を引き起こしているかは重要ではない。誰かが本書を読んでいるところを見かけたら、その情報に基づいて、この人は職場で予測マシンを使うだろうと予測するだけでよい。

しかしなかには、区別が重要なときもある。たとえばあなたが本書を友人に勧めようと考えているとしよう。本書をきっかけに自分が予測マシンに関して以前よりも優れた経営者になれたとしたら、あなたは実際にそうするだろう。それを判断するためには、何がわかればよいだろう。本書を読んだという事実を大前提としたうえで、未来を覗き込み、自分はAIをどれだけうまく活用しているか見てみたいのではないだろうか。では、未来を完璧に見ることができると仮定しよう。未来の自分は予測マシンをすごく上手に使いこなし、予測マシンは組織の核心を支え、自分も組織も大きな夢をさらに凌ぐほどの成功を収めていたとする。では、本書を読んでさえいれば、これだけの成功につながると言えるだろうか。

いや、そうとは言えない。

本書を読んだ経験が何らかの影響をおよぼしたかどうか理解するためには、もしも本書を読んでいなかったらどうなっていたのかを知らなければならない。でも、そんなデータは集められないので、経済学者や統計学者が「反事実」と呼ぶものに注目し、違う行動をとっていたら何が起きていたか考えなければならない。何らかの行動が結果の原因になっているか否かを判断するためには、二種類の予測が必要とされる。まず、行動をとったあとにはどんな結果が生じるか、つぎに、別の行動をとっていたらどんな結果が生じていたのかを予測するのだ。でもこれは不可能だ。とっていない行動に関するデータを確保することはできない[16]。

この問題は、機械による予測をたびたび悩ませている。チェスのグランドマスターのガルリ・カスパロフは著書『ディープ・シンキング　人工知能の思考を読む』（日経BP社、二〇一七年、染田屋茂訳）のなかで、チェスの分野で初期の機械学習アルゴリズムが抱えた問題について以下のように論じている。

ミッキーと数人の同僚は一九八〇年代はじめ、データをベースにした機械学習を取り入れたチェスのプログラムを試験的に作成したが、そのとき驚くような結果が得られた。彼らはグランドマスターのゲームから何十万ものポジションを選び出して機械に入力し、その結果として、効果的なポジションか否かを機械がうまく見分けるようになることを期待した。練習段階ではうまく機能しているようで、通常のプログラムよりも機械は正確にポジションを評価した。ところが実際にチェスのゲームをさせてみると問題が発生する。駒を進め、攻撃を仕掛けるところまではよかったが、直ちにクイーンを犠牲にしたのだ！　駒を数回動かしただけでクイーンを手放したため、すぐに負けてしまった。なぜそうなってしまったのだろう。グランドマスターはほぼ常に、勝利を確実にするための鮮やかな布石としてクイーンを手放していたからだ。グランドマスターのゲームに関するデータで教育された機械は、クイーンを手放すことが成功への鍵だと判断してしまったのだ！[17]

機械は因果関係を逆にとらえた。グランドマスターがクイーンを犠牲にするのは、それが土壇場での勝利への確実な近道である場合に限られるのだが、機械はそれを理解できなかった。代わりに、クイーンを手放せば、すぐに勝利が手に入ると学習してしまった。とにかくクイーンを犠牲にすれば勝利は確実だと勘違いしたのだ。この事例では機械学習が抱える問題は最終的に解決されたが、逆の因果関係は予測マシンにとって未だに大きな課題である。

逆の因果関係の問題はビジネスでもめずらしくない。多くの業界では、価格の低さと売上の低さは関連している。たとえばホテル業界では、ハイシーズン以外では価格が低く設定され、需要が最高潮に達してホテルが満室になると価格は高くなる。このデータに注目して単純に考えれば、価格を高く設定するほうが部屋の予約が多く、売上が増加するという予測が立てられてしまう。人間ならば、少なくとも経済学に関して一定の訓練を受けているかぎり、高い需要が価格に変化を引き起こすのであって、その逆ではないことを理解できるだろう。価格を上げたら売上が増える可能性は低い。このような場合には人間が機械と協力し、正しいデータ（価格に応じて個々人がホテルの部屋をどのように選択するかなど）や適切なモデル（シーズナリティ［季節や時期による価格の大きな変動］など、需要と供給に関する要因）を確認すれば、異なる価格設定ごとに売上を正確に予測できるようになる。この状況は、機械にとっては「未知の既知」のカテゴリーに該当する。しかし、価格決定の仕組みを理解している人間にとって、これは「既知の未知」のカテゴリーになる。あるいは、価格決定を人間が正しくモデル化できるならば、「既知の知」のカテゴリーに該当するだろう。

「未知の既知」や因果推論という問題は、他人の戦略的行動が関わるとさらに重要になってくる。たとえば、グーグルの検索結果は秘密のアルゴリズムに基づいている。このアルゴリズムの大部分は予測マシンによって決定されている。どのリンクがクリックされそうかを機械が予測するのだ。ウェブサイトの管理者にとっては、高くランクされるほど訪問者数は増え、売上の増加につながる。ほとんどのウェブサイトの管理者はこの事実を認識しているので、検索エンジンの最適化を行なう。すなわち、グーグルの検索結果で上位にランクされるよう、ウェブサイトを改造するのだ。そのためには、アルゴリズム独特の癖の裏をかくことも多く、時間が経過していくと、検索エンジンにはユーザーが求めていないスパムが大量に入り込んでしまう。

どんな項目がクリックされるかなど、短期的な問題に関して予測マシンは仕事を上手にこなす。しかし何週間も何カ月も経過すると、十分な人数のウェブサイト管理者がシステムの裏をかく方法を見つけてしまうので、グーグルは予測モデルの大幅な変更を迫られる。検索エンジンとスパム業者のあいだでこうした攻防が繰り広げられるのは、予測マシンは欺《あざむ》くことが可能だからだ。このような欺きが利益につながらないようなシステムの開発にグーグルは取り組んでいるが、その一方、機械に全面的に頼ることの弱点も認識しており、スパムを見つけたときは人間の判断力を利用して機械の最適化をやり直している。[18] 同様にインスタグラムもスパム業者との攻防が絶えず、スパムをはじめとする攻撃材料を定期的に確認するためアルゴリズムをアップデートしている。[19] 概して人間がこのような問題を見つけてしまえば、それはもはや「未知の既知」ではなくなる。正しい予測を行なうための解決策を見つければ、問題は「既知の知」となり、人間と機械が協力することになる。一方解決策が見つからなければ、今度は「未知の既知」の状況が発生する。

機械による予測は非常に強力だが、そこには限界がある。データが限られるとうまく予測できない。限界が生じるのは、事象の発生頻度が低いときや、因果推論の問題が発生するときだ。このような限界について、人間は十分な訓練を受ければ認識可能で、機械による予測を改善することができる。そのためには、機械について理解しなければならない。

協力すれば予測は改善される

人間と機械を組み合わせればお互いの弱点を補完し合えるので、最高の形で予測が行なわれることがある。二〇一六年、ハーバードとＭＩＴ（マサチューセッツ工科大学）のＡＩ研究チームはキャメリオン・グランドチャレンジで勝利を収めた。これは、スライドガラス上の組織片をコンピューターで分析し、転移性乳ガンの発見を競うコンテストである。このチームのディープラーニング・アルゴリズムの予測の正しさは九二・五パーセント、これに対して人間の病理学者の予測の正しさは九六・六パーセントだった。これだと人間が機械に勝った印象を受けるが、研究者たちはそこで満足せず、自分たちのアルゴリズムの予測と病理学者の予測を組み合わせた。すると予測の精度は九九・五パーセントに改善された[20]。すなわち、人間のエラー率は三・四パーセントからわずか〇・五パーセントにまで下がり、エラーの数は八五パーセントも減少したのだ。

これは典型的な分業だが、アダム・スミスが述べたような物理的な分業ではない。むしろ認知的分業だ。経済学者でありコンピューターのパイオニアであるチャールズ・バベッジは認知的分業について、一九世紀に早くもつぎのように述べている。「機械的なプロセスと精神的なプロセスのどちらでも分業を行なえば、労働に必要とされるスキルと知識を適切な分量で購入して応用できるようになる[21]」

人間と機械は、それぞれ予測の異なる側面を得意とする。ガンが見つかったと人間の病理学者が指摘するときは大体が正しく、見立てが間違っているケースは滅多になかった。対照的にＡＩは、ガンが見つからないという見立ての正解率が高い。このように、人間と機械は間違え方のタイプが異なる。能力の違いを認識して両者の予測を組み合わせることによって、エラー率は大きく減少したのである。

このような協力関係をビジネスにどのように応用すればよいだろう。機械の予測はふたつの手段を介して人間の予測能力を向上させてくれる。まず、機械から前もって予測を提供された人間は、それを自分の評価と組み合わせて役立てることができる。つぎに機械は、セカンドオピニオンや監視の手段を提供することができる。これなら上司は、部下が予測に一生懸命取り組む環境を確保できる。監視されないと、人間は十分な成果を発揮できない恐れがある。理屈のうえでは、自分の予測が客観的なアルゴリズムの予測と異なる理由について釈明しなければならない人間は、余程の努力に裏付けられた自信がないかぎり、機械の意見を無視することはできない。

人間と機械の相互作用について考えるための絶好の例が、ローン申請者の信用力の予測だ。ダニエル・パラヴィシニとアントワネット・ショアは、コロンビアのとある銀行が新しい信用評価システムを導入した後、融資を申請する中小企業がどのように評価されているかを調査した。[22] コンピューター化された信用評価システムにおいては、申請者についての様々な情報が集められ、リスクを予測するひとつの尺度にまとめられる。行員で構成される融資委員会はこの評価と彼ら自身の話し合いによって申請を認めるか却下するか、それとも支店長に決定を委ねるか判断する。

委員会のメンバーが機械による評価を知らされるのが、決断の前後のどちらになるかは、上からの命令ではなく、ランダム化比較試験〔実験群と対照群が無作為に分けられる試験方法〕によって決められた。そのため、機械の評価が決断におよぼす影響を科学的に診断するには都合の良い環境が整った。一方のグループは話し合う直前に評価を教えられたので、先ほど紹介した手段のうちの一番目、すなわち機械の予測が人間の決断に情報を提供するケースに該当する。一方、もうひとつのグループは話し合って初期評価を下してから機械による評価を知らされたので、二番目の手段、すなわち人間の決断の質を維持するための監視役として機械が介入するケースに該当する。ふたつのグループの違いは、機械の評価が人間の決断に情報を提供しているか否かだ。

どちらのケースでも機械の評価は役立っているが、事前に教えられるときのほうが決断の質は高くなった。こちらのほうが委員会の決断は正しく、支店長の判断に委ねる機会は少なかった。機械による予測が情報を提供することで、下級管理職の決断が強化されたのである。一方、初期評価を行なったあとで機械の評価が伝えられる場合、機械による予測は、上級管理職が委員会を監視するのに役立ち、それによって意思決定の質が向上する。決断の質を確保しようとする誘因が委員会に働くのだ。

人間と予測マシンが協力して予測の精度を高めるためには、人間と機械それぞれの限界を理解しなければならない。融資委員会のケースでは、人間は偏った予測を立てたり、正しく努力できなかったりする可能性が考えられる。一方、機械には重要な情報が欠如する可能性が考えられる。人間同士が協力するときにはチームワークや仲間意識が重要とされるが、人間と機械のペアをそのようなチームとしては考えられない。人間が機械の予測を改善するために、そして機械が人間の予測を改善するためには、人間と機械それぞれの弱点を理解して、お互いの欠点が克服されるような形での組み合わせを考えることが肝心だ。

例外予測

予測マシンの大きな長所のひとつは、人間にはかなわないほどの規模でスケールする点だ。一方、過去のデータをあまり収集できない稀なケースで予測に苦労する点は、短所に数えられる。このような長所と短所を考えると、人間と機械が協力する場合には、「例外予測」の形をとることが多いと考えられる。

すでに論じたように、豊富なデータがそろっていると予測マシンは学習するが、そのような状況は日常で頻繁に起こるシナリオを扱うときに発生する。この場合には、人間のパートナーがわざわざ世話を焼かなくても予測マシンはうまく機能する。対照的に、日常では生じない例外的なシナリオに直面すると、機械は人間とコミュニケーションをとる必要がある。すると人間は、予測を改善して正しさを立証するために努力する。コロンビアの銀行の融資委員会のケースは、まさにこの「例外予測」に当てはまる。

例外予測というアイデアは、「例外管理」と呼ばれる経営手法を先例としている。人間と機械が協力する状況では、人間は多くの点に関して予測マシンの監督者となる。ただし、人間の監督者はたくさんの難しいタスクを抱えており、人間の時間を節約するためには、本当に必要とされるときだけ人間が注目するような仕事上の関係を構築しなければならない。必要とされる頻度が少なければ、日常的な予測における予測マシンの利点を、各人が簡単に活用することができる。

チズルの最初の製品が機能するためにも、例外予測は効果を発揮した。本書の冒頭で紹介したように、この製品を使えば様々な文書を集めて中身を確認したうえで、機密情報を取り除いて編集し直すことができる。法律が関わる状況では、文書を相手方もしくは一般向けに公開するとき、一定の情報を隠さなければならないことが多い。従来は、人間がこれを手作業で行なっていた。

チズルの編集機は、タスクの初期処理において例外予測を採用している。[23] 注目すべきは、編集機を効果的に利用するため、削除判定を「強」「弱」のどちらに設定するかユーザーが決められることだ。「強」に設定したほうが、「弱」のバージョンよりも削除の閾値は高くなる。たとえば、機密情報が削除されずに残る可能性が心配なら、「強」に設定すればよい。反対に、公表される情報が少なすぎる可能性を心配するなら、「弱」の設定のほうがふさわしい。ユーザーが編集対象を見直して、ある部分を削除するか残すか決める手助けとなるインターフェースをチズルは提供する。つまり機械による編集作業に任されるのは、最終的な決定ではなく勧告である。最終的な決定権は未だに人間に委ねられている。

チズルの製品は人間と機械をうまく組み合わせ、どちらの弱点も克服している。その結果、機械は人間よりも高速で働き、文書全体をまんべんなくチェックすることができる。そして人間は、データ不足で機械がうまく予測できない部分に介入することができる。

キーポイント

●人間には予測が苦手な状況があって、それは専門知識を持つプロも例外ではない。人間は往々にして目立つ情報を重視しすぎ、統計的特性を重視しない。この欠点は、多くの科学的研究によって多種多様な職業で確認されている。これは映画化されたノンフィクション『マネー・ボール』で取り上げられている現象でもある。

●予測に関しては、機械にも人間にもどちらにも長所と短所がある。予測マシンの性能が改善するに伴い、企業は人間と機械による分業体制を調整していかなければならない。様々に異なる指標のなかから複雑な相互作用を見つけ出す作業に関しては、人間よりも機械のほうが優れており、データが豊富なときは特に素晴らしい結果を残す。このような相互作用が関わる側面が増えるにつれ、人間が正確に予測する能力は低下してゆき、機械との差は大きくなっていく。しかし、データが生成されるプロセスについて理解することが予測にとって有利になる状況では、人間のほうが機械よりも優れている。データが少ない状況では、特にその傾向が強い。本章では予測の場面をいくつかに分類し（既知の知、既知の未知、未知の既知、未知の未知の四つ）、それぞれの状況にふさわしい分業を予想するために役立てている。

●予測マシンはスケールする。予測の頻度が増えれば、予測当たりの単位コストは下がっていく。人間の予測は同じようにスケールすることができない。しかし人間は、世の中の仕組みを解明するために役立つ認知モデルを作り出し、少量のデータに基づいて予測を立てることができる。したがって、これからは人間が例外予測を行なう事例が増えると予想される。この場合、機械は日常的な通常のデータに基づいてほとんどの予測を行ない、稀な事象が発生すると、予測に自信を持てないことを認識し、人間の助けを求める。すると人間は、求めに応じて例外予測を行なう。

第二部

意思決定

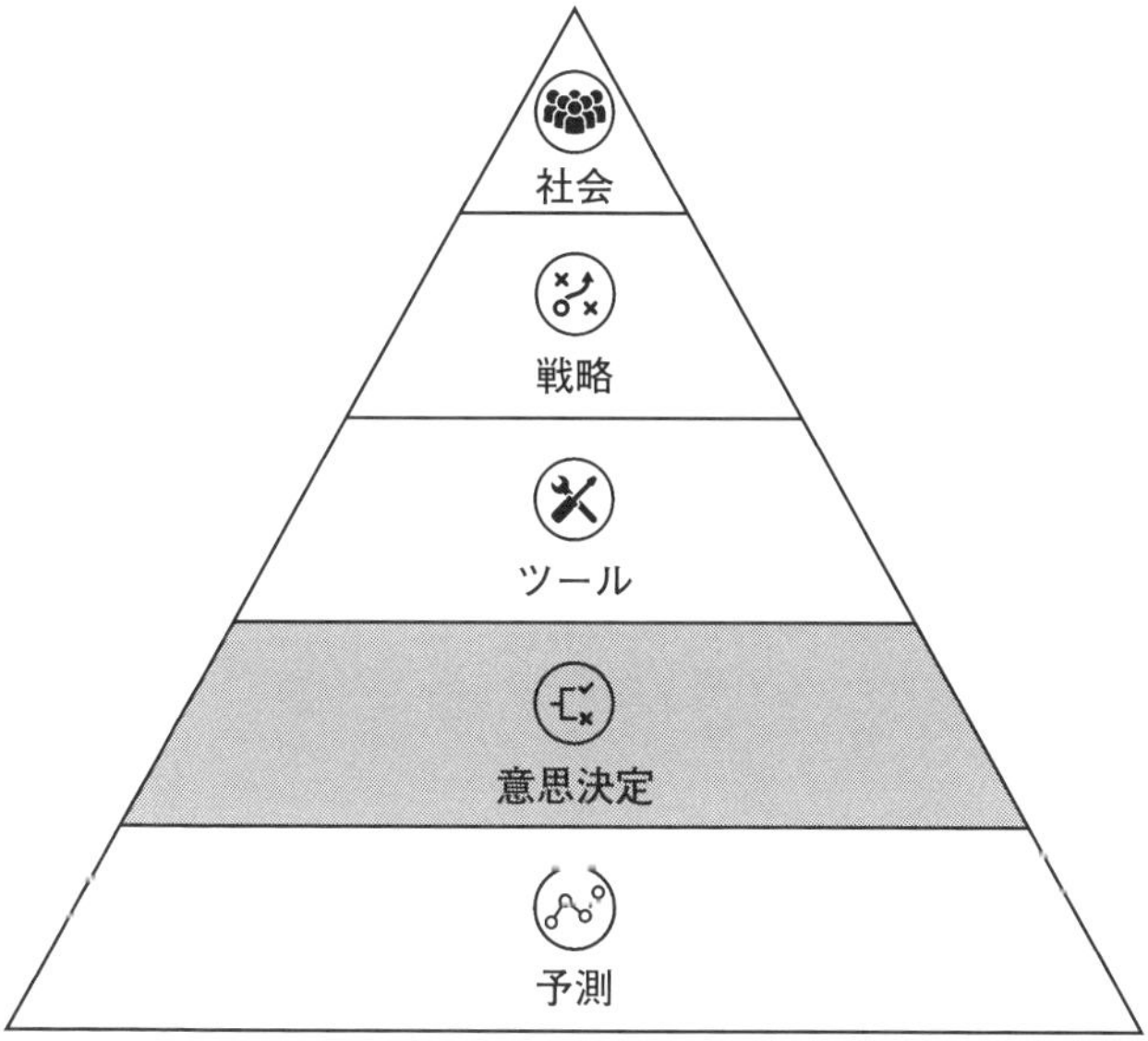

第七章　決断を解明する

私たちは普通、意思決定というと大きな決断を連想する。この家を買うべきだろうか、この学校に通うべきだろうか、この人と結婚すべきだろうか。人生を変えるようなこうした決断は、滅多にないが、間違いなく重要である。

しかし、私たちは常に小さな決断も下している。この椅子に座り続けるべきか、この通りを歩き続けるべきか、毎月の請求に対して支払い続けるべきか。そして、カナダの偉大なロックバンドのラッシュが自由意志への賛歌で皮肉ったように、「決断しないことを選ぶのも、ひとつの選択である」。私たちは小さな決断をいくつも自動的に下す。おそらくそれが私たちのデフォルト（初期設定）なので、大きな決断のほうにばかり注意が向くのだろう。しかし、決断しないと決めることも、ひとつの決断なのだ。

ほとんどの職業において、意思決定は中心的要素である。学校の教師は、個性や学習スタイルに個人差がある生徒を教育する方法について決断を下す。管理職は、自分たちのチームに誰を採用し、誰を昇進させるか決断を下す。不動産の管理人は、漏水や安全上の問題など予想外の出来事の対処法について決断を下す。トラック運転手は、道路の閉鎖や交通事故への対応法について決断を下す。警察官は、いかがわしい人物や危険を伴う状況の扱い方について決断を下す。医者は、患者に処方する薬や高額の検査を実施する時期について決断を下す。親は、子どもがスマートフォンなどの画面を見ている時間はどの程度がふさわしいか決断を下す。

こうした決断は普通、不確実な状況で下される。教師は、特定の生徒の学習効果を上げるためにどのアプローチがふさわしいか確信できない。管理職は、採用応募者がきちんと働いてくれるかどうか確信できない。医者は、高額の検査が本当に必要かどうか確信できない。どの場合も予測に頼らなければならない。

ただし、予測は決断ではない。決断するためには、予測に対して判断を下してから行動に移さなければならない。最近になって機械学習が進歩する以前には、このような区別に関心を持つのは学者に限られた。なぜなら、人間は常に予測と判断を同時に行なうからだ。しかし、機械学習が進歩を遂げた今日では、決断の構造について確認しておく必要がある。

決断の構造

予測マシンは決断に最も直接的な影響力をもたらすが、決断はほかにも六つの大事な要素から構成されている（図7‐1）。誰か（何か）が決断を下すときには、**予測**に役立つ**入力データ**を周囲の世界から集めてくる。データを入力すると予測が可能になるのは、異なるタイプのデータ同士の関係や、特定の状況に最もふさわしいデータを導き出す**訓練**を予測マシンが受けているからだ。重要な事柄についての**判断**と予測を組み合わせて、意思決定者は**行動**を選択する。そして、行動からは決断の帰結として、**結果**（報酬や利益など）が導き出される。この一連のプロセスについては全体像を把握して

図7-1
タスクの構造

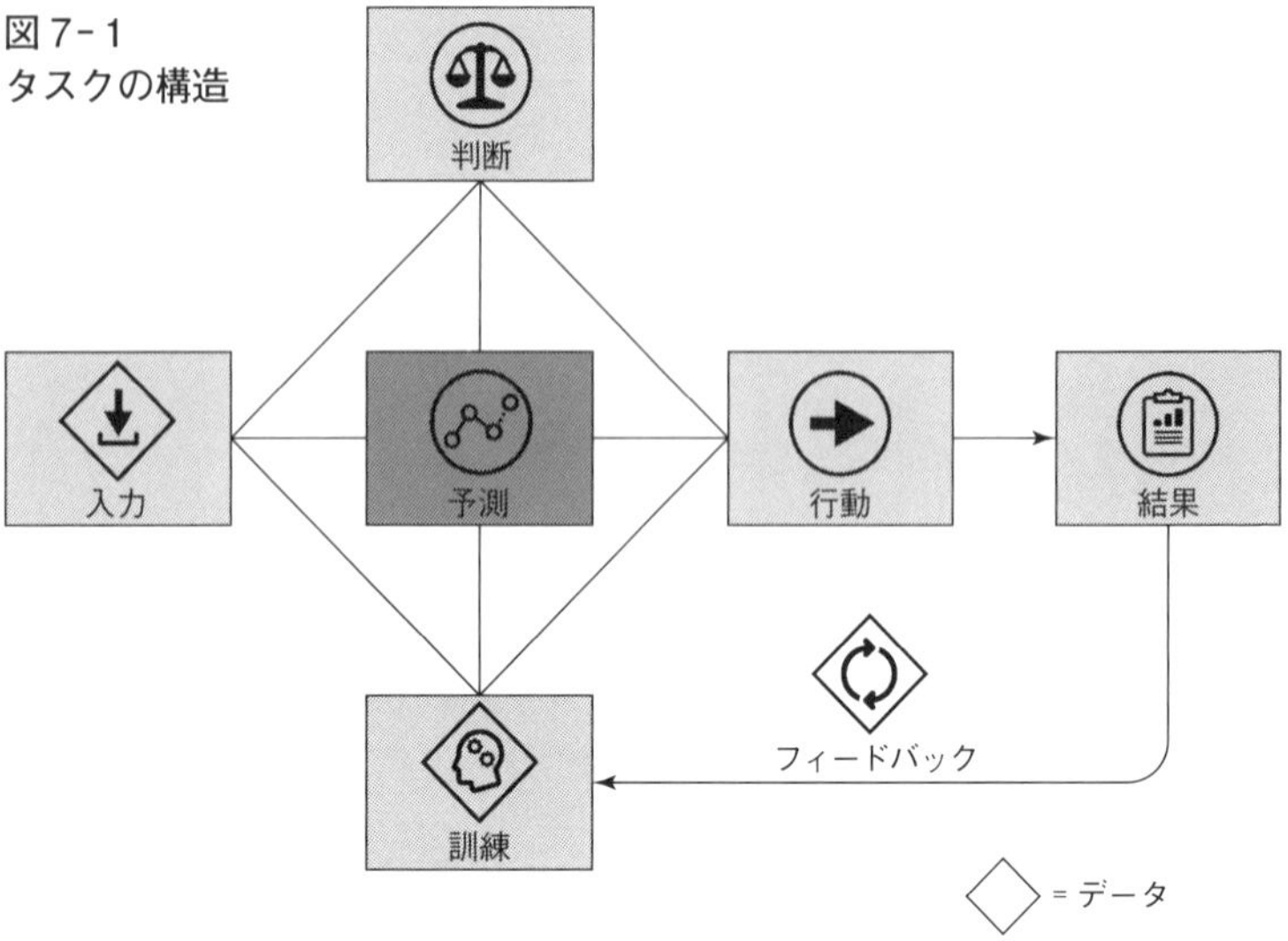

おく必要がある。一方、結果からは**フィードバック**が提供されるので、次回の予測の改善に役立つ。

脚が痛くなって医者を訪れたところを想像してほしい。医者は診察してからX線写真を撮って血液検査を行ない、いくつか質問する。この入力データと、医学部で受けた教育や同じような患者を数多く診察してきた長年の経験（すなわち訓練とフィードバック）に基づいて、医者はつぎのように予測する。「おそらく筋肉が痙攣《けいれん》しただけでしょう。でも、わずかながら血栓の疑いがあります」

このような評価は判断と同時進行しており、医者が判断する際には別のデータ（直感や経験を含む）も考慮される。もしも患者の症状の原因が筋肉の痙攣ならば、休息が治療法になる。もしも血栓ならば薬で治療することになり、そのあいだは副作用を経験するが、概してそれは大きな不快感を伴わない。もしも筋肉の痙攣を血栓と誤診すれば、患者は薬の影響で短い期間だけ不快感を経験する。逆に血栓を筋肉の痙攣と誤診すれば、重大な合併症が引き起こされ、場合によっては死にいたる可能性も考えられる。判断する際には、考えられるすべての結果を対象にして、どんな見返りが得られるか相対的に見定めなければならない。「正しい」決断についても間違った決断についても、見返りを見定める必要がある（この場合には、治癒、若干の不快感、深刻な合併症のそれぞれに関連した見返り）。薬による治療を選べば若干の副作用を伴うが、重大な合併症が引き起こされるリスクは減少する。では、治療法として休息を選んだらどんな見返りがあるか。考えられるすべての結果に関して見返りを見定めることは、行動を決断するために欠かせないステップだ。このように医者は予測に判断を下しながら、行動を決断している。たとえば患者の年齢やリスク選好を考慮して、血栓の可能性がわずかながらあったとしても、筋肉の痙攣にふさわしい治療法を選ぶべきだと決断する。

そして最後に、行動として実際に治療を施し、その結果を観察する。脚の痛みは消えただろうか。ほかの合併症が発生していないだろうか。このようにして観察された結果をフィードバックとして利用すれば、医者は次回の予測に役立てることができる。

決断をいくつかの要素に分解すれば、予測マシンの性能が向上した結果、人間の行動のどの部分は価値が減少し、どの部分は価値が増加するのか明確に考えられる。予測そのものに関しては、概して予測マシンのほうが人間よりも優れていることは間違いない。人間に代わって予測マシンが登場する場面が増えてくると、人間による予測の価値は減少する。しかし、いかなる決断においても予測は中心的な要素ではあっても、唯一の構成要素ではないことを忘れてはいけない。そして決断を構成するほかの要素――判断、データ、行動――は、現時点では間違いなく人間の得意な領域である。予測の補完材であって、予測が安上がりになるにつれてその価値は増加する。たとえば、予測マシンのおかげで予測の精度やスピードが向上し、しかもコストが低下したとすれば、従来は（デフォルトにより）意識的に決断していなかった場面でも、決断を導く判断に積極的に関わるかもしれない。その場合には、人間の判断は以前よりも必要性を増すだろう。

もはや知識は必要とされない

ロンドンのタクシー運転手が名物の黒塗りタクシーを運転するために義務付けられている「ノリッジ」というテストでは、細かな知識が問われる。ロンドン全体の何千もの地点や街路の所在地についての知識が試されるのはもちろん、もっと難しい知識も問われる。ふたつの地点を結ぶ最短もしくは最速のルートを、どの地点に関しても予測しなければならず、しかもテストでは一日のあらゆる時間帯が対象とされる。普通の都市でも、その予測には驚異的な量の情報が必要とされるが、ロンドンは普通の都市ではない。かつては別々に存在していた村や町が過去二〇〇〇年のあいだに成長してひとつにまとまり、グローバルな大都市へと発展した。テストに合格するためには、受験者は満点にちかい点数を要求される。当然ながら、合格するまでには平均で三年の歳月をかけ、地図を熟読するだけでなく、モペッド（原動機付き自転車）で市内を巡り、あらゆる場所を記憶にとどめ、頭に思い浮かべられるようにしなければならない。テストに合格すれば、知識の泉の象徴である緑色のバッジが授与される[1]。

話の展開はおわかりだろう。一〇年前、ロンドンのタクシー運転手の知識は競争上のアドバンテージだった。匹敵するサービスを提供できる者は他にいなかった。タクシー運転手は市内の道を知り尽くしているという理由だけで、人びとは歩くのをやめてタクシーに乗り込んだものだ。しかしそのわずか五年後、シンプルなモバイル端末のＧＰＳ（全地球無線測位システム）や衛星ナビゲーションシステムが登場し、かつてはタクシー運転手が独占していたデータや予測が一般の手に届くものになった。今日では、ほとんどの携帯電話でタクシー運転手の知識を無料で手に入れることができる。いまや誰も迷わないし、最短ルートを確認できる。しかも交通情報に合わせて情報がリアルタイムで更新されるので、携帯電話のほうが一歩進んでいる。

ノリッジに合格するための学習に三年も投資したタクシー運転手は、予測マシンと競争する日が訪れるとは夢にも思わなかった。だから何年にもわたり、記憶のなかの地図をアップロードし、ルートを試し、わからない部分は常識で補ったものだ。ところが今日、ナビゲーションアプリはタクシー運転手とまったく同じ地図のデータにアクセスできる。しかも、予測に関して受けた訓練とアルゴリズムを結びつけ、リクエストされたらいつでも最善のルートを見つけられる。道路状況についてリアルタイムのデータを使うことなど、人間のタクシー運転手にはできない。

しかしロンドンのタクシー運転手の運命は、ノリッジで問われるような知識を予測するナビゲーションアプリの能力だけに左右されるわけではない。A地点とB地点を結ぶ最善のルートの決定には、ほかにも重要な要素が関わっている。まず、タクシー運転手は車両を制御できる。つぎに、彼らには感覚器官が備わっており、なかでも特に目と耳は重要な役割を果たす。周囲の状況についてのデータを集めたら、知識としてうまく活用されるようにデータを脳に送り込む。ところがこの能力は、タクシー運転手にかぎらず人間なら誰でも持っている。ロンドンのタクシー運転手の状況が悪化したのは、ナビゲーションアプリのせいではない。彼ら以外の何百万人もの人たちが、はるかに優秀になったからだ。もはやタクシー運転手の知識は、不足商品ではない。ウーバーのようなライドシェアリング・プラットフォームが激しい競争を仕掛けている。

高度な知識を電話に搭載して最短ルートを予測できるようになったドライバーは、タクシー運転手に匹敵するサービスを提供できる。機械が質の高い予測を低価格で行なうようになると、人間による予測の価値は減少し、タクシー運転手の暮らしは悪くなった。そして代わりに、ほかの人たちが機械を利用して同じサービスを提供し始めた。しかも、新規参入者にも運転技術や感覚器官は備わっている。そうした補完的な資産は、予測が安上がりになるにつれて価値が上昇する。

もちろん、最終的に自動運転車が人間のスキルや感覚の代わりを務める可能性はあるが、そのシナリオについてはあとから取り上げる。機械による予測の影響を理解するためには、決断を構成する様々な側面を予測にかぎらず理解する必要があることをここでは忘れないでほしい。

傘を持っていくべきか？

ここまで、判断の定義を少々曖昧にしてきた。そこで、意思決定のツールである決定木《けっていぎ》を使って説明したい。[2]特定のものを選択したら何が起きるかわからない不確実な状況で、このツールは特に役に立つ。

日常的に選択を迫られるお馴染みの問題について考えてみよう。外出するとき、傘を持っていくかどうかという問題だ。傘は、濡れないように頭の上にさすものだと考えるかもしれない。たしかにその通りだが、傘は一種の保険でもあり、この場合には雨に対する保険である。したがってこれから紹介する枠組みは、保険が関わる決断でリスクを軽減するために応用可能だ。

雨が降らないとわかっていれば、間違いなく傘を家に置いて出かけるだろう。逆に、雨が降るとわかっていれば、確実に傘を持って出かける。図7‐2では、木のような図表を使ってこれを表現している。木の根元から二本の枝が分かれており、「傘を置いていく」か「傘を持っていく」を選択する。

図7-2
傘を持っていくべきか？

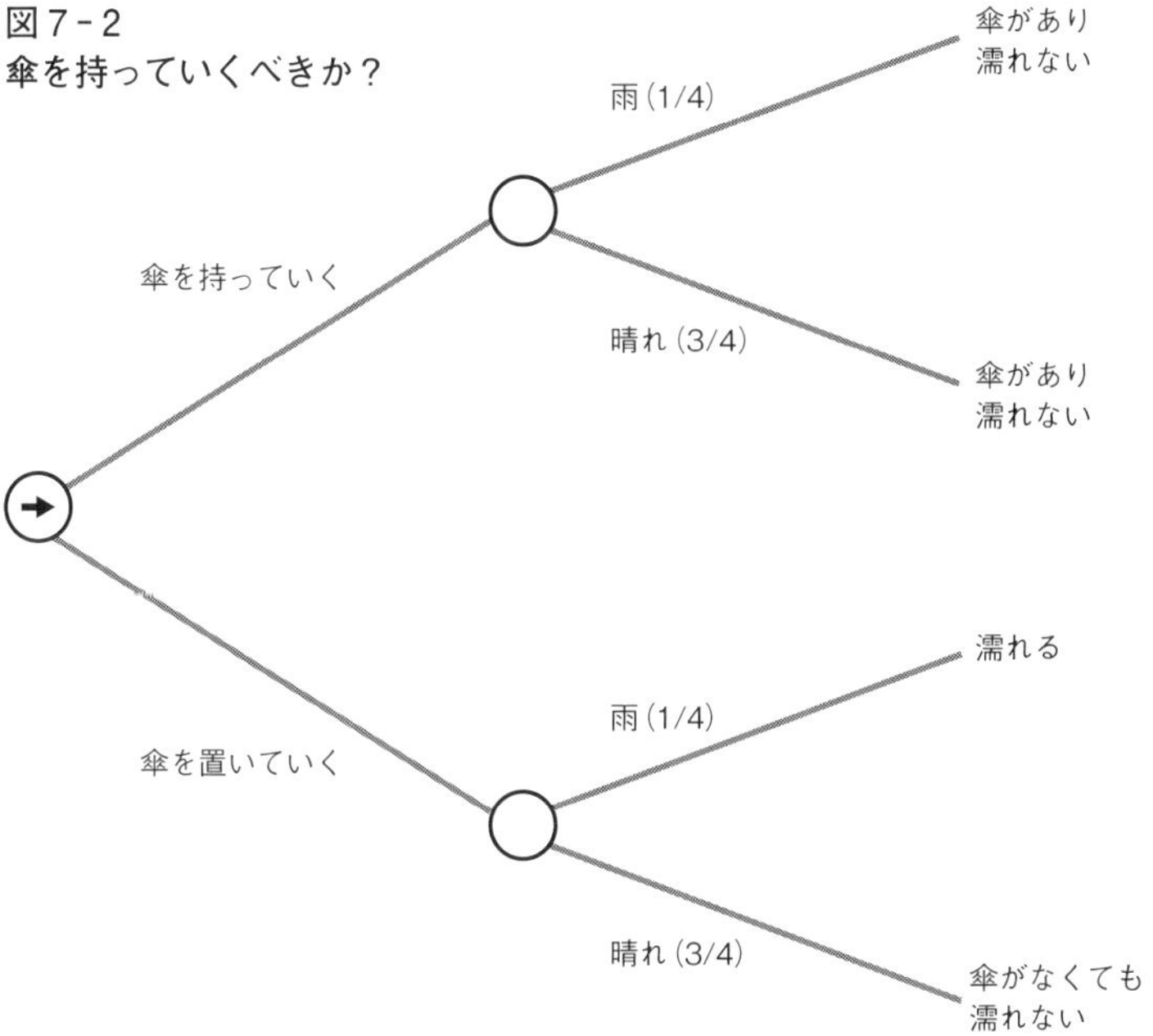

それぞれからさらに二本の枝が分かれていて、「雨」か「晴れ」か定かでない状況での選択を表している。天気予報が当てにならないと、どちらになるか確信できない。そこで一年のうちのこの時期は晴れる確率のほうが三倍になることを思い出す。そうなると、晴れる確率は四分の三、雨の確率は四分の一と自分で予測を立てる。最後に、先端の枝は結論を表している。傘を持たずに出かけて雨が降れば濡れてしまう、といった具合に。

では、どんな決断を下すべきか。ここでは判断が関わってくる。判断とは、特定の環境下で特定の行動にもたらされる報酬を決定するプロセスである。あなたが実際のところどんな目的を追求しているのか確認する作業であり、そこには「報酬関数」が関わっている。報酬関数とは、特定の行動から特定の

図7-3
傘を持っていくときと置いていくとき
それぞれの見返りの平均

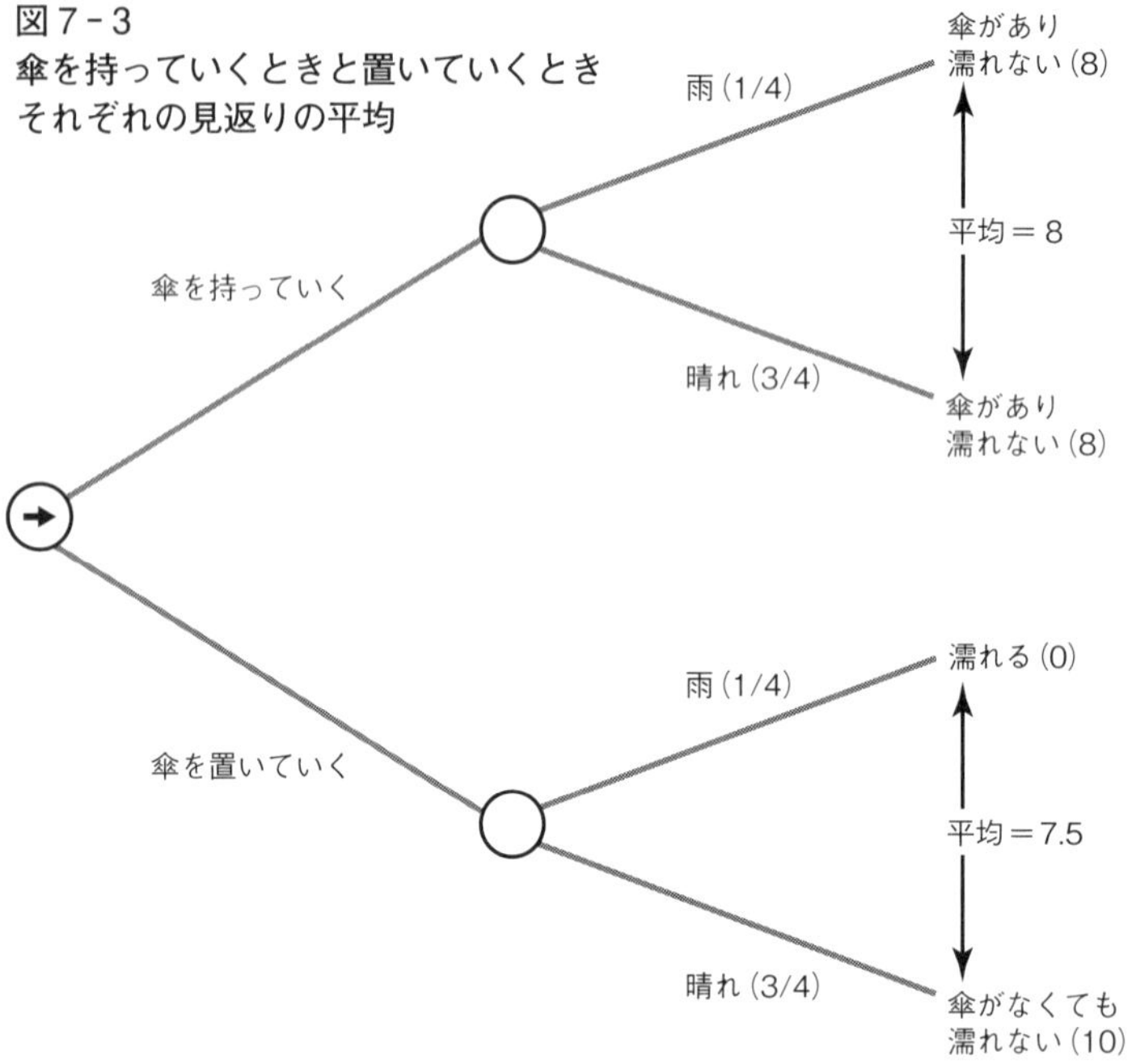

結果が生み出された場合の相対的な報酬とペナルティを指す。濡れる場合と濡れない場合、かさばる傘を持って出かける場合と身軽で出かける場合を比較するのだ。

　ベストなのは傘を持たずに出かけても濡れない選択肢で、これは一〇点満点の評価が与えられる。傘を持って出かけても濡れなければ八点、持たずに出かけて濡れたら〇点となる（図7‐3）。これは、行動を決める材料になる。雨が降る可能性が四分の一であるという予測と、いま述べた見返りについての判断とを用いて、傘を持っていく場合、置いていく場合それぞれの見返りの平均点を出すのだ。すると、傘を持たない場合（平均点は七・五点）よりも傘を持っていくほうが（平均点は八点）賢明であることがわかる。[3]

傘を持ち歩くのが本当に嫌いなら（一〇点のうち六点の評価）、選好についての判断もそれに応じたものになる。この場合には、家に傘を置いて出かけることの見返りの平均点は変わらないが（七・五点）、傘を持って出かけることの見返りの平均点は六点に変化する。したがって、傘が嫌いな人は持たずに出かけるほうを好むだろう。

この事例は些細な問題で、濡れても傘を持たないほうがましだと考える人が、家に傘を置いていくのは当たり前かもしれない。しかし決定木は、些細とは言えない決断に伴う見返りを理解するためにも役立つツールで、判断の核にあるものだ。いまの事例を決断の構成要素に整理し直すと、行動＝傘を持っていくこと、予測＝雨か晴れか、結果＝雨に濡れるかどうか、判断＝濡れる場合と濡れない場合のそれぞれで感じる幸福（「見返り」）の程度を予想すること、となる。このような予測の精度とスピードが向上し、コストが下がるにつれて、予測を使って決断する機会は増え、それに伴い人間の判断が必要になる機会も増えて、ひいては人間による判断の価値は上昇するだろう。

キーポイント

●予測マシンに価値があるのは以下の理由からだ。（１）人間よりも優れた予測を短い時間で安上がりに行なう。（２）不確実な状況での意思決定において予測は重要な役割を果たす。（３）私たちの経済や社会的生活のいたるところで意思決定は必要とされる。ただし、予測は決断ではない。決断を構成するひとつの要素にすぎない。ほかには判断、行動、結果、三つのタイプのデータ（入力、訓練、フィードバック）が決断を支えている。

●決断を各構成要素に分解すれば、予測マシンが人間やほかの資産におよぼす影響を理解できるようになる。予測マシンが進歩すると、それまで代わりを務めてきた存在、すなわち人間による予測の価値は減少する。しかしその反面、データ収集や判断や行動に関わる人間のスキルは、補完材としての価値が高くなる。たとえば、ロンドンのタクシー運転手は「ノリッジ」のために学習し、一日の特定の時間にふたつの地点を結ぶ最速ルートを予測する方法を身に着けるが、彼らの仕事が少なくなったのは予測マシンのせいではない。むしろ、大勢の人たちが予測マシンを使って最善のルートを上手に選べるようになったからだ。タクシー運転手の予測スキルは、もはや不足商品ではなくなった。タクシー運転手にかぎらず運転スキルや感覚器官（目や耳）を持っているすべてのドライバーの能力が予測マシンによって向上した結果、彼らはプロのドライバーと競争できるようになったのだ。

●判断には、決断から導き出される可能性のあるすべての結果に関して、見返りを相対的に評価する作業も含まれる。「正しい」決断だけでなく、間違った決断に関しても評価しなければならない。判断するためには、実際に自分が何を求めているのか明らかにする必要があり、それは意思決定に欠かせないステップである。予測マシンによる予測の精度とスピードが向上し、コストが下がったとしても、人間による判断の価値は増加する。なぜなら、人間の判断が必要とされる場面は増えるからだ。（デフォルトにより）意識的に決断していなかった領域で決断するために、以前よりも積極的に判断を下すようになるだろう。

第八章　判断の価値

予測の精度が上がるほど判断の価値は高くなる。結局のところ、自分はどれだけ雨に濡れたくないのか、どれだけ傘を持ち歩くのがいやなのかわからなければ、雨が降る可能性を知っても役には立たない。

予測マシンは判断を提供しない。判断するのは人間だけだ。人間だけが、異なる行動をとった場合に得られる報酬の違いを相対的に比較できる。ＡＩが予測する機会が増えると、人間は従来のように予測と判断を組み合わせて意思決定を行なう代わりに、判断する役割に専念するようになる。その結果、機械による予測と人間による判断が相互に作用し合うインターフェースが実現する。ちょうど、表計算ソフトやデータベースに対してクエリ〔ソフトウェアに対してデータの処理を要求すること〕を実行するのと同じことだ。

予測が改善されると、様々な行動から得られる報酬について考慮する機会が増える。言い換えれば、判断する機会が増えることになる。つまり、優れた予測がスピーディーかつ安上がりに行なわれるようになるほど、私たちは多くの決断を下すようになるのだ。

不正について判断する

マスターカード、ビザ、アメリカン・エクスプレスなどのクレジットカードネットワークは、常に予測と判断を行なっている。カード申請者が信用度の基準を満たしているかどうか、予測しなければならない。基準に届かないことが判明した場合には、カードの使用を禁じる。このプロセスは純粋に予測のように思えるかもしれないが、判断の要素もかなり含まれている。信用度は状況次第で変動するものなので、利息や貸し倒れの危険度に応じてどこまでのリスクを許容するかをクレジットカード会社は決断しなければならない。その決断次第で、大きく異なるビジネスモデルが出来上がる。たとえばアメリカン・エクスプレスのなかでも最高級のプラチナカードと、大学生を対象とした初心者向けカードの違いは大きい。

さらにクレジットカード会社は、特定の取引が合法的か否かを予測しなければならない。傘を持っていくべきかどうか決断するときと同じく、ここでも四つの異なる結果を比較・評価しなければならない（図8－1）。カードが不正に使用されているか合法的に使用されているかを予測したうえで、取引を許可するか拒否するかを決定し、それぞれの結果について評価する（不正使用を拒否するのは良いことだが、合法的な顧客の取引を拒むのはまずい）。クレジットカード会社が不正を完璧に予測できれば、万事はうまくいくだろう。しかし、そうはいかない。

たとえば（著者のひとり）ジョシュアは、ランニングシューズを買い求めるとき、クレジットカード会社から定期的に取引を拒否される。大体は一年に一度、休暇中にアウトレットモールで買い物をするときだ。もう何年間も、ジョシュアは規制を解除してもらうためにクレジットカード会社に連絡をとらなければならなかった。

図８－１
クレジットカード会社にとっての４つの結果

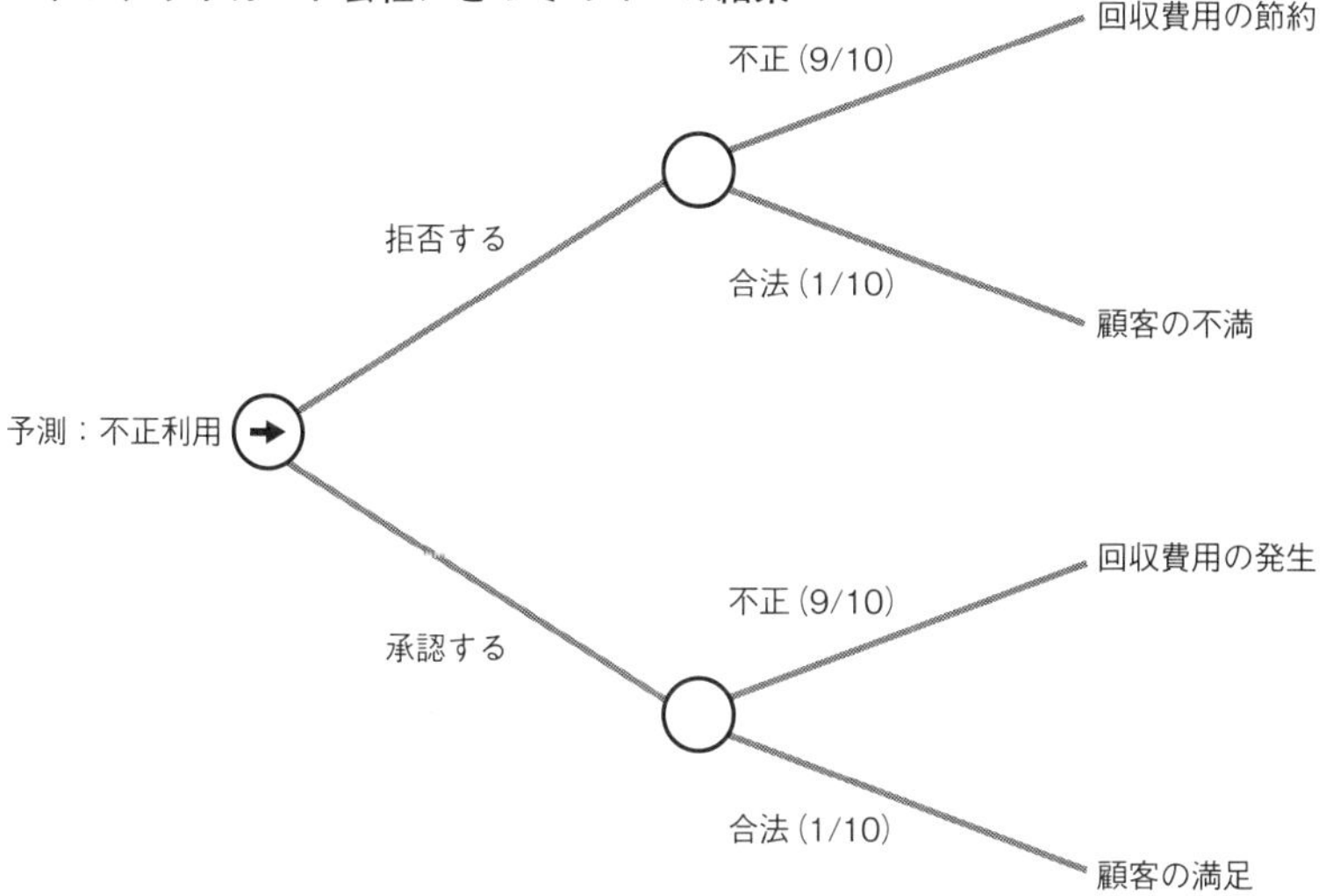

クレジットカードの盗難はしばしばモールで発生し、シューズや衣類などわずかな種類の製品が手始めに不正購入される（同じ系列の別の店舗で返品すれば、簡単に現金化できる）。そしてジョシュアはシューズや衣類を定期的に購入する習慣を持たず、しかもモールには滅多に行かないので、クレジットカード会社はカードが盗まれたという予測を立てる。なかなかうまい推測だ。

カードが盗まれたかどうかの予測に影響をおよぼす要因には一般的なものもあるが（ランニングシューズの購入など取引のタイプ）、なかには個人に特有のものもある（この場合には年齢と買い物の頻度）。二種類の要因が組zみ合わさると、最終的に取引を停止させるアルゴリズムは複雑になってしまう。

ＡＩが有望なのは、人間よりも正確に予測できるからだ。一般的な情報と個人的な情報が混在している状況では、特に効果を発揮する。たとえば、ジョシュアの長年の取引に関するデータを与えられた予測マシンは、取引のパターンを学習することが可能で、そこには彼が毎年同じ時期にシューズを購入するという事実も含まれる。すると、こうした買い物をめずらしい事象ではなく、この特定の人物にとっては普通の事象として分類する。あるいは、予測マシンはほかの相関関係に注目するかもしれない。たとえば買い物にどれだけの時間をかけるかという点に注目し、ふたつの異なる店での取引がよく似ているかどうかを確認する。予測マシンが不正取引を正しく見極めて中止できるようになると、クレジットカードネットワークは利用を制限することにも、消費者にコンタクトをとるべきかどうか決断することにさえも自信を持って臨む。これはすでに進行中だ。その証拠に、ジョシュアが最近アウトレットモールでランニングシューズを購入したときは、カード決済がスムーズに完了した。

しかし、予測マシンが不正を完璧に予測できるようになるまでは、クレジットカード会社はエラーのコストを評価しなければならず、それには判断が必要になってくる。たとえば予測が不完全で、間違える確率が一〇パーセントだったとしよう。この場合には会社が取引を拒否すると、その決断が正しかった確率は九〇パーセントとなり、不正取引に関連した支払いを回収するコストが節約される。しかし、一〇パーセントの確率で合法的な取引を拒否する点で、ネットワークに不満を持つ顧客が残る可能性は否定できない。正しい行動方針をとるためには、不正の発見によって節約できるコストと顧客の不満によって生じるコストのバランスをとる必要がある。クレジットカード会社は、このトレードオフについて機械を使って自動的に解釈することはできない。じっくり考えて見つけ出さなければならず、そのためのプロセスが判断なのだ。

傘のケースでは傘を持つか持たないか、濡れるか濡れないかを比較したが、ここでの比較対象は不正利用と顧客満足になる。この場合には、取引が不正である可能性は合法である可能性の九倍なので、顧客満足の重要性が不正利用防止の重要性の九倍でないかぎり、会社はカードの利用を拒否するだろう。

クレジットカードの不正利用に関しては、このような見返りの多くが判断しやすい。回収コストの金銭的価値がはっきりしていて、ネットワークのなかできちんと確認できるからだ。たとえば、一〇〇ドルの取引で不正利用が発覚した場合の回収コストが二〇ドルだとしよう。顧客を不満にさせた場合のコストが一八〇ドル未満だとすれば、カード利用を拒否するほうが理に適っている（予測を間違える確率が一〇パーセントだとすれば、一八〇ドルの一〇パーセントは一八ドルで、二〇ドルの九〇パーセントと等しい）。多くの顧客は、一度の利用を拒否されたぐらいでは一八〇ドルに相当する不満を抱かない。

さらにクレジットカードネットワークでは、どんな顧客を対象にしているケースなのかも確認しなければならない。たとえば、価値の高いプラチナカードの所有者にほかのクレジットカードを利用する選択肢があるとすれば、一度拒否されただけでもカードの利用をやめるかもしれない。しかもその人物が贅沢な休暇を過ごしている最中だったら、旅行に関連するすべての出費を引き受けるチャンスが失われてしまう。

クレジットカードの不正利用は決断のプロセスが明確なこともあって、事例として取り上げられる機会が多いが、それでも複雑である。しかし、ほかの多くの決断は潜在的な行動がもっと複雑なだけでなく（承認するか拒否するかという選択肢だけではない）、潜在的な状況が様々である。そして判断するためには、行動と状況の多くの組み合わせのそれぞれに関して、報酬を理解しなければならない。クレジットカードの事例では、結果が四つに限られる（富裕層の顧客とそれ以外を区別するなら八つになる）。しかし、たとえば一〇の行動と二〇の潜在的状況がある場合には、二〇〇の結果について判断する必要がある。物事が複雑になるにしたがい、考えられる報酬の数は圧倒的に多くなる。

判断の認知コスト

決断について学んだ経験のある人たちは概して、報酬は既定の事実であり、単に存在するものだと考える。たとえば、自分はチョコレートアイスクリームが好物で、友人はマンゴージェラートが好物だとしよう。どうして異なる見解を持つようになったのかは、大して重要ではない。あるいは、ほとんどの企業は利益や株主価値の最大化に努めるものと見なされる。企業が製品に特定の価格を選択する理由に着目する経済学者にとっては、利益や株主価値の最大化といった目標の価値をそのまま信用するほうが役に立つ。

見返りが明白なケースはほとんどないし、見返りを理解するプロセスは時間も費用もかかる可能性がある。しかし予測マシンが台頭してきた今日では、見返りの価値に関する論理や動機を理解することによって報酬が膨らむ。

経済的視点に立つと、見返りを評価する作業に伴うコストはほとんどが時間である。ここで、何が見返りか見定める経路のひとつについて考えてみよう。それは熟慮だ。自分が本当に達成したいものは何か、顧客を不満にさせたらどんなコストが発生するのか、考え抜くには時間がかかる。よく考え、反省し、他人に助言を求めるかもしれない。あるいは、見返りをもっとよく理解するために調べ物をするかもしれない。

クレジットカードの不正利用を発見するケースでは、顧客を満足させる場合と不満にさせる場合のそれぞれに関してどんな見返りがあるか、不正取引を許すとどんなコストが発生するか、じっくり考え抜くことが最初に必要とされる。つぎに、富裕層の顧客からの見返りを区別するなら、考える時間を増やさなければならない。富裕層の顧客が休暇中の場合には見返りが変化するかどうか評価するためには、さらに考えなければならない。では、通常の顧客が休暇中の場合はどうなるか。普段と異なる状況では見返りが異なるだろうか。あるいは、出張と休暇は区別する価値があるだろうか。ローマへの旅行とグランドキャニオンへの旅行は区別するべきか。

いずれの場合も、見返りについて判断するためには時間と労力が必要とされる。結果が増えれば判断する機会は増えて、ひいては時間と労力が増加する。人間は、判断に伴う認知コストを時間のかかる意思決定プロセスとして経験する。したがって、決断のタイミングを遅らせるコストをふまえたうえで、見返りをどの程度まで特定したいのか決めておかなければならない。実現可能性が低いシナリオに関しては、見返りを確認しない選択肢がとられる場合もあるだろう。クレジットカードネットワークにおいて、出張と休暇の旅行は区別する価値があると判断されるが、旅行先がローマでもグランドキャニオンでも区別されない。

実現可能性の低い状況では、クレジットカードネットワークは正しい決断について推測し、複数の情報を一括したり、安全なデフォルトを選んだりするまでにとどまるだろう。しかし頻度の高い決断（一般的な旅行など）や重要度の高そうな決断（富裕層の顧客など）に関しては、じっくりと時間をかけて検討し、見返りを慎重に確認する。ただし、あれこれ考えて時間を費やすほど、意思決定が行なわれて成果が上がるまでの時間は遅れてしまう。

何かを試してみて何が起きるか確認するという点で、見返りを評価する作業は新しい食べものへの挑戦に似ている。現代の経済用語を使うなら、実験と言ってもいい。同じ状況に置かれた人たちが異なる行動をとって、実際にどんな報酬がもたらされるか学習するのだ。見返りについて予め熟慮する代わりに、行動から学んでいく。もちろん、実験であるからには、よせばよかったと後悔するようなことにも挑戦しなければならず、それにはコストがかかる。食べても好きになれない食べものは出てくる。理想を追い求めて新しい食べものに挑戦し続けているうちに、おいしい食べものを味わう多くのチャンスが失われてしまうかもしれない。熟慮するにせよ、実験を行なうにせよ、判断はコストを伴う。

目的を理解する

自動運転車の導入に向けた動きや、ウーバーやリフトといったプラットフォームの台頭の背景では、予測が中心的な役割を果たしている。カーナビ装置は数十年前に登場し、ビルトイン式または独立した装置として使われてきた。しかし、インターネットに接続できるモバイル機器が普及すると、ナビのソフトウェア・プロバイダーに提供されるデータに変化が生じた。たとえば、いまではグーグルの傘下に入ったイスラエルのスタートアップ企業のウェイズは、ドライバーが選択するルートを追跡しながら正確な道路地図を作成する。つぎにその地図のほかに、二四時間体制の道路状況監視カメラやドライバーたちから提供される情報も利用しながら、最も効率的な最短ルートについての情報をナビから伝える。あるいは、移動距離が長くなると道路状況がどのように変化するか予測して、もしも条件が変わった場合には、もっと効率のよいルートについての情報を新たに提供する。

ウェイズなどのアプリのユーザーは、いつでも指示にしたがうとはかぎらない。予測そのものに同意しないわけではないが、最終的な目的のなかにはスピード以外の要素も含まれる。たとえば、車の燃料が残り少なくなってガソリンスタンドが必要かどうか、アプリにはわからない。これに対し、人間のドライバーはガソリンが必要になったときがわかるので、アプリの提案を却下して別のルートをとることができる。

もちろん、ウェイズのようなアプリは改善が可能で、実際に改善されるはずだ。たとえば、テスラの電気自動車の場合には、充電が必要なときや充電スタンドの場所をナビが考慮してくれる。充電状況をアプリで確認できるし、将来は車から直接データが得られる可能性も考えられる。有料道路を避けるためにナビのアプリを設定し直すのと同じで、この問題は十分に解決可能な印象を受ける。

しかし、優先したい事柄のなかにはプログラムしにくい性質のものもある。たとえば長距離を運転するときは、飲食可能で手頃な休憩所が途中にあるか確認しておきたい。あるいは、ナビから最速ルートとして紹介された裏道は運転が大変で、そのわりに時間が一、二分しか短縮されない可能性もある。さらに、ドライバーはカーブの多い道の運転を好まないかもしれない。たしかにアプリはこれらの行動について学習できるが、体系化された予測の範囲に収まりきれない何らかの要因は常に発生するので、ナビで自動的に行動を指示することはできない。機械がドライバーの好みを学習して予想する能力には、どうしても限界がある。

決断は幅広い観点からとらえるべきで、目的がひとつの側面しか持たないケースは滅多にない。自分がなぜ特定の行動をとるのか、人間は直接的にも間接的にも理解しているので、特殊な事柄や主観的な事柄も重視することができる。

機械は将来起こる可能性について予測するが、目的を理解したうえで将来の行動を決断するのは、今後も人間の役割であり続ける。ウェイズの事例のような多くの状況では、ひとつの側面（スピードなど）についての特定の結果を示唆する予測を機械が人間に提供する。すると人間は、行動についての提案を却下すべきかどうか決断する。予測マシンの性能によっては、新たな制約に基づいて従来とは別の予測を人間が機械に任せるかもしれない(「ウェイズ、ガソリンスタンドを教えて」といった具合に)。

判断をハードコーディングする

スタートアップ企業のアダ・サポートは、テクニカルサポートに関する難しい質問から簡単な部分を取り出すためにAIの予測を利用している。AIはやさしい質問に答え、難しい質問は人間に任せる。携帯電話サービスの典型的なプロバイダーの場合、消費者からサポートについての問い合わせを受けるときには、圧倒的多数は過去に受けた質問と同じなので、型にはめてしまえば答えやすい。しかし、消費者が何を望んでいるのか予測したうえで、どの回答を提供すべきか判断することは難しい。アダは、ウェブサイトの「よくある質問」のコーナーに人びとを誘導しない。よくある質問を自ら確認し、すぐに回答する。しかも、消費者の個人的な特徴(技術的能力や携帯電話のタイプ、過去の質問事項)にうまく対応できるので、質問の意味を的確に判断できる。このプロセスを通じて消費者の不満は軽減されるが、さらに重要なのは、コールセンターで待機している人間のオペレーターに余計な費用をかけず、迅速な役割分担が実現することだ。特殊で難しい質問を人間に任せ、やさしい質問は機械が引き受ける。

機械の予測力が向上すると、判断を予め指定しておくほうが便利な状況は多くなるだろう。自分の考えを他人に説明するように、私たちはソフトウェア・コードという形で自分の考えを機械に説明することはできる。正確な予測が必要なときには、機械が予測を行なう前に判断をハードコーディング［特定の動作環境を前提とした処理やデータをソースコードのなかに記述すること］することができる。アダは、簡単な質問を対象にこれを実行している（さもないと、考えられる状況はあまりにも多く、そのひとつひとつに関してどうすべきか指定しなければならないので、時間が無駄に費やされてしまう）。一方、難しい質問に関しては、アダは人間の判断に頼る。

　経験を積むと、時には判断を分類しやすくなる。経験の多くは実体を伴わないので、書き留めたり容易に表現したりすることができない。アンドリュー・マカフィーとエリック・ブリニョルフソンはつぎのように書いている。「（コンピューターが人間の）代役を務められるタスクには限界がある。誰かが暗黙のうちに理解して無理なく達成できるタスクに関して、他人やコンピューター・プログラマーが明白な『ルール』や手順を系統立てて述べられないケースは多い」[1]。ただし、それはすべてのタスクに当てはまるわけではない。なかには必要な判断をコードとして明確に表現できる決断もある。結局のところ、自分の考えを他人に説明する場面は多い。実際、判断をうまく分類しておけば、「イフ・ゼン（もし〜ならば、〜する）」から成る発言の「ゼン」以下を埋められる。そうすれば、一部の判断をプログラム化して利用することも可能だ。

　厄介なのは、判断をプログラム化して機械に人間の役割を任せるだけでは十分ではなく、判断の根拠として提供される予測がかなり正確でなければならないことだ。考えられる状況があまりにも多く、しかもそれぞれの状況に関して何をすべきか予め特定しておくとなると、あまりにも多くの時間をとられてしまう。機械の判断の正しさを確信できるときには、プログラム化された判断に基づいて機械が行動を決めても問題はない。しかし状況が不確かなときは、機械に判断を任せる前に予め、間違えた場合のコストを慎重に評価しておかなければならない。予測が正しい場合と間違っている場合のどちらに関しても、人間の判断が必要とされる。結局のところ不確実な状況では、特定の決断からどんな見返りが得られるか判断するためのコストが高くついてしまう。

クレジットカードネットワークでは、不正利用を検知するために新たな機械学習の手法が採用されている。こうして予測マシンの性能が向上すれば、カード取引を中止すべきかどうかの決断を体系化する際にも悩まずにすむ。不正利用に関する予測の精度が上がれば、合法的な取引を間違って不正な取引として結論する可能性は低くなるからだ。予測を間違える心配のなくなったクレジットカード会社は、機械による判断を安心して体系化することができる。判断を誤って、合法的なカード利用者に不快な思いをさせたときのコストについて考慮しておく必要もない。決断は以前よりも簡単になる。機械が不正利用だと判断すれば取引を拒否し、さもなければ承認すればよい。

報酬関数の設計

予測マシンから提供される予測の精度が向上して安上がりになったら、これらの予測を最大限に利用する方法を考えなければならない。判断を予め指定できるか否かにかかわらず、誰かが判断しなければならない。ＡＩが行なった予測に基づいて、様々な行動の報酬を見定め、報酬関数を設計するのだ。この作業を上手にこなすためには、組織のニーズと機械の能力を理解する必要がある。

報酬関数の設計においては、判断がハードコーディングされていることもある。この場合には予測する前に報酬が予めプログラムされているので、具体的な行動が自動的に判断される。報酬がハードコーディングされている一例が、自動運転車だ。自動運転車は、予測を行なったら直ちに行動に移す。ただし、正しい報酬を特定するのは簡単ではない。成功に関わる予測の指標のひとつだけをＡＩが最適化しすぎて、組織の大きな目標との一貫性に欠けた行動がとられる可能性について考慮しなければならない。自動運転車ではそのために関係者が総力を挙げて取り組んでいるが、このような分析作業は様々な分野の新たな決断においても必要とされるだろう。

一方、予測の対象となるものの数が多すぎて、見返りを予め判断するのはコストがかかりすぎるケースもある。その場合、人間は（機械による予測が含まれるか否かを問わず）予測が行なわれるのを待ってから、見返りを評価することになる。これは、現在ほとんどの意思決定を進行させている仕組みに似ている。次章で紹介するように、機械はこのような形の予測分野にも進出している。なかには、予測マシンが人間の過去の決断を観察することによって、人間の判断の予測について学習できる状況もある。

「最善」とは何か

ほとんどの人たちは何らかの形で報酬関数の設計を実践しているが、その対象は機械ではなくて人間だ。親は自分の子どもに価値観を教える。教育係は新人にシステムが機能する仕組みを教える。上司は部下に目標を与えたうえで、業績を改善するために微調整を行なう。私たちは日々決断し、報酬について判断を下している。しかし、このように人間を対象にする場合には、予測と判断がひとくくりにされるので、報酬関数の設計の役割が明確ではない。機械の予測能力が高まれば、報酬関数の設計の役割はもっと重要になるだろう。

報酬関数の設計が実際にどのように役立っているのか理解してもらうために、オンライン求人掲示板「ジップリクルーター」について考えてみよう。欠員を補充したい企業は、能力のある求職者を見つけるためジップリクルーターに料金を支払う。ジップリクルーターの主力製品はマッチングアルゴリズムだ。効率的で、規模も大きい。これまで求職者と企業を結びつけてきたヘッドハンターの新バージョンと言ってもよい。[2]

　ジップリクルーターは、提供したサービスに対して企業にどれだけの金額を請求すべきか自信を持てなかった。請求金額が少なすぎればお金を取りそびれてしまうが、逆に多すぎるとライバル企業に顧客を取られてしまう。そこで価格設定を評価するため、ふたりの専門家の協力を仰いだ。シカゴ大学ブース・スクール・オブ・ビジネスの経済学者、Ｊ・Ｐ・デュベとサンジョン・ミスラだ。ふたりは最善の価格を決定するための実験を企画した。具体的には、異なる価格を異なる潜在顧客に無作為に割り当て、各グループが購入する可能性を調べた。その結果、異なる価格帯への反応は顧客ごとに異なることがわかった。

　ここで問題なのは、「最善」が何を意味するのか、だった。ジップリクルーターは短期収益の最大化に努めるべきだろうか。そのためには高い価格を選ばなければならない。しかし、価格が高いと（各顧客から得られる利益は増えても）顧客の数は減ってしまう。そうなると、口コミも少なくなるだろう。さらに、求人数が減少すれば、職を探すためにジップリクルーターを利用する人の数も減少する。そして最後に、高い価格に嫌気がさした顧客は代わりの手段を探すようになるだろう。短期的には高い料金を支払ってくれるかもしれないが、長期的にはライバル企業に乗り換えられてしまう可能性がある。このような様々な検討事項をジップリクルーターはどのように比較考察すべきか。どの見返りの最大化に努めるべきだろうか。

　価格の上昇から得られる短期的な結果は比較的測定しやすい。実験では、新しい顧客を対象に一部の設定料金を上げると、一日の利益は五〇パーセント以上増加した。しかし、ジップリクルーターはその結果に飛びつかなかった。長期的なリスクを認識していたため、高い料金を支払ってくれる顧客がよそに乗り換えるかどうか、成り行きを見守ったのだ。四カ月後、高い価格は相変わらず大きな利益をもたらした。そこで、利益をこれ以上みすみす失いたくなかったので、四カ月も実験すれば十分だと判断し、正式な価格改定に踏み切ったのである。

このように報酬関数の設計にあたっては、様々な行動から得られる報酬を理解したうえで、大事な判断材料として活用する。この一連の行為は、人間の意思決定プロセスにおいても重要な役割を果たしている。予測マシンは人間のためのツールだ。人間が結果を比較検討して判断を下す必要がなくならないかぎり、予測マシンが改善されても人間の重要な役割は失われない。

キーポイント

- 予測マシンは、判断にもたらされる利益を増やす。予測のコストが下がるにつれて、具体的な行動から得られる報酬を理解することの重要性は高まるからだ。その反面、判断は高いコストを伴う。異なる状況で異なる行動から相対的にどんな見返りが提供されるのか評価するのは、時間も労力もかかる作業であり、実験も必要とされる。
- 多くの決断は不確実な状況で下される。たとえば、雨が降りそうだと考えれば傘を持って出かける決断を下すが、その決断は間違っている可能性がある。あるいは、取引を承認するのは合法的だと判断するからだが、それが間違っている可能性も考えられる。このように不確実な状況では、将来の判断が正しい可能性だけでなく、間違っている可能性についても見返りを確認しておく必要がある。したがって不確実な状況では、特定の決断に伴う見返りを判断するためのコストが上昇する。

●決断に関わる状況と行動を組み合わせた数が管理可能な範囲内であれば、人間に代わって予測マシンに判断を任せることができる（「報酬関数の設計」）。機械は予測したら直ちに決断できるので、決断が自動的に行なわれる。しかし、行動と状況の組み合わせの数があまりにも多いときには、すべての組み合わせを対象にして予め見返りを体系化するのはコストがかかりすぎる。稀な組み合わせは特にその傾向が強い。このようなケースでは、予測マシンが予測したあとに人間が判断するほうが効率的だ。

第九章　判断を予測する

グーグルの子会社ウェイモをはじめとする企業は、ある地点から別の地点まで人びとを自動的に輸送する試みに成功してきた。ただし、これは自動運転車開発の一部にすぎない。運転は車の乗員にも影響をおよぼすもので、こちらのほうは観察するのがずっと難しい。人間のドライバーであれば、同乗者についての配慮を怠らない。初心者は、同乗者に不快感を与えずにブレーキを踏むことを最初に学ぶ。ウェイモの自動運転車にも、急ブレーキを避けてスムーズに停止する方法を教えなければならなかった。

運転には、何千もの決断が関わっている。[1] 考えられるすべての状況への対処法をコード化するなど、人間には実行不可能である。そこで代わりに、自動運転システムにたくさんの事例を実際に見せて、人間の判断を予測できるように訓練を施す。「この状況で人間ならどうするか」を学習させるのだ。これは運転に限らない。何度も繰り返し決断を下さなければならない状況で人間がどんなデータを手に入れ、それに基づいてどんな決断を下したかについてのデータを収集できる環境ならば、人間ならどうするかを予測マシンに予測させ、自動的に決断させるのは不可能ではない。

ここで、少なくとも人間にとって基本的な疑問がある。ＡＩが人間の判断を予測できるようになると、いまに人間はまったく必要とされなくなるのだろうか。

人間をハックする

決断の多くは複雑で、簡単にはコード化できない判断に基づいている。しかしだからといって、決断の核心部分を人間がいつまでも手放さずにいられる保証はない。自動運転車の場合と同じく、機械は多くの事例を観察することによって学習し、人間の判断を予測できるようになるかもしれない。予測においては、「この入力データを与えられた場合、人間ならどうするか」という問題が重要になってくる。

ここではグラマリーという企業の事例を紹介しよう。アレックス・シェフチェンコとマックス・リトヴィンが二〇〇九年に設立したグラマリーは、文書を校正するために機械学習を利用している。文法やスペリングの誤りを正す作業が中心だ〔原文：It's main focus is on improving grammer and spelling in sentences〕。たとえば、直前の文章をグラマリーに校正させると、「It's」は「Its」に修正すべきで、「grammer」はスペルが間違っていると教えてくれる（正しくは「grammar」）。さらに、「main」という単語が多用されていることも指摘してくれる。

グラマリーは、優秀な編集者が校正したたくさんの文書に丹念に目を通すだけでなく、グラマリーの指摘を受け入れたユーザーと拒んだユーザー双方のフィードバックから学習した結果、いま紹介したような校正作業ができるようになった。予測では、人間の編集者ならどうするかが重視される。文法を機械的に当てはめるのではなく、完璧な文法から離れたほうが人間の読者に好まれるかどうかという点も評価される。

人間がＡＩを訓練できるという発想は、様々な状況に応用されている。旅行の予約を自動的に行なうスタートアップ企業ローラの中核を担うＡＩは当初、良いホテルの選択肢を見つけることに専念していた。しかし、ニューヨークタイムズ紙はつぎのように報じた。

たとえば、ディズニーワールドへの家族旅行に関して長年の経験を持つ人間の旅行業者の専門性には太刀打ちできない。人間のほうが機転がきく。シンデレラ城の前で誰にも邪魔されずに子どもと写真を撮りたい家族に対し、開園前にパーク内での朝食を予約しておくべきだとアドバイスすることもできる。[2]

記述可能な判断（入手可能性や価格）の応用は機械にとって簡単だが、人間の微妙な好みを理解するのは難しいことが、この事例からはわかる。しかしいまやローラは学習を通じて、経験豊富で思考レベルの高い人間の行動を予測することができる。そこで問題になるのは、オーランドでの休暇を予約する人たちを何人観察すれば、予測マシンに十分なフィードバックが手に入り、関連するほかの基準について学習できるかという点だ。そして実際に試してみると、ＡＩは一部の基準についての学習にてこずったものの、人間の旅行業者が予め説明できないような決断について理解できることがわかった。たとえば、人間が近代的なホテルや街角のホテルを好む傾向も明らかにできる。

人間は、タスクの多くの側面で人間が徐々に不要になることを目指してＡＩに訓練を施す。ＡＩが自動処理するプロセスで間違いがほとんど許されない場合、これは特に重要である。当初は人間がＡＩを監督し、間違いを修正するだろう。やがて時間が経過すると、ＡＩは間違いから学習し、最後は人間による修正が不要になる。

もうひとつ、X.ai（エックス・ドット・エーアイ）の事例を紹介しよう。ミーティングの日時を調整してスケジュールに組み入れるアシスタント・サービスを提供するスタートアップ企業だ。[3] このサービスでは、ユーザーはデジタルな個人秘書（ユーザーの好み次第で「エイミー」とか「アンドリュー」と呼ばれる）へのeメールを通じ、会いたい人物と連絡を取り合う。たとえばアンドリューにeメールを送り、つぎの木曜日にH氏とのミーティングを設定してもらいたいとしよう。すると、エックス・ドット・エーアイはスケジュールを確認したうえで、H氏にeメールを送ってミーティングの日時を決定する。H氏には、アンドリューが人間ではないとはわからないだろう。重要なのは、H氏や彼のアシスタント（理想的には、こちらもエイミーやアンドリューのようなAIがよい）とやりとりする手間を省けることだ。

とはいえ、スケジューリングに間違いが発生したり、自動アシスタントが招待客の気分を害したりすれば、厄介な事態になりかねない。そのためエックス・ドット・エーアイでは、長年にわたって訓練担当の人間を雇い入れ、AIの反応が正確かどうかの見直しや検証を任せている。その結果として変更が加えられるたび、AIはより良い対応を学習する。[4] 訓練担当の人間の役割は、AIの礼儀正しい対応を保証するだけにとどまらない。[5] 自動アシスタントの足を引っ張るような、人間の良からぬ行動にも対処する。本書の執筆時点では、このアプローチによって判断の予測がどれだけ自動化されるかは未知数である。

人間は主役の座を奪われるのか？

人間の行動を予測する方法を機械が学習できるとしたら、人間は完全に主役の座を奪われてしまうのだろうか。予測マシンの現在までの軌跡を見るかぎり、そうは思えない。人間は貴重な資源であり、単純に経済学の視点から考えるなら、今後も何かを行なっていく可能性が高い。問題は、その「何か」の価値が高いのか低いのか、魅力的なのか魅力に欠けるのか、どちらかという点だ。あなたの組織で人間は何をするべきだろう。新入社員に何を求めるべきだろうか。

予測はデータに依存している。そのことから、人間は機械に比べてふたつの長所を持っていることがわかる。（1）人間には、機械が（まだ）知らない事柄についての知識がある。しかも、（2）データが十分にそろわないときの決断が優れている。

人間が持っていて、機械に持てないデータには三つのタイプがある。まず、人間は鋭い感覚の持ち主だ。人間の目や耳、鼻や皮膚は、未だに多くの点で機械よりも能力が優れている。第二に、人間の好みは最終的に人間が決定する。消費者データがきわめて貴重なのは、人間の好みについてのデータが予測マシンに提供されるからだ。食料品店は消費者の行動に関するデータを手に入れるため、ポイントカードの利用者には割引を提供する。商店は、消費者にお金を払ってでも好みを明らかにしたいと考える。一方、グーグルやフェイスブックなどが無料のサービスを提供するのは、ほかの状況で利用できるデータを手に入れるためで、そうすれば広告のターゲットを絞ることができる。第三に、プライバシーの関係で、機械が入手できるデータは限られてしまう。性行為、経済状態、精神状態、変わった思想などについての情報を公開しない人が多ければ、様々なタイプの行動を予測するための十分なデータが予測マシンには手に入らない。データが充実していない状況では、機械は人間の判断を学習して予測に役立てることができない。したがって、他人の判断を理解できる人間の役割は失われないだろう。

データがほとんどない状況での予測

事象が稀にしか発生しない場合にも、予測マシンのデータは限られてしまう。機械が人間の決断を十分に観察できなければ、決断を支える判断について予測することはできない。

第六章では、「既知の未知」、たとえば大統領選挙や地震など、データ不足で予測が困難な稀な事象について論じた。人間ならば、データがほとんどなくてもうまく予測できる場合がある。たとえば、最後に会ってから時間が経過している相手でも、顔を認識することができる。一方、第六章では「未知の未知」についても取り上げた。これは定義上、予測するのも対応するのも難しい。人間が直面した経験を持たない状況の場合には、その状況で人間が何をするのか予測するのはＡＩにとって不可能だ。そのため、インターネットやバイオエンジニアリング、さらにはＡＩなどの新しいテクノロジーに直面した企業がどのような戦略をとるか、ＡＩは予測することができない。これに対して人間は、あるときは類推を行ない、またあるときは別の状況のなかから役に立つ類似点を見つけることができる。

最終的には、予測マシンは類推が上手になるかもしれない。しかしそれでも、予測マシンは稀な事象の予測が苦手だという評価は今後も変わらない。当分は、稀な状況が発生したときに予測し、判断するのは人間の役目だろう。

第六章ではもうひとつ、「未知の既知」にも注目した。たとえば、将来あなたがＡＩを利用して大成功を収めたからといって、本書を友人に勧めるべきかどうか決断するのは難しい。それは、本書を読まなかったら何が起きていたかについてのデータが不足しているからだ。何が何を引き起こしているのか理解したければ、事実と逆の状況では何が起こっていたかを観察しなければならない。

この問題に対し、人間は主にふたつの解決策を提供することができる。それは実験とモデリングだ。

ある状況が頻繁に発生する場合には、ランダム化比較試験を行なうとよい。ここでは被験者を実験群（本書を強制的に読ませるか、少なくとも本書を手渡してあとから試験を行なう）と対照群（本書を読ませないか、少なくとも本書について宣伝しない）に振り分ける。それからしばらく待って、仕事にＡＩをどのように応用しているか理解する手がかりになる情報を集める。このときの実験群と対照群の違いが、本書を読んだことによる影響である。

このような実験は非常に大きな影響力を持っている。これなしでは、病気の新しい治療法は認可されない。あるいは、グーグルからキャピタルワンまで、データ駆動型企業の多くの決断も実験に支えられている。そして、機械にも実験は可能だ。状況の発生回数が十分であれば、実験する能力は人間特有のものではない。人間と同じように機械も実験を行ない、その結果から学習し、何が何を引き起こしているのか予測することができる。今日、様々なビデオゲームで機械が人間の成績を上回っているのは、そのおかげである。

実験に代わる選択肢のモデリングでは、観察対象となるデータが生み出される状況やプロセスについての十分な理解を目指す。現実の状況が頻繁に発生しなかったり、実験のコストが高すぎたりして実験が不可能なとき、モデリングは特に役に立つ。

オンライン求人掲示板のジップリクルーターが最善の価格を見つけるための決断について前章で紹介したが、これはふたつの部分から成り立っている。まず、「最善」が何を意味するのか理解しなければならない。短期的な利益か、それとも長期的な利益か。求職者や登録企業が増えることか、それとも高い価格設定なのか、明確にしておく必要がある。そしてつぎに、特定の価格を選ばなければならない。この二番目の問題を解決するため、ジップリクルーターは実験を行なった。実験は人間によって考案されたが、ＡＩの性能が向上し、しかも広告者の数も時間も十分に確保されると、原則として実験は自動化が可能な状態になった。

しかし、「最善」の価格の決定は自動化が難しい。求職者の人数は登録企業の数に左右され、逆に登録企業の数は求職者の人数に左右されるので、市場全体で観察する機会は一度に限られる。一度しかない観察の機会で判断を誤れば、ジップリクルーターは商売あがったりで、二度目のチャンスはやって来ない。そこでビジネスのモデリングを決断した。短期的な利益を最大化するとどんな結果が生じるか調査したうえで、長期的な利益の最大化を目標とするモデルと比較したのだ。データがそろわないとき、結果のモデリングや報酬関数の設計は人間の能力に頼らなければならず、しかも高いスキルが求められる。

モデリングは、第二次世界大戦における連合軍による空爆にも役に立った。当時、爆撃機の装甲をもっと充実できることをエンジニアは認識していた。しかも、飛行機の重量が増えても性能が損なわれるとは思えなかった。問題は飛行機のどの部分を防御するかだった。実験はできるが、それには高いコストを伴う。パイロットの命が失われる可能性があった。

エンジニアはドイツへの爆撃から戻ってきたすべての爆撃機を対象に、対空砲火の弾が命中した場所を確認することができた。飛行機の弾痕は彼らにとってのデータだった。しかし飛行機を守るためには、この場所をほかよりも優先すれば間違いないのだろうか。

彼らは統計学者のエイブラハム・ウォールドに問題を評価してもらった。じっくり考え、数学も十分に使ったあと、弾痕については無視して飛行機を防御すべきだと彼は伝えた。頭がおかしくなったのだろうか。彼の回答は直観に反しているとしか思えない。弾痕のある場所を守るつもりはないのか。いや、そうではない。データを集めるためのプロセスでウォールドはモデルを使った。一部の爆撃機は攻撃から戻ってこないことを認識し、帰還できなかった飛行機が弾を受けた場所こそ致命的なのではと推測したのだ。この洞察を受けて、空軍のエンジニアは弾痕の残されていない場所の装甲を増やし、その結果、飛行機は以前よりも敵の反撃から守られるようになった。[6]

欠けているデータについてウォールドが洞察するためには、そのデータがどこから得られるか理解する必要があった。この問題は発生したことがなかったので、エンジニアには参考にできる前例がなかった。今後しばらくは、このようなケースでの計算は予測マシンには不可能だろう。

この難問の解決策は予測マシンではなく人間から提供された。ただしその人間は、きわめて優秀な統計学者だった。統計という数学を十分に理解するだけでなく、データを集めるプロセスについて理解できる柔軟な頭の持ち主だったのである。

人間は訓練を積めば、モデリングのスキルを学習できる。経済学の博士号プログラムのほとんどでモデリングは中心に位置付けられ、多くの学校でＭＢＡカリキュラムの一部になっている（著者らがトロント大学で開発したコースでも採用されている）。モデリングのスキルは、予測マシンと一緒に使われるときに重要な役割を果たす。モデリングがなければ、「未知の既知」の罠に簡単にはまってしまう。何をすべきか正しい予測ができたと思っても、予測は見当違いで原因と結果を混同しているかもしれない。

ウォールドは弾痕についてのデータを集めるプロセスで優れたモデルを使ったが、人間の行動に関する優れたモデルは、人間の決断がデータを生み出すケースでの予測を改善するために役立つ。今後しばらくは、人間はこのようなモデルの開発に努め、行動と関連する予測因子を特定する必要がある。人間の行動はいつ変化するかわからないので、予測マシンはデータのない状況での推測に苦労する。予測マシンは人間について理解しなければならない。[7]

同様の問題は、かつて経験したことがない決断の多くで発生し、「これをやったら何が起きるだろうか」という問いに直面することになる。製品ラインに新作を加えるべきか。ライバル企業と合併すべきか。革新的なスタートアップ企業や提携企業を傘下に収めるべきか[8]。変更を加えた後に予測と異なる行動をとられたら、未来の行動を予測する指針として過去の行動は役に立たない。予測マシンは適切なデータを得られないだろう。稀な事象に関して、予測マシンを利用する範囲は限られる。滅多に発生しない事象の場合、人間の判断を予測する機械の能力には限界があることを忘れてはならない。

キーポイント

- 機械は人間の判断を学習することができる。一例が車の運転だ。起こりうるあらゆる状況についての判断をコード化するのは難しい。しかし、自動運転システムに多くの事例を示し、人間の判断を予測できるように訓練することは可能だ。この状況で人間ならどうするか、予測させるのだ。
- 機械が人間の判断を予測する能力には限界があって、そこにはデータ不足が関わっている。個人的好みなど、一部のデータは人間にとって収集可能でも、機械には集められない。このようなデータには価値があるので、目下のところ企業はアクセスするために出費を惜しまない。ポイントカードの利用者に割引する企業もあれば、グーグルやフェイスブックのように無料のオンラインサービスを提供する企業もある。

●機械は、滅多に発生しない事象の予測が苦手だ。合併やイノベーションやパートナーシップについての決断を迫られる経営者は、過去の似たような事例に関するデータを社内で手に入れることができない。このような稀な状況での決断にあたって、人間は類推やモデリングを利用する。しかし機械は、過去に何度も発生していない状況に関して判断を予測することはできない。

第一〇章　複雑さを手なずける

一九八〇年代のワシントンを舞台にしたアメリカのテレビドラマ「ジ・アメリカンズ」には、FBIのオフィスの界隈で郵便や機密文書を配達するロボットが登場する。一九八〇年代に自律走行型車両が存在していたとは意外かもしれないが、実はそれより一〇年早く、自律走行型車両はメールモービルという名前で市場にはじめて登場した。[1]

郵便仕分け室を出発してカーペットの敷かれた床を通り、各オフィスに到着するまでの経路には、紫外線が放出されるように化学処理が施されており、メールモービルはそれをたどって誘導されていく。配達ロボットはセンサーを使って経路をゆっくりと進み（時速一マイル〔約一・六キロメートル〕）、最後に紫外線によるマーキングがなくなったところで停止する。ロボットの価格は一万ドルから一万二〇〇〇ドルのあいだで（今日ならおよそ五万ドルの価値がある）、それとは別料金で、途中にある障害物を感知するセンサーが取り付けられる。これがない場合には、ロボットが近づいてきたことを知らせる警告音が発せられる。人間なら郵便物を届けるのに二時間かかるオフィスで、メールモービルは同じ仕事を二〇分で遂行し、しかも寄り道などしない。

郵便配達ロボットには入念な計画が必要とされる。ロボットが活動するためには、簡単でも費用のかかる配置転換をオフィスで行なわなければならない。ロボットは、環境のわずかな変化にしか対応することができない。

今日でも、世界各地の自動運転鉄道システムの多くは、設備に様々な工夫を凝らさなければならない。たとえば、コペンハーゲンの地下鉄は自動運転でも機能しているが、それは予め綿密に計画された条件のもとで走行しているからだ。限られた数のセンサーが、環境についての情報をロボットに提供してくれる。

ほとんどの機械や装置は、このような制約が共通の特徴になっている。厳密に定められた環境で動くように設計されているのだ。工場に導入されるほとんどの設備と比べ、郵便配達ロボットはオフィスに簡単に取り付けられる点が際立っている。ただし大抵の場合、標準化され厳密に管理された環境で活動しなければならない。なぜなら、ロボットの装置は不確実性を許容できないからだ。

「イフ」が増えると

ハードにせよソフトにせよ、すべての機械は本質的に古くからのイフ・ゼンの論理を使ってプログラムされている。「イフ（～なら）」の部分では、シナリオや環境条件や情報が特定される。そして「ゼン（～する）」の部分では、それぞれの「イフ」（あるいは「イフノット（～でないなら）」、「エルス（さもなくば～）」）に対してどんな行動をとるべきか機械に教える。「もしも化学的な痕跡が感知されなくなったら、停止する」といった具合に。郵便配達ロボットには周囲を観察する能力が備わっていないので、対処すべき「イフ」が人工的に減らされている環境でしか活動することができない。

もっと多くの状況、すなわちもっと多くの「イフ」を区別することができれば、特定の地点で止まったり進んだりする基本的な動作に変化がなくても、郵便配達ロボットはもっとたくさんの場所で利用できたはずだ。今日のルンバ――アイロボット社が開発したロボット掃除機――にはこれが可能だ。階段から落ちたり部屋の片隅で立ち往生したりすることがないようにセンサーが取り付けられているので、部屋じゅうを自由に動き回る。しかもメモリが搭載されているおかげで、最適のタイミングで起動し、床を掃除することができる。

ロボットが屋外で活動する場合には、地面が乾いている場合と濡れている場合のふたつの状況がある。濡れているときには滑らないよう速度を落とさなければならない。ほかにも、ロボットの動きは様々な可能性に影響される。明るいか暗いか、人間が近くで動いていないかどうか、郵便物の束のなかに急ぎのものが含まれていないかどうか、あるいは飛び出してきたリスを轢《ひ》いてもよいけれども猫はいけないとか、ほかにもいろいろな要因が関わってくる。それ以外にも対応へのルールが細かく決められていると（暗いときにはリスを轢いてもかまわないが、明るいときはいけないなど）、考えるべき状況の数、すなわち「イフ」の数は大きく膨れ上がってしまう。

予測が改善されたおかげで、確認可能な「イフ」の数は増えた。「イフ」が増えたおかげで、郵便配達ロボットは以前よりも多くの状況に対応できるようになった。真っ暗で地面が濡れている環境で、人間が六メートル後ろを走り、猫が前方に見えるときには減速しなければならないが、真っ暗で地面が濡れている環境で、人間が六メートル後ろに立っていて、前方に見えるのがリスならその必要がない――予測マシンのおかげで、ロボットはこのように判断することができる。ロボットは予測マシンに助けられ、予め進路を計画しなくても自由に動き回れるようになった。新しい時代のメールモービルは、余計なコストをかけなくても多くの環境で活動できる。

いまでは配達ロボットがあちこちで活躍している。たとえば倉庫の自動配達システムは、環境を予測したうえで、それに合わせて動きを調整することができる。キバ・ロボットの集団は、アマゾンの広大な配送センターのなかで製品を運んでいる。そしてスタートアップ企業は、歩道や街路を移動して、荷物（あるいはピザ）を会社から家庭に運んでから戻ってくる配達ロボットの実験を行なっている。

ロボットがここまでできるようになったのは、高感度のセンサーから手に入れたデータを利用して環境を予測したうえで、対処法について指示を受けられるからだ。予測と見なされないことが多いが、本質的には予測に他ならない。そして予測を安上がりに実行できるようになるほど、ロボットの性能は向上していく。

「ゼン」が増えると

ノーベル賞を受賞した経済学者のジョージ・スティグラーは、つぎのように語ったという。「フライトに乗り遅れた経験のない人は、空港で長すぎるほどの時間を過ごしている」[2]。この奇妙な理屈には、たしかな根拠がある。快適に仕事をしたいときやリラックスしたいとき、場所は空港でもどこでも変わらない。それなら、乗り遅れていやな思いをするよりは、早めに到着していたほうが安心できる。かくして、空港のラウンジは生まれた。乗客（少なくとも富裕層か頻繁な利用者）にフライトを待つための便利で静かなスペースを提供するため、航空会社はラウンジを発明したのである。フライトに備えて乗客が早めに到着する可能性があるから、ラウンジは存在する。空港に常にぎりぎりで到着する人は、トランジットのときかフライトが遅れたとき、あるいはバリへのフライトに乗り遅れたときぐらいしかラウンジを利用しない。空港への到着時間が読めないとき（これはめずらしくない）に困らないように、余裕を提供してくれるところがラウンジなのだ。

あなたは午前一〇時のフライトを予定しているとしよう。航空会社のガイドラインには、一時間前には空港に到着するようにと指示されている。午前九時に到着すれば、乗り遅れる心配はない。では、何時に出発すればよいだろう。

普段は空港まで三〇分で到着できるので、八時半に出発すれば問題ない。でも、これは交通渋滞が考慮されていない。ちなみに私たち（著者）も、本書についての打ち合わせをしたニューヨークからトロントに帰る飛行機に乗るとき、ラガーディア空港へ向かっている途中でひどい交通渋滞に巻き込まれ、最後は高速道路を歩いて移動した。そうなると、三〇分は余裕を持たなければならない（リスクを回避したければ、もう少し時間をとるだろう）。すると出発時間は午前八時になる。交通状況が読めないときには、かならず八時に出発して、早めに到着すれば三〇分かそれ以上、ラウンジで過ごせばよい。

いまではウェイズなどのアプリが、現在地から空港までの所要時間を正確に教えてくれる。このようなアプリは交通状況をリアルタイムの情報だけでなく過去のパターンからも把握して、最速ルートを予測して常にアップデートしてくれる。これと一緒にグーグル・ナウも使えば、空港への到着が遅れる可能性を考慮する際、過去にはどんなときに遅れたのか確認するだけでなく、乗り継ぎ便についての情報も提供される。これらのアプリによって予測の信頼度が高まれば、新しい選択肢が生まれる。「交通状況に問題がなければ、出発を遅らせて直接ゲートに向かおう」とか、「フライトが遅れるなら、あわてることはない」といった具合に。

不確実性の主な原因が減らされたり取り除かれたりすれば、予測の精度が向上し、空港で待機する場所は不要になる。しかも、予測が改善されると新しい行動が可能になる。フライトの二時間前には絶対に出発すると決めておく代わりに、情報次第でルールを柔軟に変更し、出発時間を決めることができる。このような状況次第のルールはイフ・ゼンに該当し、信頼できる予測に基づいて「ゼン」の数を増やすことが可能だ（出発を早める、予定通りにする、遅らせるなど）。このように、「イフ」だけでなく、そこから導かれる「ゼン」の数も増えれば、予測によって提供される機会は拡大していく。

郵便配達ロボットと空港のラウンジには共通点がある。どちらも不確実性の解決法が不完全で、もっと優れた予測が登場すれば顧《かえり》みられなくなってしまう。

「イフ」も「ゼン」も増えると

予測が改善されると、もっと多くの事柄をもっと頻繁に予測できるようになり、不確実性が減少する。さらに、新しい予測は間接的な影響もおよぼす。以前には考えられなかったようなことを選択して実行できるようになるのだ。いままでは、「イフ」や「ゼン」をわざわざコード化する必要はない。予測マシンに事例を提供して学習させればよい。それだけで準備完了だ。以前は予測と無関係と思われていた問題に、予測の問題として取り組めるようになる。このとき自覚はなくても、人間は予測に関して譲歩している。

人間の決断において、こうした譲歩は重要な側面になっている。ノーベル経済学賞を受賞したハーバート・サイモンは、これを「満足化」〔選択肢のうち、一定の満足度を満たすものを選択すること〕と呼んでいる。古典的な経済学においては、完璧に合理的な決断を下す超知能の持ち主をモデルとして使うが、これに対してサイモンは、人間は複雑さに対処できないことを認識し、その点を研究のなかで強調している。そのため人間は目標を達成するために実行可能な最善手を講じ、満足化をはかるのだ、と。考えるのは難しいので、人間は近道をするのだ。

サイモンは博学な人物だった。ノーベル経済学賞に加え、コンピューター分野のノーベル賞と評されるチューリング賞を受賞しており、このときは「人工知能への貢献」を評価された。彼の経済学とコンピューターへの貢献のあいだには関連性がある。一九七六年のチューリング賞受賞記念講演には、人間に対する彼独自の考え方が反映されており、コンピューターの「処理資源は限られている。限られた時間内で限られた数の段階を踏まなければならず、当然ながら処理できる数は限られる」と強調した。人間と同じくコンピューターも満足化をはかることを認識していたのである。[3]

郵便配達ロボットや空港のラウンジは、優れた予測ができない状況での満足化の実例で、このようなケースはいたるところに存在している。予測が改善されたらどんな可能性がもたらされるのか想像するためには、時間をかけて訓練を積まなければならない。空港のラウンジはうまく予測できない状況への解決策であって、強力な予測マシンが登場すればラウンジの価値は減るだろうと直感的に考えられる人は滅多にいない。私たちは満足化という行為に慣れきっているので、決断に予測が関わっている可能性を考えないケースさえある。

第三章で紹介した翻訳の例で言うと、専門家は言語の自動翻訳を予測の問題ではなく、言語学の問題として考えてきた。従来の言語学的アプローチでは、辞書を使って単語をひとつずつ翻訳し、そこに文法のルールを若干取り入れた。ここでは満足化が行なわれるが、それが良い結果につながらないのは「イフ」が多すぎるからだ。翻訳を文章ごと、あるいは段落ごとに行なうことは可能だと研究者が認識した時点で、翻訳は予測の問題になった。

予測マシンで翻訳する際には、文章単位で注目し、別の言語で同じ意味を表現できる文章を予測する。プロの翻訳家はどの文章を使う可能性が高いのかというように、データのなかからマッチする翻訳を見つけ出して「イフ」を予測するようになれば、コンピューターは統計を頼りにして最善の翻訳を選択できる。ここでは、言語学のルールにはいっさい頼らない。この分野のパイオニアであるフレデリック・ジェリネックは、「言語学者を解雇するたび、音声認識装置の性能は向上する」と語っている。[4] これは間違いなく、言語学者や翻訳家にとってありがたくない展開だろう。ほかにもあらゆる種類のタスク——画像認識、買い物、会話など——について、複雑な予測を伴う一方で機械学習を応用しやすいことがわかっている。

複雑な予測が可能になって予測の精度が上がれば、リスクの低下にもつながる。たとえば最近、ＡＩが実用化されている分野のひとつが放射線医学だ。現在、放射線科医の仕事は、画像を撮影したうえで問題点を探し出すことが中心になっている。こうして画像のなかの異常を予測する。

ＡＩがこの作業をこなす能力はどんどん向上しており、予測の正確さは人間と同レベルか、場合によっては人間を上回るほどだ。そのため、放射線科医などの専門医が決断を下す際に大いに役立つ。ここでは、診断の正確さが性能を評価する重要な基準となる。患者が病気のときは病気を予測し、健康なときは病気ではないことを予測しなければならない。

ただし、決断には何を関わらせるべきか考慮しなければならない。たとえば、患者の体内に腫瘍がある可能性を医師が疑い、それがガンなのか確認する方法を決めなければならないとしよう。画像診断はひとつの選択肢だ。ほかには体に負担のかかる選択肢、たとえば生検も考えられる。正確な診断を下す可能性が高いことは、生検の長所である。しかし当然ながら、体を傷つけるのは問題だ。そこで、症状が深刻である可能性が低ければ、医師も患者も生検を回避するほうを選ぶだろう。体に負担をかける検査を行なわない理由を説明するのは、放射線科医の仕事のひとつである。できれば、深刻な症状が診断で確認される場合にかぎり生検が行なわれれば、理想的だろう。致命的な病気を治療しないリスクを回避するための保険として生検は役に立つが、それにはコストがかかる。そのため、医師は生検がどれだけ体を傷つけ、どれだけの費用がかかるのかを評価する一方、病気を見逃した場合のリスクについても考え、ふたつの選択肢を比べて決断しなければならない。医師はこのような要因を考慮しながら、体に負担がかかって費用もばかにならない生検を行なう価値があるかどうか決断を下す。

画像診断を信頼できれば、患者は負担のかかる生検をやめてもよい。予測できない状況ではリスクが大きすぎて不可能だった行動をとれるようになれば、譲歩する道を選ばなくてもすむ。ＡＩが進歩すれば満足化を必要とする状況は少なくなり、「イフ」や「ゼン」を増やしても対応できる。複雑になってもリスクは低下する。選択肢が増えれば、意思決定の形は大きく変化するだろう。

キーポイント

- 予測の精度が向上すれば、決断するのが人間だろうと機械だろうと、決断の基準となる「イフ」や「ゼン」を増やすことができて、より良い結果が得られる。たとえば自動運転のケースに関して、本章では郵便配達ロボットの事例で説明した。これまで自動運転車は制御された環境でしか動かなかったが、予測マシンが導入されると制約から解放された。制御された環境とは、「イフ」（状態）の数が制限された環境である。自動運転車が街路のような非制御環境で動き回れるのは、予測マシンが可能性のある「イフ」をすべてコード化する必要がないからだ。その代わりに予測マシンは、特定の状況で人間ならどうするか予測できるように学習する。一方、空港ラウンジの事例からは、予測が改善されると「ゼン」を簡単に増やせることがわかる（たとえば、特定の日の特定の時間の空港までの所要時間の予測に応じて、出発時間がX、Y、Zのいずれかに決まる）。万が一に備えて常に早めに出発し、時間が余ったら空港のラウンジで待機する、という必要はなくなる。

●優れた予測に頼れないときは、しばしば「満足化」を行なう。すなわち、手に入る情報に基づいて、「この程度なら満足できる」と思える決断を下す。一例が、空港に行くときは常に早めに出発し、早く到着しすぎてフライトの時間まで待機するケースだ。最適の解決策ではないが、手に入る情報の範囲内では賢明な決断である。郵便配達ロボットや空港のラウンジは、満足化に応える形で考案された。しかし優れた予測マシンが登場すれば、満足化が必要とされる機会は減少する。そうなると、郵便配達ロボットシステムや空港ラウンジのような解決策への投資から得られる見返りも少なくなるだろう。

●私たちはビジネスでも社会生活でも満足化に慣れきっている。そのため、もっとたくさんの「イフ」や「ゼン」を扱うことができる予測マシンが登場し、いまよりも複雑な環境で複雑な決断を下すようになったら、どれだけ大きな変化が引き起こされるか、すぐには想像できない。空港ラウンジは当てにならない予測への解決策として生まれたもので、新しい時代に予測マシンが強力になればラウンジの価値は失われると言われても、なんだかピンとこない。もうひとつの事例が生検の利用で、これは画像診断による予測の弱点を補う形で存在している。今後、予測マシンの信頼性が高くなれば、生検に関わる仕事に大きな影響をおよぼすだろう。空港ラウンジと同じく、費用が高くて体に負担のかかる生検は、予測を全面的に信頼できないために考案された。空港ラウンジも生検も、リスク管理型の解決策である。優れた予測マシンが登場すれば、リスクをもっと上手に管理する新しい方法が提供されるだろう。

第一一章　意思決定の完全自動化

二〇一六年一二月一二日、テスラ・モータークラブのメンバーの「jmdavis」は、自らのテスラ車での経験について電気自動車のフォーラムに投稿した。時速およそ九六キロメートルでフロリダのハイウェイを走行して職場に向かっているときのことだ。車のダッシュボードが、前方に一台の車の存在を確認した。だが、前を走るトラックに視界をさえぎられていたjmdavisには、その車が見えなかった。つぎに、トラックが減速したわけでもないのに、車はいきなり急ブレーキをかけた。そして一秒後、トラックは前方の車との衝突を避けて路肩に衝突した。前方の車は、路上に落下物があったため急停止していたのだ。テスラ車は前方を走るトラックよりも早くブレーキを踏んだので、余裕を持って止まることができた。彼はつぎのように書いている。

> もしも僕が運転していたら、タイミングよく止まることはできなかったと思う。前方に止まっている車は見えなかったのだから。前の車よりも早く反応して急ブレーキをかけてくれなかったら、衝突していただろう。テスラ、ありがとう。おかげで僕は命拾いした。[1]

テスラは各車両のソフトウェアをアップデートしたばかりだった。自動操縦装置のオートパイロットはレーダーからの情報を利用して、車の前方の環境を鮮明に把握できたのである。[2] テスラの機能は自動運転モードのときに働くが、事故に遭いそうになったとき、車が人間から運転を引き継げれば便利なことは容易に想像できる。いまではアメリカの自動車メーカーは、二〇二二年までに自動急ブレーキを標準化することについて運輸省と合意に達している。[3]

ＡＩと自動化の区別はしばしば曖昧である。自動化が実現するためには機械がタスク全体を引き受けなければならず、予測するだけでは十分ではない。本書執筆時点では、人間は未だに運転に定期的に介入する必要がある。完全な自動化が実現する日はいつ訪れるのだろうか。

現時点でのＡＩは、機械が予測を実行することを目指している。予測以外の要素は予測を補完するために利用される。予測が安上がりになってくれれば、補完材の価値は高くなる。完全な自動化が意味をなすかどうかは、機械を支える予測以外の要素にどれだけの相対的利益がもたらされるかに左右される。

人間も機械も、データのタイプ（入力、訓練、フィードバック）に応じて、データを蓄積することができる。人間は最終的に判断を下さなければならないが、判断をコード化したうえで、予測を実行する前の段階で機械にプログラムとして組み込むこともできる。一方、機械はフィードバックを通じて人間の判断を予測する方法を学習できる。では、そこからどうすればよいか。ここでは、どの時点になったら、人間に代わり機械が作動するほうが良い結果につながるのかという点を考えなければならない。機械が予測したあと、人間に代わり機械が作動するほうが見返りが大きくなるのはいつなのだろうか。それを知るためには、機械が予測以外の要素（データ収集、判断、行動）を実行する場合の見返りを見定めなければならない。その結果次第で、タスクを完全に自動化すべきかどうかが決まる。

人間を方程式から取り除いた採掘会社

オーストラリアの僻地《へきち》ピルバラ地域には大量の鉄鉱石が埋蔵されている。ほとんどの採掘現場は、最寄りの大都市のパースから一六〇〇キロメートル以上も離れている。そしてすべての作業員は、何週間も集中的に継続するシフトをこなすため、現場に飛行機でやって来る。賃金はこのような事情を考慮して高く設定され、作業の安全のためにもコストがかかる。採掘会社は当然ながら、従業員を最大限に活用したいと考える。

鉱業関連の巨大企業リオ・ティントが所有する大型の鉄鉱石採掘場は、コストだけでなく規模に関しても資本集約度が高い。広い採石場の地面から鉄鉱石を切り出すときの衝撃は、隕石の衝突にも匹敵する。そして、鉄鉱石を切り出せば仕事が完了するわけではない。そこからが本番だ。集められた鉄鉱石は、二階建て住宅と同じ大きさのトラックに積まれ、近くの鉄道の駅まで運ばれる。駅からは、何千キロも北にある港まで列車で運ばれ、待機している船に積み込まれる。つまり、採掘会社にとって本当に重要なのは作業員にかかるコストではなく、作業が中断しているあいだにかかるコストなのだ。

もちろん採掘会社は、一晩じゅうトラックを走らせて時間の最適化に努めてきた。しかし、どんなシフトにも対応できる人間でさえ、夜になると生産性は落ちる。当初リオ・ティント社は、パースから遠隔操作できるトラックを導入して人材配置の問題の解決を図った。[4] しかし二〇一六年にはさらに一歩進め、人間による操作が不要な自動運転トラック七三台を導入した。[5] この自動化のおかげで、リオ・ティント社はすでに操業コストの一五パーセント削減を達成した。トラックは一日に二四時間走っているが、トイレ休憩は必要ないし、昼間は摂氏五〇度まで上昇する環境からドライバーを守るためのエアコンもいらない。さらに、ドライバーがいなければ、前部座席も後部座席も必要ない。わざわざ振り向かなくてもよいので、安全でスペースもとらず、整備のコストが節約され、スピードが犠牲にならない。

このような自動運転が可能になったのは、ＡＩがトラックの進路に待ち構える危険を予測して、採石場までの進路の安全を確保するからだ。トラックのなかで、あるいは離れた場所で、人間のドライバーがトラックの安全を監視する必要はない。しかも、安全性をリスクにさらすような人間は、道中にほとんど存在しない。そして、進歩は止まらない。目下、カナダの採掘会社は地下から資源を掘り出す作業にＡＩ搭載ロボットを導入する可能性を探っているし、オーストラリアの採掘会社は採掘場から港に至るまでのプロセスのすべて（採掘機やブルドーザーや電車を含む）の自動化を検討している。

完全な自動化を実現する対象として採掘作業が完璧なモデルになり得るのは、すでに人間の多くの行動が取り除かれているからだ。最近では、人間が引き受けるのは一部の重要な作業に限られている。ＡＩが近年になって大きく進歩する以前から、予測以外のすべての作業は自動化が可能だった。そして予測マシンが最後の一歩となって、人間は多くの作業で不要な存在になってしまった。以前は人間が周囲の環境を詳しく調べたうえで、何をすべきか機械に正確な指示を出した。いまではセンサーから情報を集めたＡＩが、障害物を予測して道中の安全を確保するための方法を学習する。予測マシンは進路に邪魔なものはないかどうか予測できるので、もはや採掘会社は人間に頼らなくてもよい。

もしもタスクのなかで最後まで人間に残された要素が予測ならば、予測マシンが人間と同じだけの成果を上げるようになった時点で、意思決定者は人間を方程式から取り除くことができる。しかし、このあと本章で紹介するように、鉱業のように必要なタスクが明確なケースは滅多に存在しない。ほとんどの場合は、予測マシンを導入して決断を自動化しても、人間の判断に頼る代わりに機械に決断させることや、人間の行動をロボットに肩代わりさせることに価値が生まれるとはかぎらない。

考える時間も必要もない

予測マシンのおかげで、テスラのような自動運転車が実現可能になった。さらに、人間に代わって機械が車両を自動的にコントロールすることもできるようになった。それにはたしかな根拠がある。事故を予測する瞬間と、必要な行動をとるまでのあいだ、人間には考えたり行動したりする時間がない（「考える時間がない」）。対照的に、車両の反応をプログラムするのは比較的やさしい。スピードが必要とされるときには、機械に支配権を引き渡すほうが利益は大きい。

予測マシンが使われるときには、意思決定者に予測が伝えられる。しかし、明確な行動方針が予測から直接導かれるときには（すなわち「考える必要がない」とき）、人間の判断を残すべき理由はなくなる。判断をコード化された機械が、判断の結果としてとるべき行動を比較的簡単に決断できるならば、タスク全体を機械に任せるのは理に適っている。

そこから、様々な種類のイノベーションが生まれた。二〇一六年のリオオリンピックでは、ロボットカメラが新しく導入された。ロボットカメラは水中を泳ぐ選手の動きを追跡し、プールの底からの良アングルで映像を記録した。[6] かつてはオペレーターがカメラを遠隔操作したが、これでは人間が泳ぐ選手の位置を予測しなければならない。いまでは、予測マシンがそれをやってくれる。そして、水泳は始まりにすぎない。研究者は現在、バスケットボールなど、もっと複雑なスポーツに自動カメラを導入する研究を進めている。[7] ここでも、スピードの必要性と判断のコード化が、完全な自動化への動きを推し進めている。

事故の防止とスポーツ撮影用の自動カメラの共通点は何だろう。それはどちらも、予測を受けて素早く反応することの見返りが多く、しかも判断をコード化したり予測したりすることが可能な点だ。あらゆる機能を機械に任せるほうが、プロセスに人間を含めるよりも見返りが多くなるとき、自動化は実現する。

コミュニケーションのコストが高くなるときにも、自動化は実現する。たとえば、宇宙探査だ。人間よりもロボットを宇宙に送り込むほうがずっとやさしい。現在では複数の企業が、月から貴重な鉱物を採掘する方法を探っているが、それには多くの技術的な課題を克服しなければならない。そのなかでも本書に関係するのが、月にいるロボットを誘導して行動させる方法だ。無線信号が月と地球のあいだを往復するには、最低でも二秒はかかる。そのため、月にいるロボットを地球の人間が操作するプロセスは遅くて待ちきれないこともある。これでは、新しい状況に迅速に対応することはできない。月の表面を移動しているロボットの前にいきなり崖が現れたとき、地球からの指示が迅速に伝えられなければ手遅れになりかねない。しかし、予測マシンからは解決策が提供される。予測の精度が十分に高ければ、月にいるロボットの活動を自動化できるので、地球上の人間がいちいち指図する必要はなくなる。ＡＩがなければ、このような商業的事業は不可能だろう。

人間の行動が法律で義務付けられるとき

完全な自動化が有害になりかねないという考えは、ＳＦでは普遍的なテーマである。機械に完全な自律性が備わることで誰もが快適になれるとしても、法律はそれを許さないだろう。たとえばアイザック・アシモフは、ロボットに三つの原則をハードコーディングすることで、規制の問題に対処する未来を予想している。どの原則も、ロボットが人間に害をおよぼす可能性が排除されるよう巧妙に定められている。[8]

同様に現在の哲学者は、判断が難しい倫理的なジレンマについてしばしば取り上げる。たとえば、トロッコ問題という思考実験について考えてみよう。制御不能になったトロッコを別の路線に引き込むことができる転轍器《てんてつき》の近くに、自分が立っているところを想像してほしい。トロッコの進路の前方では五人が作業をしている。トロッコの進路を切り替えて別の路線に引き込めば五人は助かるが、そちらの路線にはひとりの作業員の姿が見える。どちらの行動を選択すべきか、じっくり考える時間的余裕はない。そんなとき、どうすればよいだろう。この問題に当惑する人は多く、解決困難な状況について敢えて考えようとしない。しかし、自動運転車ではこのような状況が発生し得る。誰かがジレンマを解決し、適切な対応を車にプログラムしておかなければならない。問題は回避できないのだ。最終的に誰かが――最も可能性が高いのは法律が――生き残る人と死ぬ人を決定する。

現時点では、自動操作できる機械に人間の倫理的選択をコード化する代わりに、人間が関与する余地が残されている。たとえば、人間がまったく介入せずに作動するドローン兵器について想像してほしい。敵を確認して標的を定め、殺すところまですべて自分でこなす。ただし、戦闘員と民間人を区別できる予測マシンを陸軍大将が手に入れたとしても、マシンを混乱させる方法を敵の戦闘員が考案するのはそう難しくない。戦闘員と民間人を確実に見分けられるレベルの兵器は、すぐには実現不可能だろう。そんななか、二〇一二年にアメリカ国防総省から出された命令は、攻撃すべきか否かの決断に人間が関与することを義務付けたものとして知られている。[9] この義務に常に忠実に従うべきだと明言できるわけではないが、いかなる理由にせよ人間の介入が必要とされれば、予測マシンは単独で行動できるときにも自律性を制限されてしまう。[10] テスラのソフトウェアのオートパイロットは単独で車を運転できるが、ドライバーが常にハンドルを握っていることが条件として法律で義務付けられている。

経済学者の視点からすると、このような義務付けが意味を持つかどうかは、置かれた状況が危害をおよぼす可能性に左右される。たとえば、自動運転車を僻地の鉱山や工場のフロアで走らせる場合と、公共の道路で走らせる場合とでは状況が大きく異なる。工場内の環境と公道の環境は、経済学者が「外部性」と呼ぶもの、すなわち、主要な意思決定者以外の人たちがこうむるコストが生じるかどうかで区別される。

外部性という問題に対し、経済学者は様々な解決策を用意している。責任の割り当ては解決策のひとつだ。そうすれば主要な意思決定者は、外部コストを内部化することになる。たとえば炭素税は、気候変動に関わる外部性を内部化して、人びとに自分の問題としてとらえさせるために役立っている。しかし自律的な機械の場合には、責任者の特定が複雑である。そのため、組織の外から危害をおよぼしかねないもの（そしてもちろん、組織内の人間がもたらす物理的危害）の近くに機械が配置されるときほど、人間を関与させることが賢明な判断だと見なされ、法律で義務付けられる機会は増えるだろう。

人間のほうが優れた行動をとるとき

質問：オレンジ色で、パロット（おうむ）と発音が似ているのは？

答え：キャロット（にんじん）。

こんなジョークは面白くないって？　では、これはどうだろう。ある少女が父親にこう尋ねた。「ねえ、パパ。おとぎ話ってどれも『むかしむかし』で始まるの？」それに対し、父親はこう答えた。「いや、違う。『選ばれたあかつきには、私は何々を公約します』と始まるおとぎ話も多いさ」

これも面白くないって？　たしかに、経済学者は誰よりもジョークが得意だというわけではない。それは認めるが、機械よりはマシだろう。研究者マイク・ヨーマンとその共同研究者らは、機械があなたのために推薦したと言われてジョークを聞かされると、人間が推薦したといって同じジョークを聞かされるときほど笑わないことを発見した。さらに、機械は人間よりもジョークを推薦する能力に長《た》けているが、ジョークを聞かされた人は、それを推薦したのは人間だと思いたがる傾向が強いことも発見した。したがって、実際には機械が推薦したジョークを人間が推薦したと言われるとき、人びとは最も満足する。

これは芸術作品や競技スポーツにも当てはまる。芸術作品の作者が人間としてどんな経験を積み重ねてきたのかわかっていると、それが一因となって作品からパワーを感じられることは多い。スポーツ観戦からスリルを味わえるのは、人間同士が競い合う姿に感動するからでもある。機械は人間よりも速く走れるが、レースの結果にそれほど興奮するわけではない。

子どもと遊ぶとき、お年寄りの世話をするときなど、社会的交流が関わる行動の多くは、行動の実行者が人間のときのほうが本質的に良い結果につながる。子どもの教育のためにどんな情報を提供すべきか機械がわかっていても、時にはその情報を人間が伝えるほうが最善の結果が得られる。時が経てば、ロボットがお年寄りの世話や子育てに参加する状況を受け入れやすくなり、ロボットが競い合うスポーツを観戦して楽しむようになるかもしれない。しかしいまのところ、人間はロボットではなく人間に行動してもらいたい。

　人間が行動するのが最もふさわしいときには、決断は完全には自動化されないだろう。あるいは、予測が自動化にとって大きな制約になるときもある。しかし予測の精度が十分に向上し、行動から得られる見返りについての判断が予め特定されるとしたらどうか。人間の判断が機械にハードコーディングされるにせよ、機械が人間の行動を観察して予め学習するにせよ、そのとき決断は自動化されるだろう。

キーポイント

- AIがタスクに導入されても、そのタスクの完全な自動化がかならずしも実現するわけではない。予測は、タスクを構成する要素のひとつにすぎない。人間による判断と行動が未だに必要とされるケースは多い。しかし、時には判断をハードコーディングすることが可能だし、具体例を十分に提供されれば、機械は学習を通じて判断を予測できるようになる。さらに、機械は行動をとることも可能だ。タスクを構成するすべての要素を機械が引き受けるようになれば、そのタスクは完全に自動化され、人間は蚊帳《かや》の外に置かれてすっかり排除されてしまう。
- 完全な自動化が真っ先に実現する可能性が最も高いのは、それによって最高の利益が得られるタスクだ。たとえば、（1）予測以外のすべての要素がすでに自動化されているもの（採鉱など）。（2）予測を受けてから行動するまでの時間の短縮が大きな利益につながるもの（無人自動車など）。（3）予測を得られるまでの待ち時間の短縮が大きな利益につながるもの（宇宙探査など）。

●自動運転車を街路で走らせる場合と採鉱場で走らせる場合には重要な違いがある。街路の場合はかなり大きな外部性が発生するが、採鉱場では発生しない。たとえば自動運転車が街路で事故を起こせば、意思決定者にとっては部外者の人間が被害をこうむり、そのコストを引き受けなければならない。対照的に、採鉱場を走る自動運転車が引き起こす事故の場合は、その採鉱場に関連する資産や作業員がこうむる被害のコストのみを引き受ければよい。政府は現在、外部性が発生する行動を規制している。したがって、大きな外部性の発生を伴うタスクを完全に自動化するためには、規制が大きな障壁になりかねない。経済学者は外部性の内部化、すなわち部外者への責任の割り当てを共通のツールとして利用し、この問題を解決する。多くの新しい分野で自動化の導入がますます求められる現在、責任の分担に関する政策がつぎつぎ打ち出されることが予想される。

第三部

ツール

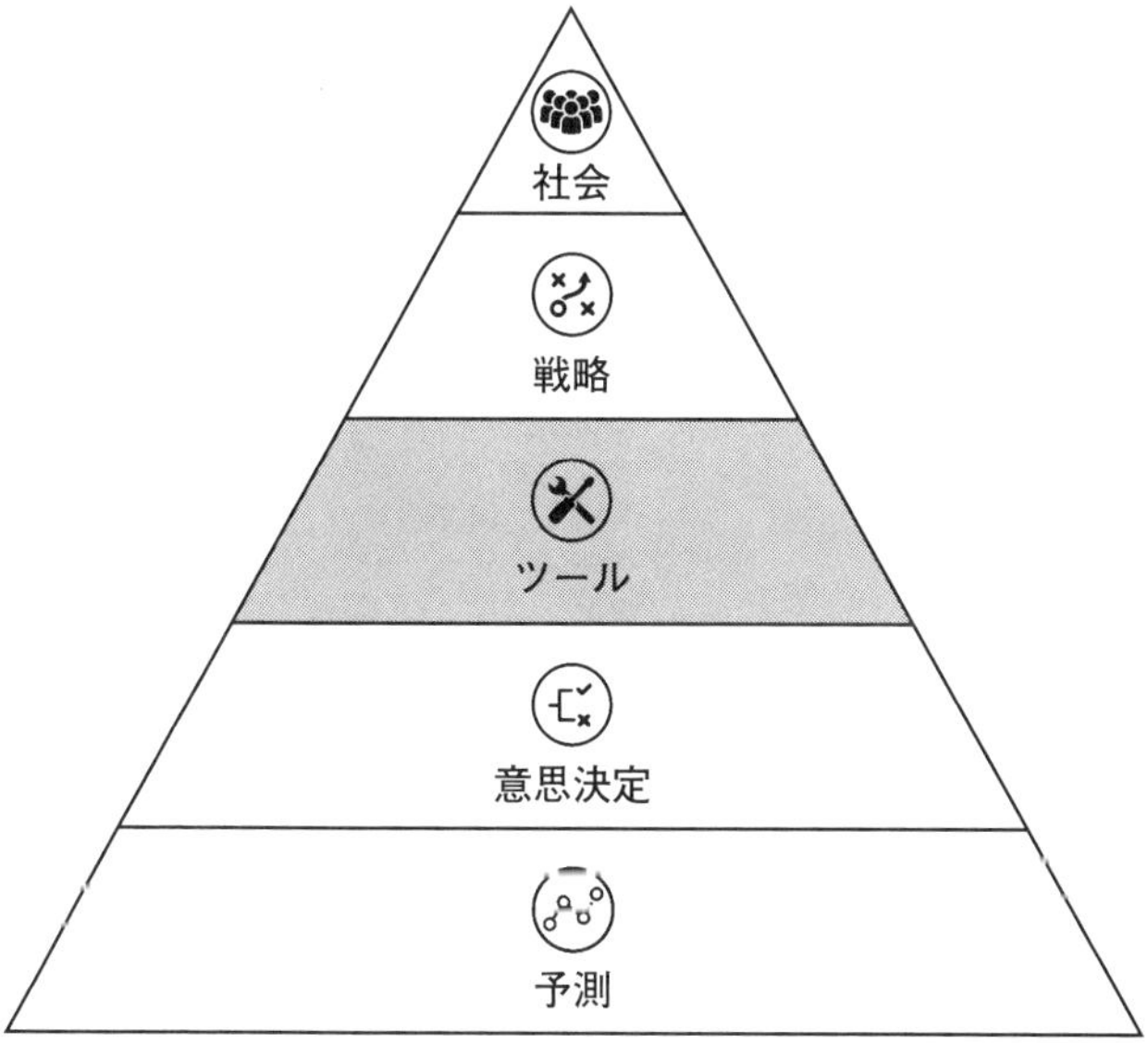

第一二章　ワークフローを分解する

ＩＴ革命が起きたとき、企業は「我々のビジネスにコンピューターをどのように取り入れるべきか」と問いかけた。なかには答えが簡単に得られるケースもある。「計算がたくさん必要な場所を見つけ、人間の代役をコンピューターに任せてみると、人間よりも短時間で正確に作業をこなし、おまけに安上がりになった」という企業もあった。しかし、なかには明確な目標が定まらない企業もあって、とりあえずコンピューターを導入したものの、成果が現れるまでには時間がかかった。ノーベル賞を受賞した経済学者のロバート・ソローは、つぎのように嘆いている。「コンピューター時代の到来をあらゆる場所で目にするが、生産性の統計だけは話が別だ[1]」

この課題を克服するため、「リエンジニアリング」と呼ばれる興味深い運動がビジネスの世界で始まった。一九九三年、『リエンジニアリング革命——企業を根本から変える業務革新』（日本経済新聞社、二〇〇二年、野中郁次郎監訳）のなかで共著者のマイケル・ハマーとジェイムズ・チャンピーは、新しい汎用テクノロジー、すなわちコンピューターを使うために、企業は従来のプロセスを振り返り、どんな目標を達成したいのか大まかに把握すべきだと論じた。そのためにはワークフローを研究し、目標の達成に必要なタスクを確認したうえで、それらのタスクでコンピューターの出番があるか考えなければならない。

ハマーとチャンピーが好んで取り上げた事例のひとつが、一九八〇年代にフォードが直面したジレンマである。それは車の製造ではなく、支払いに関するジレンマだった。[2]たとえば同社の買掛金担当部門は北米に五〇〇人の人員を抱えていたが、コンピューターへの支出を増やせば人員を二〇パーセント削減できると予想した。しかも、この部門を四〇〇人のスタッフでやりくりするのは現実離れした目標ではない。ライバルのマツダでは、買掛金担当部門のスタッフはわずか五人だったのである。一九八〇年代には、大勢の人びとが日本人労働者の生産性の高さに驚嘆したものだが、自分たちも何かを準備すべきことは、マネジメントの第一人者に指摘されるまでもなかった。

業績を改善するため、フォードの経営陣は購買プロセスを改めて見直した。注文書が作成されてから、実際に何かを購入するために注文書が発生されるまでのあいだには、大勢の人たちが関わっている。大勢のなかのひとりでも作業が遅いと、システム全体がスローダウンしてしまう。当然、なかには購入まで容易にこぎつけられないケースもある。たとえば何らかの調整が必要で、ひとりがそのプロセスを任されるようなときだ。そうなると、注文全体のなかで問題を抱えているのはわずかな部分であっても、担当者はその解決にほとんどの時間を費やす。その結果、注文に関わるほかのすべての部分の作業が、問題箇所を担当するひとりの人物の作業に合わせてスローダウンせざるを得ない。

まさにそこに、コンピューターを効果的に利用できる潜在的可能性があった。コンピューターはシステムを停滞させてきたミスマッチを減らすだけでなく、難しい作業と簡単な作業を分類し、やさしい作業はそれにふさわしいスピードで確実に進行する環境を整えることもできる。実際に新しいシステムが導入されると、フォードの売掛金担当部門は従来の七五パーセントの規模に縮小され、しかもプロセス全体のスピードと正確さが向上した。

不幸にも、リエンジニアリングというと多くの人は真っ先に人員削減を思い浮かべるが、リエンジニアリングと人員削減はイコールではない[3]。見直しの対象となる範囲は広く、たとえばサービスの質の向上も目指す。先程とは別の事例を紹介しよう。大手生命保険会社のミューチュアル・ベネフィット・ライフは、申請手続きを処理するプロセスを見直したところ、五つの部署で一九人のスタッフが関わり、三〇のステップを踏んでいることが判明した。普通はこの程度の申請手続きならば、面倒ではあるが一日で済ますことができる。ところがミューチュアル・ベネフィット・ライフでは、五日から二五日もかかっていた。なぜかというと、つぎのステップへ移行するまでの時間がかかるからだ。しかも、進行が遅くても急《せ》かされるわけではなかったので、ほかにも効率の悪い要素がいろいろと積み重なってしまった。ところがここでも、企業のコンピューターシステムを通じてデータベースを共有したところ、意思決定のプロセスは改善された。関わるスタッフの人数は減少し、生産性は大きく向上したのである。最終的にはひとりが申請手続きの権限を任され、すべてのプロセスは四時間から、遅くても数日以内には終了するようになった。

コンピューターの演算処理と同じく、ＡＩは様々な用途に応用できる汎用テクノロジーである。あらゆる決断に影響をおよぼす潜在性を秘めているが、それは意思決定にとって予測が大事な入力情報だからである。したがって、何らかの問題や既存のプロセスに「ＡＩをとりあえず導入する」だけでは、どんな経営者も生産性の大幅な向上を達成できるわけではない。ＡＩとは、ハマーとチャンピーが指摘しているように、プロセスの見直しを必要とするタイプのテクノロジーなのだ。

すでに企業は、ワークフローがどのようなタスクから構成されているか分解し、分析を進めている。たとえば、ゴールドマンサックスのＲ・マーティン・チャベスＣＥＯによれば、新規株式公開[4]（ＩＰＯ）のプロセスには一四六のタスクが関わっているが、その多くは「自動化すべきだ」という。一四

図12‐1
プロセス全体を設計し直して、自動化する方法を考える

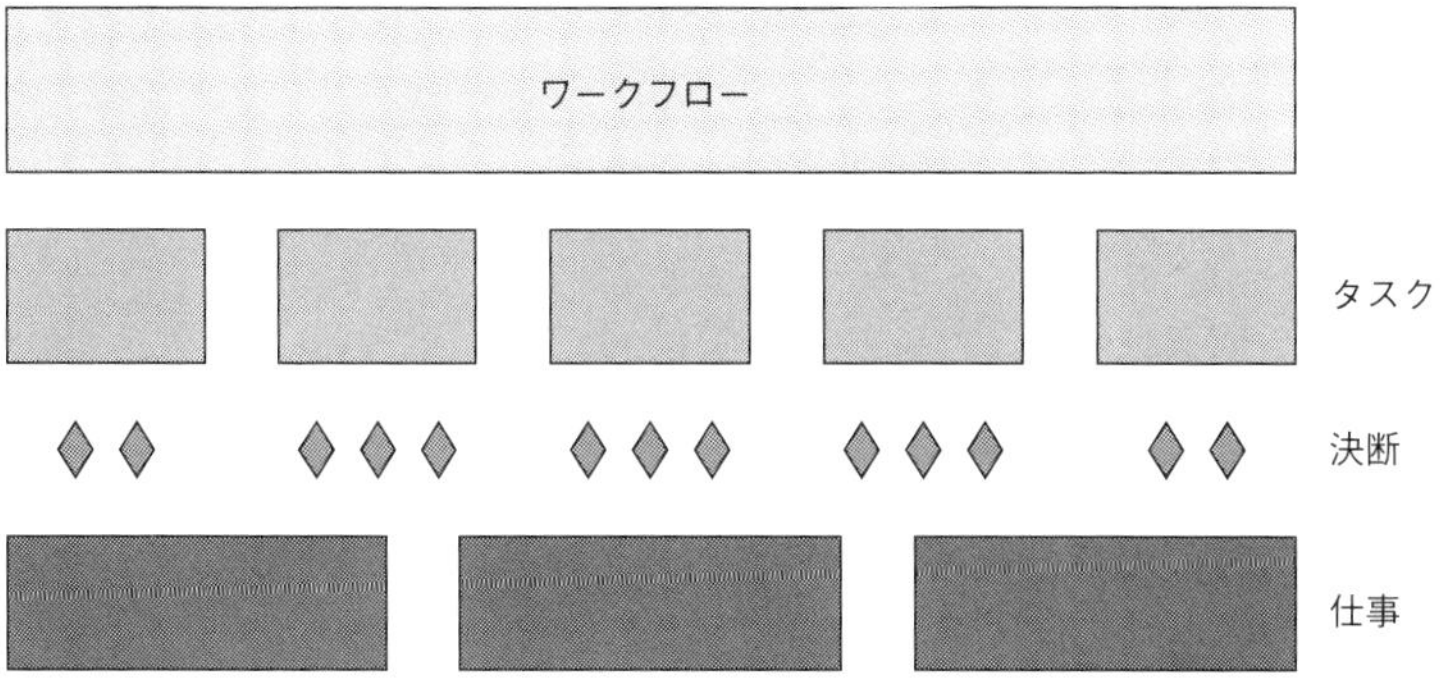

六のタスクの多くを支える決断は、ＡＩのツールに任せれば著しく改善されるからだ。いまから一〇年後に誰かがゴールドマンサックスの変容について綴るとしたら、ＡＩの台頭がそこで重要な役割を演じた経緯が大きな部分を占めるだろう。

　ＡＩの実際の導入は、ツールの開発を通じて行なわれる。ＡＩのツールは「仕事」や「職業」や「戦略」ではなく、「タスク」単位で設計される。タスクとは、決断の集合体である（図７‐１で紹介し、第二部で分析したような形で決断は進行する）。そして決断は、データから提供される情報を頼りに、予測と判断に基づいて下される。ひとつのタスクのなかで下される複数の決断は、これらの要素を共有することが多い。異なるのは、あとに続く行動である（図12‐1）。

　なかには、ひとつのタスクにおけるすべての決断を自動化できることもある。あるいは、予測能力が向上すれば、最後まで自動化を実現できなかった決断が自動的に下されるかもしれない。いまでは予測マシンの台頭をきっかけに、プロセス全体を再設計して自動化する可能性を探る機運が盛り上がっている。本章で「ワークフロー」と呼ぶ業務の流れを見直し、タスクから人間をすっかり取り除いて効率を高めることも検討されている。しかし、予測の精度が向上して安上がりになったことをきっかけに完全な自動化が実現するためには、予測マシンの導入によってタスクのほかの側面にも恩恵がもたらされなければならない。さもなければ予測マシンは、人間の意思決定者をサポートする手段としてしか利用されない。

AIツールがワークフローにおよぼす影響

私たち著者が運営するCDLは、科学関連企業の成長のサポートを目標にしており、これまでに一五〇以上のAI関連企業を見てきた。どの企業も、特定のワークフローで特定のタスクをこなすAIツールの開発に専念している。たとえば、あるスタートアップ企業のAIは、文書のなかから最も重要な箇所を予測して、その部分をハイライト表示する。別のスタートアップ企業のAIは、顧客サービスの適切な対応について予測したうえで、顧客からの質問に答えてくれる。リストはまだまだ続く。一方、大企業は何千とまではいかなくても、何百もの異なる種類のAIを導入し、ワークフローにおける様々なタスクの改善を目指している。たとえば、グーグルは一〇〇〇種類以上のAIツールの開発に取り組み、eメールから翻訳や運転まで、実に様々なタスクを対象にしている。[5]

多くの企業にとって予測マシンは大きな影響力を持つが、その影響力はじわじわと増加するもので、特に目立たない。ちょうど、AIがスマートフォンの写真アプリの多くを改善したケースと同じだ。写真を分類してくれるのは便利だが、アプリの使い方が根本的に変化するわけではない。

しかし、あなたが本書を読んでいるのは、AIが自分のビジネスに根本的な変化をもたらしてくれる可能性に興味があるからだろう。そして、AIツールはふたつの方法でワークフローを変化させることができる。まず、ＡＩによって従来のタスクは時代遅れになり、ワークフローから取り除かれる。そしてもうひとつ、新しいタスクが追加される。具体的な形は、ビジネスやワークフローによって異なるだろう。

ここで、ＭＢＡプログラムに学生を採用する問題について考えてみよう。このプロセスは、私たちにとって非常に馴染み深い。社員の募集や顧客との契約と似たようなプロセスで、企業側か個人側のどちらか一方の立場をあなたも経験しているはずだ。ＭＢＡで学生を募集するためのワークフローは、潜在的な応募者を集めるところから始まり、最終的には、内定に応じてプログラムに参加してくれる学生のグループを確保する。このプロセスは以下の三つの部分に大別される。（１）有望な学生に応募を促すための、複数のステップから成るセールスファネル〔見込み客のしぼり込み〕。（２）誰がオファーを受けてくれそうか検討するプロセス。（３）オファーを出した学生にその承諾を促すためのステップ。どの部分にもかなりの資源を分配しなければならない。

こうした採用プロセスの目標が、最高の学生ばかりを集めたクラスの編成であることは間違いない。しかし、何が「最高」なのかは複雑な問題で、そこには学校の戦略的目標も関わってくる。とりあえずここでは、「最高」の定義が異なるとＡＩツールの設計やワークフロー内のタスクに異なる影響がおよぶという問題は（現実にはそうなのだが）取り上げず、組織が必要とする「最高」の人材に関して、学校は明確な定義を持っていると単純に仮定する。そうなると、応募者を確保した学校は、「最高」という視点から学生をじっくりランク付けすることになる。実際には、採用のためのワークフローには応募者の選抜という中間のステップが存在しており、条件面の提示をどのタイミングで行なうか、そこには奨学金などの金銭的援助を含めるべきかなど、重要な決断が関わってくる。こうした決断を下すためには、最高の学生を絞り込むだけでは十分ではない。最高の学生がオファーを受け入れてくれるには、どんな方法が最も効果的かを予測しなければならない（これはワークフローの後半で行なわれる）。

応募者をランク付けする現行のシステムでは、応募者は大きく三つのランクに分類されるのが典型的だ。（ａ）確実に採用する。（ｂ）ａの学生から断られたら採用する。（ｃ）採用するつもりはない。そうなると、エラーの可能性を増やしかねない行動の長所と短所を見分け、リスク管理することが必要になってくる。たとえば、本来なら（ａ）か、少なくとも（ｂ）に該当する人物を、募集とは関係ない理由で（ｃ）にランク付けしたくはない。同様に、優先度が低い人物を（ａ）にランク付けしたくもない。採用は多次元から成るもので、応募者を大まかにランク付けするような評価方法では、客観的な発想と主観的な発想が混在する。

ではここで、ＭＢＡプログラムがＡＩを開発し、応募書類やそれ以外の情報にＡＩが目を通すと仮定しよう。情報のなかには、提出機会の多いビデオインタビュー、ソーシャルメディアに投稿された公開情報などが含まれる。応募書類や公開情報など過去のデータを分析する訓練をＡＩに受けさせておけば、入手した情報に基づいてすべての応募者が明確にランク付けされ、最高の学生は確実に判明する。このＡＩツールは、採用すべき応募者を選抜するタスクを迅速かつ正確に、しかも低コストでこなしてくれるだろう。では、そんな魔法のようなテクノロジーは、ＭＢＡのワークフローの残りの部分にどんな影響を与えるのか。それが重要な問いになってくる。

ここで仮定している応募者のランク付けのためのテクノロジーは、最高の応募者を予測したうえで結果を教えてくれるが、ワークフロー全体の決断にも影響をおよぼす。早めに採用すべきか（場合によってはほかの大学よりも先に）、金銭的援助を提供すべきか（奨学金など）、特別な機会を提供すべきか（教授陣や著名な卒業生とのランチをセッティングするなど）、といった決断である。しかし、どの決断にもトレードオフがあって、しかも使える資源は限られている。望ましい応募者に関して従来よりも正確なリストが手に入れば、資源を提供する対象としてふさわしい応募者の顔ぶれは変化するだろう。確実に最高ランクだと評価できる応募者には、金銭的援助を積極的に増やそうとするかもしれない。

予測に基づくランク付けは、大学が書類選考する際の決断にさらに大きな影響を与えるかもしれない。大学は少しでも多くの応募書類を受け入れたいが、数があまりにも多すぎると、書類の評価やランク付けに苦労する。しかし予測マシンを使えば、ランク付けのコストは大幅に削減され、その結果、対象となる応募書類を増やすことに伴う見返りが増える。このテクノロジーで応募書類の本気度を評価できれば（魔法のテクノロジーなのだから、不可能ではないだろう）、さらに効果的だろう。大学は応募総数を増やせる。あるいは、ＡＩが応募書類を簡単に選《え》り分けてくれれば、書類の数が増えても実質費用は発生しないため、出願料を下げて無料にすることも可能だ。

最後に、ワークフローにはもっと根本的な部分で変化が生じるかもしれない。ランク付けが迅速かつ正確で、しかも低コストで行なわれるようになれば、大学は応募書類を受け取ってから採用を決定するまでの時間を短縮することができる。ランク付けに十分な信頼性が備わっていれば、書類を受け取るのとほぼ同時に採用を決断することも可能で、そうなればワークフロー全体のタイミングだけでなく、優秀なＭＢＡ候補を確保するための競争力学にも、大きな変化が引き起こされるだろう。

このようなＡＩは仮定の存在にすぎないが、ワークフロー内のタスクにＡＩツールを導入すると、余分なタスク（すなわち人間による応募者のランク付け）が取り除かれ、新たなタスク（すなわち広い範囲を対象にした広告）が追加されることがこの事例からはわかる。もちろん、企業ごとに得られる結果は異なるが、ワークフローを分解してみると、予測マシンが本来の対象について決断を下すだけでなく、それ以外の決断にも影響をおよぼす可能性があるかどうか、評価することもできる。

iPhone独特のキーボードの開発にAIツールはいかに貢献したか

ある意味、あなたのスマートフォンのキーボードは、パソコンのキーボードよりもかつてのタイプライターとの共通点のほうが多い。一定の年齢以上の読者は古いタイプライターを使った経験があって、キーを速く叩きすぎると動かなくなるのを覚えているかもしれない。そのため、今日のキーボードではお馴染みのQWERTY配列が採用された。この配列ならばふたつの隣り合ったキーを同時に叩く可能性が低く、それ以前のタイプライターのような困った事態には陥らない。その代わり、どんなに速いタイピストでも、そのスピードは落ちてしまった。

動作不良のトラブルとはもはや無関係に、QWERTYは存続している。アップルのエンジニアがiPhoneを設計したときには、今度こそQWERTY配列を完全に廃止すべきかどうか議論が戦わされた。それでも従来の形にとどめたのは、親しみやすさが原因だった。実際、当時最大のライバルだったスマートフォン、ブラックベリーに搭載されているQWERTY配列のキーボードはユーザーが病みつきになるほど性能が優れていたので、一般には「クラックベリー」という名前で通用するようになった［クラックはコカインの別名］。

iPhoneにおける「最大の科学プロジェクト」は、ソフトキーボードの開発だった。[6] しかし二〇〇六年の時点でも（iPhoneは二〇〇七年に発売された）、キーボードの性能はお粗末だった。ブラックベリーと競えないどころか、使い勝手が悪すぎて、eメールはもちろん、ショートメッセージを送るのもためらわれた。何が問題かといえば、縦が一二・九センチメートル、横が六・七センチメートルの液晶画面に納めるためには、キーボードが非常に小さくなることだ。これではキーの押し間違いが頻繁に起きてしまう。そこでアップルは、ＱＷＥＲＴＹのレイアウトから離れたデザインの開発に大勢のエンジニアを動員した。

残された時間は三週間。ここで解決策が見つからなければ、プロジェクト全体がお蔵入りになる可能性もあった。ｉＰｈｏｎｅのソフトウェア開発者全員が、別の選択肢を見つけるために行動の自由を許された。そして三週間目の終わりに出来上がったキーボードは、見た目はＱＷＥＲＴＹ配列のキーボードがコンパクトになっただけだが、画期的な微調整が行なわれていた。ユーザーが目にする文字のレイアウトは従来と変わらないが、あるキーに触れると、特定のキーのまわりの部分が拡大されるのだ。たとえば「ｔ」に触れると、つぎに来る文字は「ｈ」になる可能性が高いので、「ｈ」のキーのまわりが拡大する。「ｅ」に触れれば「ｉ」の部分が拡大する。

これはＡＩツールによる成果だ。ほとんど誰よりも早く、アップルのエンジニアは二〇〇六年当時の機械学習を利用して予測アルゴリズムを構築し、ひとつのキーに触れると特定のキーの大きさが変化する仕組みを作り上げたのである。今日では、同じ仕組みを継承したテクノロジーが自動修正型予測テキスト入力を支えている。しかし基本的には、スマートフォンのキーボードがうまく機能したのはＱＷＥＲＴＹのおかげだ。隣のキーを間違って叩かないように配慮された設計のおかげで、隣り合ったキーに連続して触れる可能性はきわめて低く、必要なキーを拡大しても邪魔にならないのである。

ｉＰｈｏｎｅを開発したアップルのエンジニアは、キーボード利用のプロセスを進行させるワークフローを正確に理解していた。ユーザーは必要なキーを確認し、それに触れたあとは、つぎのキーを探す。このワークフローを分解したおかげで、すべてのキーを同じように確認して触れる必要はないことを認識したのである。しかも予測が可能になったおかげで、ユーザーがつぎに向かう先を確認する方法も明らかになった。ＡＩツールを最善の形で取り入れる方法を考案するためには、ワークフローを理解することが欠かせない。

キーポイント

●ＡＩツールはポイントソリューション［特定のチャネルやジャンルに特化していること］を特徴としており、どのツールも特定の分野の予測を行なう。そして、ほとんどのツールは特定のタスクをこなすために設計されている。ＡＩ関連スタートアップ企業の多くは、単一のＡＩツールの構築を大前提にしている。

●大企業を支えるワークフローにおいては、入力から出力へとプロセスが進行する。そしてワークフローは、複数のタスクによって構成される（たとえば、ゴールドマンサックスのＩＰＯのワークフローは、一四六の異なるタスクから成り立つ）。企業がＡＩを導入する方法について決断するときには、まずはワークフローを細かいタスクに分解し、各タスクを対象にＡＩを導入または構築した場合のＲＯＩ（投資対効果）を評価する。そうしたらつぎに、ＲＯＩの視点からＡＩをランク付けして、リストの上から下へと順番に取り入れていく。時には企業がワークフローのどこかにとりあえずＡＩツールを導入してみたら、その部分のタスクの生産性が向上し、直ちに利益を確保できるときもある。しかし、ほとんどのケースは、そんなに簡単ではない。ＡＩツールの導入から真の利益を引き出すためには、じっくりと考え直し、ワークフロー全体の「リエンジニアリング」を行なわなければならない。そのためパソコン革命のときと同じく、主流企業の多くがAIを用いて生産性を向上させるまでには、しばらく時間がかかるだろう。

●AIがワークフローにおよぼす潜在的影響を理解するため、本章ではMBAプログラム応募者のランク付けを予測する架空のAIについて紹介した。この予測マシンから十分な利益を引き出すために、大学はワークフローの再設計に取り組まなければならない。応募書類を人間がランク付けするタスクを取り除くだけでなく、プログラムのマーケティングに関わるタスクを拡大する必要がある。AIを導入すれば、応募総数が増えても利益が増加するからだ（成功を見込める応募者の予測に関しては、人間よりも機械のほうが得意で、しかも応募書類を評価するためのコストが低い）。どの学生は成功する可能性が高いか確信できるようになれば、大学は奨学金や資金援助に関わるタスクを見直す。そして最終的に、学生採用の決断を迅速化した大学は、その利点を生かしてワークフローのほかの要素も調整するだろう。

第一三章　決断を分解する

今日のＡＩツールは、ＳＦに登場する人間並みの知能を持つ機械（しばしば「汎用人工知能（ＡＧＩ）」あるいは「強いＡＩ」と呼ばれる）とは大きく異なる。現世代のＡＩからは、予測のためのツール以外はほとんど供給されない。

ただし、こうした見方がＡＩの価値を損なうわけではない。かつてスティーブ・ジョブズは、「人間が高等霊長類と明確に区別される理由のひとつは、道具を作ることだ」と述べている。そんな道具の具体例のひとつとして彼は自転車を紹介し、おかげで移動に関して、人間はどの動物よりも大きく勝《まさ》る力を手に入れたと説明している。彼はコンピューターについても同じような印象を持ち、つぎのように語っている。「僕にとってコンピューターは、人類がこれまでに発明した最も素晴らしい道具に他ならない。我々の心は、自転車を手に入れた」[1]

今日、ＡＩツールは話し言葉の意図を予測し（アマゾンのエコー）、指示入力のコンテキストを予測し（アップルのＳｉｒｉ）、人びとが購入したいものを予測し（アマゾンのレコメンデーション）、どのリンクに飛べば見つけたい情報にたどり着くかを予測し（グーグル検索）、危険を回避するためにはいつブレーキを踏むべきか予測し（テスラのオートパイロット）、人びとが読みたいニュースを予測する（フェイスブックのニュースフィード）。どのＡＩツールも、ワークフロー全体を引き受けているわけではない。その代わり、予測の役割を引き受け、決断しやすい環境を整える。ＡＩは力の源《みなもと》である。

しかし、自分のビジネスの特定のタスクにＡＩツールを利用するべきか否か、どのように決断すればよいのだろう。実際のところ、どのタスクも中心を支えるのは複数の決断であり、これらの決断には何らかの予測的要素が含まれる。

本章では、ひとつのタスクのコンテキストのなかでＡＩを評価する方法について取り上げる。前章ではワークフローを分解することでタスクという単位を同定し、ＡＩが何らかの役割を引き受けられるかどうかを確認したが、今度はそれぞれのタスクに注目し、タスクを複数の構成要素に分解する方法を紹介していく。

ＡＩキャンバス

私たちＣＤＬは、多くのスタートアップ企業が最新の機械学習関連技術を利用して、新しいＡＩツールを構築するための支援を提供している。相談に訪れるどの企業も、特定のツールの構築を目指している。なかには消費者に狙いを絞っている企業もあるが、ほとんどは法人顧客を対象にしている。この場合には、企業のワークフローのなかからチャンスのありそうなタスクを見つけ出し、そこから何が提供されるか明らかにする作業に集中的に取り組む。具体的にはワークフローを分解し、予測の要素を備えたタスクを確認し、その予測を支えるツールの提供を土台としてビジネスを構築していく。

私たちがスタートアップ企業にアドバイスする際には、決断を複数の構成要素に分解することが役

図13‐1
ＡＩキャンバス

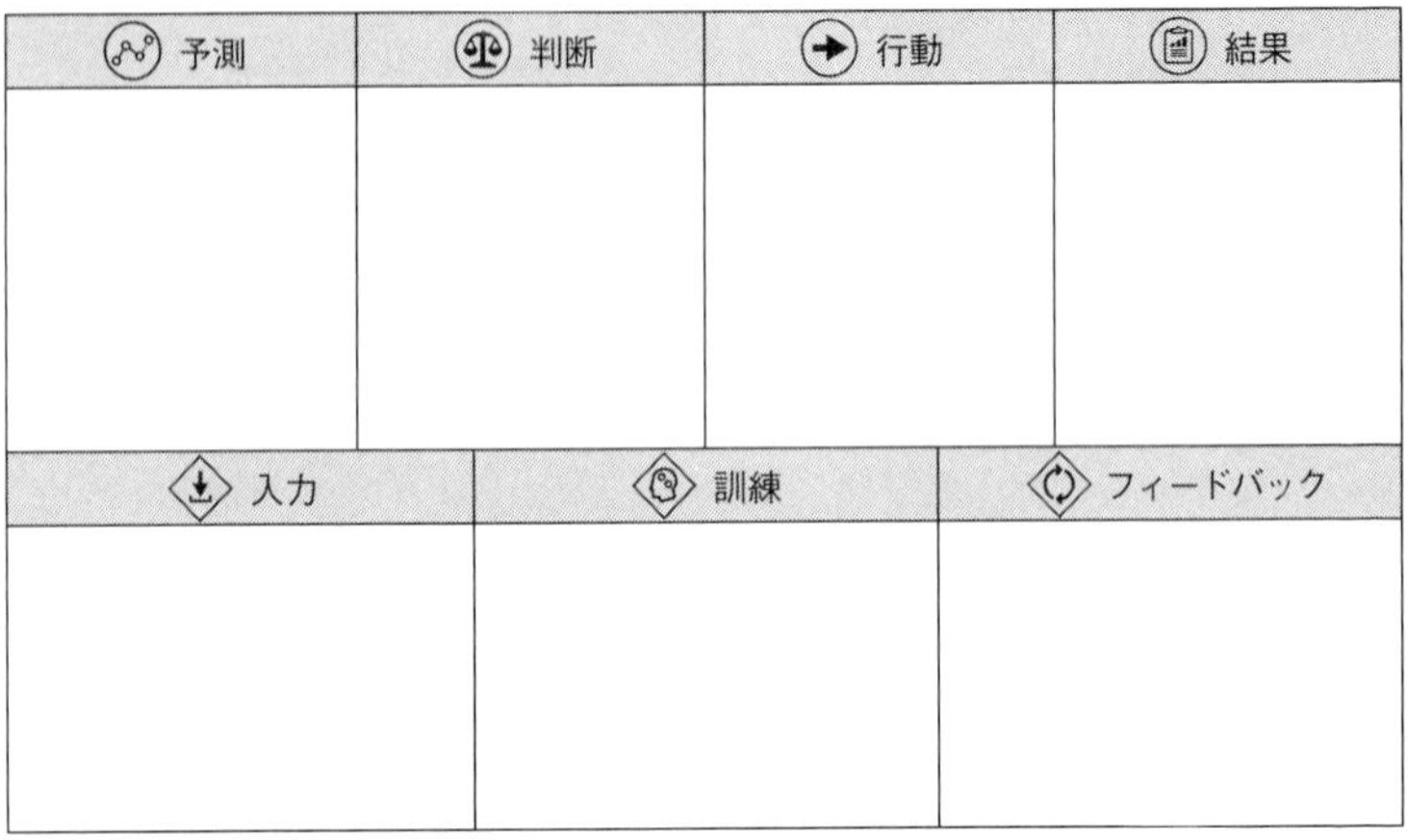

に立っている（図7‐1を参照）。具体的には、予測、入力、判断、訓練、行動、結果、フィードバックの七つだ。このプロセスによって「ＡＩキャンバス」が準備されれば、タスクは分解しやすく、その結果として、予測マシンの潜在的な役割を理解できるようになる（図13‐1）。要するにキャンバスは、熟考のうえでＡＩツールを構築し、あとから評価する作業を補佐してくれる。さらにこれは、タスクについての決断がどんな構成要素に支えられているのか確認するための訓練にもなる。キャンバスでは、各要素を明確に描き出さなければならない。

　キャンバスがどのように機能するのか理解するため、ここではスタートアップ企業のアトムワイズを例にとって説明しよう。アトムワイズが提供する予測ツールは、効果の期待される薬剤候補を発見するために要する時間の短縮を目指している。薬品として利用できる薬物分子は何百万種類も存在するが、すべてを購入・開発して処方薬をテストするのは時間もコストもかかりすぎる。多くのなかからどれをテストすべきか、製薬会社がどのように決断しているのかといえば、これまでの知識や経験に基づいて推測するか、あるいは、効果的な薬品になる見込みが最も高い分子の解明に取り組む研究を頼りに予測するか、いずれかである。

アトムワイズCEOのアブラハム・ハイフェッツは、薬品の科学的側面について以下のように簡潔に説明している。「薬品が効果を発揮するためには、疾患標的と結合しなければならない。肝臓、腎臓、心臓、脳などに存在する、有害な副作用を引き起こすたんぱく質に結合してはならない。『結合したいものに結合し、結合したくないものには結合しない』ことが肝心だ」

したがって、製薬会社が結合親和性を予測できれば、どの分子が最も効果を発揮する可能性が高いか予測することも可能だ。アトムワイズのAIツールは、効果の高そうな薬品を予測・特定するタスクを行なうために開発された。このツールに使われているAIは、分子の結合親和性を予測できる。そのためアトムワイズはランク付けのリストを作成し、特定の異常たんぱく質に対する結合親和性が最も高い分子について製薬会社に情報を提供する。たとえばアトムワイズは、エボラウィルスとの結合親和性が高い上位二〇位までの分子を特定し、その情報を提供することも可能だ。その際には分子それぞれを対象に実験を行なうのではなく、アトムワイズの予測マシンが何百万もの可能性を検討する。製薬会社は、人間と機械の判断や行動を組み合わせてテストを行ない、有力候補となる分子を確認する必要があるが、それでもアトムワイズのAIツールのおかげでコストは大きく下がり、候補探しという第一段階のスピードが加速する。

ここで判断を下すためには、候補となる特定の分子が製薬業界にどれだけの総価値をもたらすかを確認しなければならない。それには疾患の標的を定めることと、副作用の可能性を理解することのふたつが必要とされる。すなわち、テストの対象となる分子を選ぶ際には、特定の病気に狙いを定める

図 13－2
アトムワイズのAIキャンバス

予測	判断	行動	結果
結合親和性	異常たんぱく質の結合親和性と潜在的な副作用のバランス	テストの実施（費用が高い）	テストの結果（テストに成功すれば新薬による治療が実現する）

入力	訓練	フィードバック
たんぱく質の特徴	過去の研究対象になった分子とたんぱく質の結合親和性、ならびに分子とたんぱく質の特徴	自分たちの勧めによって採用された結合に関する新しいデータ

ことから得られる見返りと、副作用に伴うコストの両方について理解しなければならない。「にきびクリームの副作用よりは、化学療法の副作用のほうが我慢できるものだ」とハイフェッツは語る。

アトムワイズの予測マシンは、結合親和性に関するデータから学習している。二〇一七年七月の時点で、結合親和性に関して公開情報から入手したデータポイントは三八〇〇万を超え、それ以外にも購入や独自調査といった手段を通じてデータを確保する。各データには分子やたんぱく質の性質だけでなく、分子とたんぱく質の結合度の測定値に関する情報も含まれる。アトムワイズが分子を推薦すればするほど、顧客からのフィードバックは増えるので、予測マシンはどんどん改善し続けていく。

アトムワイズはたんぱく質の性質に関するデータを確保したうえで予測マシンを利用して、結合親和性が最も高いのはどの分子なのかを予測することができる。さらに、たんぱく質の性質に関するデータを活用し、未だ製品化されていなくても結合親和性が高そうな分子についても予測を行なう。

アトムワイズが分子を選別するタスクを分解するためには、キャンバスの空欄を埋めればよい（図13-2）。その結果、つぎのような具体的内容が明らかになる。

行動：何をするつもりなのか。アトムワイズにとっては、病気の治療や予防に役立つ分子を見つけるためのテストである。

予測：決断するために何を知る必要があるか。アトムワイズが予測したいのは、有力な分子とたんぱく質の結合親和性である。

判断：様々に異なる結果やエラーをどのように評価するか。病気の標的を絞ることの相対的重要性と、考えられる副作用の相対的コストに関して、アトムワイズと顧客は一定の基準を設けている。

結果：タスクの成功を測定する基準は何か。アトムワイズにとって、それはテストの結果だ。最終的に、テストの結果から新薬の開発は決定される。

入力：予測アルゴリズムを実行するためには、どんなデータが必要か。アトムワイズは、異常たんぱく質の性質に関するデータを予測に役立てている。

訓練：予測アルゴリズムを訓練するためには、どんなデータが必要か。アトムワイズは、分子とたんぱく質の結合親和性、ならびに分子とたんぱく質の性質に関するデータを使っている。

フィードバック：アルゴリズムを改善するためには、結果をどのように利用できるか。アトムワイズは将来の予測を改善するため、成功例に限定することなくテストの結果を利用している。

アトムワイズにとってのバリュープロポジション〔企業が提供する商品やサービスの価値〕は、顧客が新薬を開発するまでのワークフローにおいて、予測タスクをサポートするＡＩツールを提供することにある。ここで価値を提供するためには、結合親和性の予測に役立つデータセットを集める必要がある。そして予測の価値が評価されるためには、予測によって開発コストが低下する一方、新薬開発成功の可能性が増加しなければならない。アトムワイズのクライアントは、親和性の高い分子とたんぱく質の様々な組み合わせに伴う見返りに関して社内の専門家が下した判断に、アトムワイズから提供された予測を結びつけて活用している。

MBAプログラムの募集にAIキャンバスを利用する

このキャンバスは、大きな組織にも役に立つ。応用するためにはワークフローをタスクごとに分解すればよい。ここでは、ＭＢＡプログラムにどの学生を受け入れるか決定する際、ＡＩキャンバスを活用する事例について考えてみよう。具体的にどのようになるかを図13‐3に示した。

図 13 - 3
MBAの学生募集のAIキャンバス

予測	判断	行動	結果
卒業してから 10 年後、応募者は最も影響力のある卒業生 50 人のひとりに選ばれているか	上位 50 人を受け入れるケースと偽陽性（上位 50 人に選ばれなかった応募者を受け入れる）のコスト、偽陰性（上位 50 人に選ばれるはずの応募者を選ばなかった）のコスト、そして上位 50 人をターゲットに含めなかったケースそれぞれの相対的価値を決定する	応募者をプログラムに受け入れる	卒業から 10 年後におよぼすグローバルな影響力を測定基準とした場合に、質の高い学生

入力	訓練	フィードバック
= 応募用紙 = 履歴書 = GMAT の得点 = ソーシャルメディア = 結果（影響力の測定）	= 応募用紙 = 履歴書 = GMAT の得点 = ソーシャルメディア	応募者の卒業後のキャリアを毎年アップデートする

キャンバスはどこから始めるべきか。まず、募集の段階で予測が必要になる。最高の評価に値するのはどの学生だろうか。それを予測するのは簡単な印象を受ける。「最高の評価」について定義しておけば問題なさそうだ。学校の経営戦略は役に立つだろう。しかし、曖昧で多面的な経営理念を採用している組織は多い。これでは、マーケティング用のパンフレットの作成には向いているが、AIが予測を行なう対象を特定するためには役立たない。

ビジネススクールは、「最高の評価」について直接的・間接的に定義する戦略をたくさん持っている。それはGMAT［ビジネススクールへの入学希望者を対象に行なわれる入学適正テスト］など、標準テストの得点を最大限活用するシンプルな指標かもしれないし、フィナンシャルタイムズ紙やUSニューズ&リポート誌での学校ランキングの上昇に貢献してくれそうな学生を採用するなど、もっと漠然とした目標かもしれない。質と量の両面でのスキルを兼ね備えた学生も魅力的だろう。あるいは、国際的な人材を求めるかもしれないし、多様性を望むかもしれない。学校は、これらの目標をすべて同時に追求することはできないので、何らかの選択を行なわなければならない。さもないと、あらゆる面で妥協を迫られ、長所がひとつもなくなってしまう。

図13-3では、グローバルなビジネスに対して最大限の影響を持つことを学校の戦略として想定している。この主観的な概念は、地域限定ではなくグローバルな視点に立っており、学生の収入の最大化や富の創造などではなく、影響力の確保を目指している点で戦略的である。

グローバルなビジネスへの影響力をAIが予測するためには、それを測定しなければならない。ここでは、報酬関数の設計が役に立つと仮定しよう。グローバルなビジネスへの影響力を測るための代用となりそうなものが、訓練データのなかに何かあるだろうか。選択肢のひとつは、最も活躍している卒業生を、クラスごとに選び出すことだ。そのようにして、最も大きな影響力を持つ卒業生を、毎年五〇人ずつ選ぶ。もちろん、人選には主観が入り込むが、決して不可能ではない。

グローバルなビジネスへの影響力を予測マシンの目標として設定する際には、特定の学生を受け入れることに伴う価値を判断しなければならない。優秀ではない学生がエリート卒業生として間違って予測され、受け入れた場合のコストはどれくらいだろう。逆に、本来は優秀な学生を間違って平凡な学生と予測して、拒んだときのコストはどれくらいになるか。このトレードオフを評価するのが「判断」であり、これはAIキャンバスの要素のなかでも明白である。

予測の目的が特定されれば、必要とされる入力データを確認するのは難しくない。学生の将来の成績を予測するために必要なのは、応募してくる学生の出願情報である。ソーシャルメディアを使ってもよい。時間が経過すれば卒業後のキャリアに関する情報は増えるので、それをフィードバックとして利用すれば予測は改善される。どの応募者を受け入れるべきかを予測マシンは教えてくれるが、それには予め目的を決め、予測を間違ったときのコストについて判断しておくことが欠かせない。

キーポイント

●予測マシンをどの部分に採用できるか理解したければ、ワークフローをタスクごとに分解しよう。そうすれば、予測の改善によってもたらされる利益だけでなく、予測に伴うコストも評価できる。適切な評価を下したら、AI導入によるROI（投資対効果）をランク付けし、最上位から順番に、予想されるROIが理に適っているかぎりは実行に移せばよい。

●AIキャンバスは、ワークフローを分解するプロセスに役立つ。あらゆる決断やタスクに関してAIキャンバスの空欄を埋めてみよう。そうすると分解のプロセスに規律や構造が備わるので、必要な三つのタイプのデータすべて――訓練、入力、フィードバック――が明確に理解できる。さらに、何を予測すべきか、異なる行動や結果の相対的な価値を評価するにはどのように判断すべきか、どんな行動や結果が可能か、ひととおり正確に確認できるようにもなる。

●ＡＩキャンバスの中心を占めるのは予測だ。具体的には、タスクの中心を支えるのはどんな予測なのか確認しなければならず、それにはＡＩの洞察が必要だ。この質問に答えるため、経営陣のあいだでは「我々の真の目的は何か」と、しばしば組織の存亡をかけた議論が展開される。しかし予測においては、経営理念ではまず見られないほどの綿密さが必要とされる。たとえばビジネススクールの場合、「最高の」学生の採用を目指すと宣言するのは簡単だが、具体的に予測するためには、「最高」の意味をきちんと把握しておかなければならない。卒業後に最高の報酬を提供される学生なのか、五年以内にＣＥＯに就任する可能性が最も高い学生なのか。それとも多様性を備えた人材だろうか。いや、卒業後に貢献してくれる可能性が最も高い学生だろうか。利益の最大化のように一見すると単純な目的でさえ、第一印象ほど単純ではない。たとえば、利益の最大化につながる行動を予測するといっても、それはいつのことだろう。今週、今四半期、今年、この一〇年間のいずれだろうか。企業はＡＩ戦略の第一歩として、しばしば基本に立ち返って目的を設定し直し、経営理念の具体化に取り組まなければならない。

第一四章　仕事の再編

AIやインターネットが出現する以前、コンピューター革命が起きた。コンピューターは計算を正しく、しかも安上がりに行なった。特に、たくさんの項を足し合わせるのが得意だった。最初の人気アプリのひとつは、簿記の計算の負担を軽減した。

これを閃《ひらめ》いたのは、コンピューター・エンジニアのダン・ブルックリンである。MBAの取得を目指していたとき、彼はハーバード・ビジネススクールのケースメソッドで様々なシナリオを評価するために計算を繰り返さなければならず、不満を募らせた。そこで計算を行なうコンピュータープログラムを書いてみたところ、非常に役に立ったので、その後はボブ・フランクストンと共に、アップルⅡコンピューターに搭載されるヴィジカルクを開発した。ヴィジカルクはパソコン時代の最初の人気アプリとなり、多くの企業がこれを理由にオフィスへのコンピューター導入に踏み切った。[1]ヴィジカルクは計算にかかる時間を従来の一〇〇分の一に短縮しただけではない。おかげで企業は、以前よりもずっと多くのシナリオを分析できるようになった。

当時、計算は簿記係の仕事だった。一九七〇年代の終わりには、アメリカだけで四〇万人以上の簿記係が働いていた。ところが表計算ソフトは、彼らにとって最も時間のかかる作業、すなわち計算を取り除いてしまった。これで簿記係の職は失われたと思われるかもしれない。しかし、失業を嘆く簿記係の声は聞かれないし、反発を強めた彼らが表計算ソフトの普及を妨害したわけでもない。なぜ簿記係は、表計算ソフトを脅威と見なさなかったのだろう。

それは、ヴィジカルクという表計算ソフトのおかげで、実際のところ簿記係の価値は上昇したからだ。表計算ソフトが導入されると、計算は楽になった。どれくらいの利益を期待できるのか、仮定の部分をいろいろに変えると利益がどのように変化するのか、いまでは簡単に評価することができる。何度でも繰り返し計算できるので、ビジネスのスナップ写真ではなく、動画が手に入ると言ってもよい。ひとつの投資が利益をもたらすかどうか確認するのではなく、予測条件をいろいろと変えながら複数の投資を比較したうえで、最善のものを選ぶことができる。ただし、どの投資を試すかについての判断は、人間が下さなければならない。表計算ソフトは計算の答えを簡単に出してくれるので、このプロセスでは質問することへの見返りが大きくなる。

表計算ソフトが登場する以前に苦労して計算に取り組んでいた人たちは、コンピューター化された表計算ソフトに的確な質問をするのに最もふさわしい立場にいた。したがって職を奪われるどころか、大きな力を手に入れたのである。

このようなタイプのシナリオ、すなわち機械がすべてのタスクではなく、一部のタスクを引き受けて仕事が強化されるシナリオは、ＡＩツールが導入されれば自然に普及していくだろう。今後、仕事を構成するタスクは変化する。なかには予測マシンによって不要になるタスクもあるだろう。空き時間のできた人たちが補充されるタスクもあるはずだ。そして多くのタスクでは、かつては必要不可欠だったスキルが評価されなくなり、代わりに新しいスキルが注目される。簿記係が表計算ソフトを魔法使いのように操るようになったのと同じく、ＡＩツールのおかげで広範囲にわたって様々な仕事が再編され、同じように劇的な効果がもたらされるだろう。

本書が提示するプロセスにのっとってＡＩツールを導入すれば、どの結果を重視すべきなのかを見定めることができる。そこにはワークフロー全体の評価も含まれており、ツールの導入を一定の仕事の範囲内（部門）におさめるのか、それとも仕事の壁を超えて（組織に）導入するのか考えなければならない。そうしたら、つぎはワークフローをタスクごとに分解し、各タスクに予測マシンを導入したら良い結果が出るかどうかを検討する。それがすんだら、タスクを再びまとめて仕事を編成し直すのだ。

自動化におけるミッシングリンク

なかには、職務に関連するすべてのタスクの完全な自動化がゴールとなるケースもあるが、ＡＩツールを導入すればそれが簡単に実現するわけではない。完全な自動化を目指すワークフローには、（容易には）取り除けないタスクが含まれるからだ。そこには、当初はスキルのレベルも重要度も低いとしか思えないタスクも含まれる。

一九八六年のスペースシャトル・チャレンジャー号の爆発事故は、ロケットブースターのたったひとつの部品が原因だった。それは、直径一センチメートル程度の密閉用のＯリングだ。これが破損したため、シャトルは発射直後に爆発したのである。タスク全体を自動化したくても、このようにひとつの部品が欠落しただけで全体は機能しなくなるのだから、あらゆるステップについて慎重に考えなければならない。自動化においては小さなタスクが非常に厄介な失われた環《ミッシングリンク》となって、仕事の再編が根本的に制約される恐れがある。したがって、このようなミッシングリンクの解決に役立つＡＩツールが導入されれば、大きな効果がもたらされるだろう。

ここで、フルフィルメントサービス〔商品の受注から決済にいたるまでの業務全般〕業界について考えてみよう。オンラインショッピングが急増したおかげで、この二〇年間に急成長を遂げた業界である。小売全般、なかでもｅコマース（電子商取引）において、フルフィルメントサービスは中心的な役割を果たしている。注文を受けて発送準備を整え、顧客のもとに送り届けるまでのプロセスから成るｅコマースには、たくさんのステップが関わってくる。大きな倉庫のような施設で目的のアイテムを見つけ、棚からそれを取り出し、在庫管理のためにスキャンする。つぎにアイテムをトートコンテナに載せ、梱包し、箱にラベルを貼って出荷したら配達準備が整い、顧客のもとに送り届けられる。

当初、フルフィルメントサービスへの機械学習の応用の多くは、在庫管理に関連していた。どのアイテムが売れそうか、需要が少なく追加注文の必要がないのはどのアイテムかといった予測を行なった。こうした予測を手がけるタスクは、オフラインでの小売や倉庫管理の重要な部分として何十年も定着してきたもので、機械学習技術はさらなる改善のために役立った。

この二〇年間、フルフィルメントサービスでは在庫管理以外の多くの部分も自動化された。たとえば、フルフィルメントセンターで働く作業員は、必要なアイテムを見つけてトートコンテナに載せるため、倉庫内を歩き回って勤務時間の半分以上を過ごしていることが調査によって判明した。そのため複数の企業では、棚を作業員のほうへ移動させる自動プロセスを開発し、無駄に歩き回る時間の削減につなげた。この市場の最大手企業のキヴァは二〇一二年に七億七五〇〇万ドルでアマゾンに買収され、最終的にはほかの顧客へのサービス提供を停止した。その後も、社内フルフィルメントセンターやサードパーティー・ロジスティクス事業者〔物流を委託される企業〕の市場は拡大し続け、需要を満たすためにキヴァ以外の事業者が台頭している。

自動化がかなり進んだものの、フルフィルメントセンターには未だに多くの人間が配属されている。基本的には、物品を取り出して人間のもとに移動する作業はロボットでも可能だが、「ピッキング」の業務は未だに人間を必要としている。ピッキングとは、どの物品をどこに仕分けるか確認し、目的地まで運ぶ作業である。実際のところ、仕分けを正確に把握するのはきわめて困難なので、この部分が最終的に最大の課題として残された。この役割を人間が引き受けているかぎり、倉庫は自動化の潜在能力を十分に生かすことができない。室温を適度に保ち、歩き回れるスペースを確保し、休憩室や洗面所を設け、盗難防止用の監視カメラを設置するなど、人間に配慮した環境を整えなければならないからだ。それにはかなりの費用がかかる。

フルフィルメントサービスで人間の役割が継続しているのは、人間は状況を把握する能力がかなり優れているからだ。何に手を伸ばして取り出し、それをほかのどの場所に置くべきか、きちんと把握できる。そのため、このタスクはこれまで自動化を逃れてきた。

休日の繁忙期には、アマゾンだけでもピッキング担当の人間の作業員がフルタイムで四万人、パートタイムで何万人も動員される。人間の作業員が処理できるピッキングの件数は、一時間でおよそ一二〇。フルフィルメントサービスを大量に手がける企業の多くは、ピッキングを自動化したいと考えている。この三年間、アマゾンは状況の把握という長年の懸案を解決するため、世界最高のロボットチームの導入を目指している。その一環として行なわれているのが、アマゾン・ピッキング・チャレンジというコンテストだ。参加するロボットたちは、自由に動き回れる倉庫内でピッキングの能力を競い合う。トップのチームはＭＩＴなど優秀な機関から参加しており、バクスター、安川モートマン、ユニバーサル・ロボッツ、ＡＢＢ、ＰＲ２、バレット・アームなどの高度な産業用ロボット機器を利用しているところも多い。それでも本書の執筆時点では、いずれも産業利用にはいたっていない。

車を組み立て、飛行機を飛ばすことに関して、ロボットは完璧な能力を備えている。ではなぜ、アマゾンの倉庫で物品を拾い上げ、箱に入れることができないのだろう。この程度のタスクは比較的単純な印象を受ける。ただし、ロボットが車を組み立てられるのは、部品が規格化されプロセスがかなり定型化されているからだ。これに対してアマゾンの倉庫では、アイテムの形状やサイズや重さ、さらに固さもほぼ無制限に多様だ。アイテムが置かれている棚の配置も様々で、長方形以外の物品は扱い方が異なる。要するに、倉庫での状況把握という問題は「イフ」が際限なくつきまとうことが特徴で、車の組み立て工場と違って「イフ」がほとんどないように設計されているわけではない。つまり、ロボットが倉庫の状況を把握するためには、物品を「目で確認」し（イメージを分析する）、物品にどれだけの圧力を加えてどんな角度から取り出せば、落としたり壊したりせず運搬できるのかを予測しなければならない。フルフィルメントセンターで多種多様な物品の状況を把握する作業では、たくさんの予測を正確に行なわなければならない。

状況把握の問題の研究においては、ロボットに人間を模倣させるための訓練の一環として強化学習が利用される。たとえば、バンクーバーを拠点とするスタートアップ企業のキンドレッド――スザンヌ・ギルダート、ジョーディー・ローズ、それに本書の著者のひとり（アジェイ）が参加するチームによって創設された――は、キンドレッド・ソートと呼ばれるロボットを利用している。これは自動化ソフトウェアが搭載されたアーム型ロボットだ。[2] 物品を見つけて行き場所を確認するところまでは自動的に作業が進められ、そのあとはVR（バーチャルリアリティ）のヘッドセットを装着した人間が、ロボットのアームを動かして物品を拾い上げ、目的地まで移動させる。

反復練習の一回目では、倉庫から離れた場所にいる人間が、フルフィルメントサービスのワークフローのミッシングリンクを埋める作業に取り組む。ロボットアームを遠隔操作しながら、物品にどんな角度で近づき、つかむときにはどれだけの圧力をかけるべきか決めていくのだ。しかし最終的にキンドレッドが目指すのは、人間が遠隔操作によって状況を把握する様子を何度も観察して訓練された予測マシンが、人間の役割をロボットに教えるようになることだ。

放射線画像診断医の訓練をやめるべきか

二〇一六年一〇月、ＣＤＬでは機械知能ビジネスに関する年次カンファレンスが開催された。ここで六〇〇人の聴衆を前にして、ニューラルネットワークによるディープラーニングのパイオニア、ジェフリー・ヒントンはつぎのように宣言した。「我々はいますぐ、放射線画像診断医の訓練をやめるべきだ」。放射線画像診断医の主な仕事は、画像を読み取ったうえで、病気の可能性が疑われる異常部分を見つけることである。しかしヒントンの見解によれば、画像から医学的に重大な問題を確認する作業に関して、どんな人間よりもＡＩが上手にこなせる日の到来は近いという。実際のところ放射線画像診断医は、機械に職を奪われるのではないかと一九六〇年代のはじめから不安を抱いてきた[3]。では、今日のテクノロジーは従来と何が違うのだろう。

機械学習技術は、欠落している情報を予測する能力をどんどん高めており、そこには画像のなかから特定の対象物を確認・認識する能力も含まれる。いまでは新たに画像を提供されると、病気が確認された事例と確認されなかった事例の双方を含む過去の何百万枚もの画像と効率よく比較して、新しい画像に病気の症状が見られないかどうか予測することができる。こうしたパターン認識による病気の予測は、まさに放射線画像診断医の仕事である[4]。

質疑応答システムのワトソンを開発したＩＢＭだけでなく、多くのスタートアップ企業がすでに放射線医学の分野でＡＩツールを商業化している。ワトソンは肺塞栓症や心臓の様々な異常を確認できる。そしてスタートアップ企業のひとつエンリティックは、ディープラーニングを使って肺結節を（決められた方法で）発見するだけでなく、（複雑な方法で）骨折も見つけ出す。こうした新しいツールは、ヒントンが予測した未来で中心的な役割を果たすもので、放射線画像診断医や病理学者のあいだでも議論の主題になっている。[5]

新しいアプローチは、放射線画像診断医の未来について何を示唆しているだろう。放射線画像診断医が画像の読み取りにかける時間は少なくなるはずだ。しかし、プライマリケア医（総合診療専門医）や放射線画像診断医へのインタビュー、それに経済原理に関する信頼できる知識に基づいて考えてみると、画像診断の分野でこれからも人間の専門家に残される重要な役割がいくつか見えてくる。まず、これは最もわかりやすいが、中短期的には、特定の患者の画像の診断結果は今後も人間が決断する必要がある。画像撮影はコストを伴う。時間がかかるし、（画像技術の種類によっては）放射線被《ひ》曝《ばく》が放射線画像診断医の健康に悪影響をおよぼしかねない。しかしＡＩツールによって画像撮影のコストが低下すれば、その分だけ画像撮影の枚数は増加する。そうなれば短期的にも中期的にも、人間の仕事は残されるだろう。人間が画像撮影にかける時間は減少しても、それを相殺する形で撮影される画像の枚数が増えるので、人間が決断を下す機会は失われない。[6]

第二に、放射線画像診断医には診断専門の医師と、画像診断機器を使った治療（インターベンショナル・ラジオロジー）が専門の医師の二種類が存在する。そして、機械の物体認知能力の進歩によって変化が引き起こされるのは、診断専門の医師のほうだ。インターベンショナル・ラジオロジー専門の医師は、リアルタイムで提供される画像を医療処置のために役立てることができる。現時点では、ここには人間の判断力と熟練の技が必要で、ＡＩの進歩の影響を受けにくい。むしろ以前より確認しやすい画像が提供されれば、画像を使った治療はスムーズに進むようになるだろう。

第三に、放射線画像診断医の多くは「医者のための医者」を自認している。[7] 画像の意味をプライマリケア医に伝えるのは、大切な仕事のひとつである。ここで厄介なのは、放射線画像の解釈（放射線画像診断医のあいだでは「スタディ」と呼ばれる）がしばしば確率に頼ることだ。「これがXという病気の確率は七〇パーセント、病気ではない確率は二〇パーセント、Yという病気の確率は一〇パーセントです。でも二週間後にこの症状が現れたら、Xという病気の確率は九九パーセント、病気ではない確率は一パーセントでしょう」といった具合だ。しかし、プライマリケア医の多くは統計学を十分に学んでいないので、確率や条件付き確率の解釈に苦しむ。そのため数字の解釈を放射線画像診断医に手伝ってもらってから、患者にとって最善の行動方針を決断する。ずっと先になれば、医者に代わってＡＩが確率を教えるようになるだろうが、少なくとも短期的、あるいは中期的にも、ＡＩによって撮影された画像をプライマリケア医のために解釈する役割を放射線画像診断医が奪われることはないだろう。

第四に、テクノロジーが改善されて新しい画像装置が登場すれば、その装置で撮影される画像の解釈方法について、放射線画像診断医が機械に訓練を施さなければならない。画像解釈に天才的手腕を発揮する一握りのカリスマ放射線画像診断医がこの役目を引き受け、診断方法について機械が学ぶ手助けをすることになる。これらの放射線画像診断医はＡＩを通じ、優れた診断スキルを伝えながら機械を訓練していく。彼らが提供するサービスは重宝されるだろう。従来のように患者を診察して報酬を得なくても、新しい技術をひととおりＡＩに教え、訓練を受けたＡＩが患者の役に立てば見返りは手に入る。[8]

いま紹介したように、診断専門の放射線画像診断医の仕事には主にふたつの側面がある。画像を調べることと、診断を依頼されたプライマリケア医に評価を伝えることだ。評価はしばしば診断として伝えられるが（「この患者はほぼ確実に肺炎です」など）、多くのケースでは否定的な表現が使われる（「肺炎の可能性は排除できないでしょう」など）。このように、病状の予測を聞かされたプライマリケア医は、それに基づいて治療法を考案することができる。

ただし、予測マシンは不確実性を減らしてくれるが、完全に取り除いてくれるわけではない。たとえば、つぎのような予測を立てるかもしれない。

> パテル氏の人口統計学的属性と画像に基づいて評価するかぎり、肝臓に認められるしこりが良性である確率は六六・六パーセント、悪性の確率は三三・三パーセント、しこりではない確率は〇・一パーセントである。

予測マシンが間違える余地のないレベルで悪性か否かを明確に伝えてくれれば、今後の対処法がはっきりするのだが、現時点ではそのレベルに達していない。医者はもっと詳しい情報を得るために、生検など侵襲的手段を依頼するべきかどうか検討しなければならない。生検はリスクの低い決断だ。コストはかかるが、より確実な診断が得られる。

予測マシンの役割は、生検を行なう必要はないことを医者が確信するための手段だと言ってもよい。非侵襲的手段のほうが（特に患者にとって）コストは低い。患者が（生検など）侵襲的な検査を回避できるかどうか、医者が予測マシンからはっきり伝えられれば、治療や細かい分析を控える選択肢を迷わずに選べる。機械による予測が向上すれば、侵襲的な検査が行なわれる回数は減少するだろう。

そうなると、画像診断において人間の専門家が果たす五番目にして最後の役割は、侵襲的な検査の実施を判断することになる。異常なしの可能性が高いと機械が示唆しても、最後は人間の判断に委ねられる。医者は患者の健康全般についての情報を持っているし、偽陰性の疑いなどデータの質が原因で患者に精神的ストレスがかかる可能性についても理解できる。このような情報をコード化して機械に搭載するのは簡単ではない。情報は、確率の解釈に関する専門知識を持っている放射線画像診断医と、患者のニーズを理解しているプライマリケア医との会話を通じて手に入る。この情報により、手術をすべきでないというＡＩの指示を無視することもあるだろう。

このように中短期的には、画像診断においては人間に五つの役割が確実に残される。画像を選択すること、医療の現場でリアルタイムに画像を利用すること、機械から提供された結果を解釈すること、新しいテクノロジーに関して機械を訓練すること、そしておそらく機械には手に入らない情報に基づき、予測マシンの勧めを無視してでも最終的な判断を下すことの五つだ。放射線画像診断医の未来は、これらの役割を引き受けられる立場を確保しているかどうかに左右される。ほかの専門家に取り換えられても、（画像が撮影されたら直ちに放射線画像診断医が生検の分析も行なうような）放射線画像診断医と病理学者を組み合わせた新しい仕事が生まれても、自分の立場を確保することは可能だ。[9]

「運転手」以上の存在

なかには、存在し続けるけれども新たなスキルが求められる仕事もあるだろう。特定のタスクを自動化すると、仕事にとって重要でも従来は過小評価されてきたタスクがクローズアップされる可能性が考えられる。ここではスクールバスの運転手について考えてみよう。学校と子どもたちの自宅との往復運転は、大事な仕事だ。自動運転の時代が到来すると、運転手としての仕事そのものは消滅するだろう。オックスフォード大学のカール・フレイとマイケル・オズボーンは仕事の遂行に必要なスキルのタイプについて調べたうえで、スクールバスの運転手（公共バスの運転手とは区別される）の仕事が今後一〇年から二〇年のうちに自動化される確率は、八九パーセントに達すると結論づけた[10]。「スクールバスの運転手」と呼ばれる人物が、子どもの自宅と学校を往復するバスの運転をしなくなったら、給料を支払う必要のなくなった自治体はそのぶんを別の支出にまわすべきなのだろうか。いや、そうはならない。バスが自動運転になったとしても、現在のスクールバスの運転手は運転のほかにもたくさんの役割を引き受けている。まず彼らには、大人として大勢の学童の集団を監督する責任があり、バスの外で発生する危険から子どもたちを守らなければならない。同じように重要な役割が、バスのなかの規律を維持することだ。子どもたちを管理して、お互いにトラブルを起こさないよう配慮するためには、人間の判断が未だに必要とされる。バスが自動的に動いても、こうした補足的なタスクが消滅するわけではない。むしろ、バスに同乗している大人はこれらのタスクにもっと集中できるようになる。

　そうなるとおそらく、「スクールバスの運転手と称される立場の職員」のスキルセットは変化するだろう。今日よりも、教師のようにふるまう機会が増えるかもしれない。ここで肝心なのは、自動化は人間からタスクを奪っても、かならずしも仕事を奪うわけではないことである。雇用者から見れば、誰かに引き受けてもらいたい仕事は残される。そして雇われる立場から見れば、その誰かが自分以外の人間になるリスクが考えられる。

　タスクが自動化されると、実際のところ仕事は何から構成されているのか、そこで人間は何を行なうのか、慎重に考えざるを得ない。たとえばスクールバスの運転手と同じく、長距離トラックの運転手も運転をするだけではない。アメリカでは、トラックの運転は最大の職種のひとつで、自動化の候補として検討される機会も多い。映画「ＬＯＧＡＮ／ローガン」では、コンテナと車輪だけから成るトラックが道を走る近未来が描かれている。

しかし、無人トラックが大陸を横断して移動しているところなど、本当に目撃するようになるのだろうか。そこで、監督者となるべき人間が近くにいる時間がほとんどないと、トラックはどんな課題に直面するのか考えてみよう。まず、トラックも積荷もハイジャックや窃盗の対象になりやすい。人間が前方に立ちはだかればトラックは走行できないし、簡単に標的にされてしまう。

この場合、解決策ははっきりしている。人間がひとり、トラックに乗ればよいのだ。乗っているだけのタスクなら、運転するよりもずっとやさしい。しかもトラックは、何度も止まったり休憩したりせずに長距離を運転できる。自動運転ならば、ひとりの人間が超大型のトラックを、場合によっては何台も連ねて走らせることも不可能ではない[11]。そのときは、列をなすトラックの少なくとも一台には人間用の座席があって、そこに乗り込んだ人間が車列を守り、目的地に到着するたびに物流管理や荷物の積み下ろしに関わる問題の処理に当たり、途中で突発事態が発生したら安全に誘導していく。これだけの仕事を現時点で取り除くことはできない。現在のトラック運転手は運転以外のこうしたタスクの経験が豊富で最も適任なので、運転手の役割が見直されても真っ先に採用されるだろう。

キーポイント

●仕事はタスクの集合体である。ワークフローを分解したうえでAIを導入すると、以前は人間が行なっていたタスクの一部は自動化される。さらに、自動化されずに残されたタスクの序列や重要性が変化するだけでなく、新しいタスクが生まれるかもしれない。したがって、仕事を構成するタスクの全体像も変化する可能性がある。

●AIツールを採用すると、仕事には以下の四つの結果がもたらされる可能性がある。

1. 表計算ソフトと簿記係の事例が示すように、AIツールは仕事を拡大する。
2. フルフィルメントセンターの事例が示すように、AIツールは仕事を請け負う。
3. 放射線画像診断医の事例が示すように、AIツールの採用は仕事の再編につながり、一部のタスクが新たに加えられ、一部のタスクが取り除かれる。
4. スクールバスの運転手の事例が示すように、AIツールが採用されると、特定の仕事で必要とされる特定のスキルの重要度が変化する。

●AIツールは一部のスキルへの相対的な見返りに変化を引き起こすので、仕事に最適な人材のタイプにも変化が生じる。簿記係のケースでは、表計算ソフトの登場をきっかけに、計算機を使ってたくさんの計算を素早く処理できる能力への見返りは減少した。その一方、優れたシナリオ分析能力を持つ新しいテクノロジーを十分に活用するため、的確な質問ができる能力への見返りは増加している。

第四部

戦　略

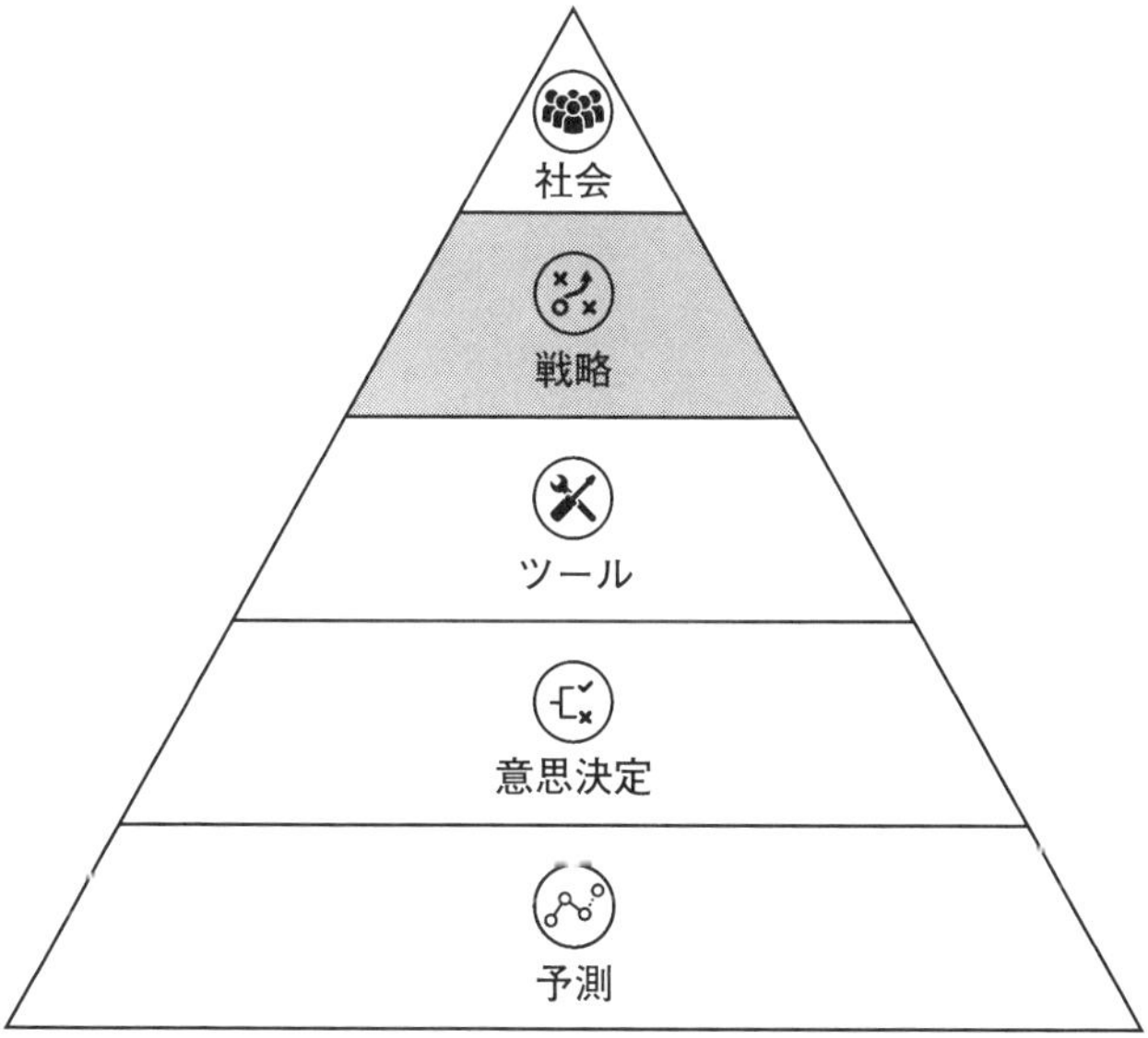

第一五章　経営層にとってのAI

二〇〇七年一月、スティーブ・ジョブズがステージ上をゆっくり行き来しながらiPhoneを世界に紹介したとき、「これでタクシー業界は一巻の終わりだ」という感想はひとつもなかった。ところが二〇一八年まで時間を早回ししてみると、まさにそのような状況が発生しているような印象を受ける。この一〇年間でスマートフォンは、単なるお利口な電話《スマートフォン》から進化を遂げた。いまでは、あらゆる種類の産業に混乱や変化を引き起こしているツールにとって、必要不可欠なプラットフォームになっている。「パラノイアだけが生き残る」という辛辣《しんらつ》な発言で有名なアンディ・グローブでさえ、非常に伝統的な産業にまでスマートフォンが瞬く間に普及することを予測できたのは、よほど重度のパラノイアだけだと認めなければならないだろう。

AIや機械学習の近年の進歩を見れば、この新しいイノベーションが過去に発明された素晴らしいテクノロジーの数々に比肩するもので、同様に時代を変えていくことは間違いない。電気、車、プラスチック、マイクロチップ、インターネット、スマートフォンのどれにもひけをとらない。経済史を振り返れば、こうした汎用テクノロジーがどのように普及して変革をもたらしていくのか理解できる。その一方、最も破壊的な変化がいつどこで、どのように起きるのか予測するのは難しい。しかし、何に注目すべきか、どうすれば時代を先取りできるか、新しいテクノロジーが単なる興味の対象の段階を卒業し、変革力を持つのはいつごろになりそうか、私たちは学習してきた。

あなたが属する組織の経営陣が、ＡＩを重要な議題項目とするのはいつだろう。経営方針の変更はＲＯＩ（投資対効果）の計算に基づいて行なうことができるが、戦略的な決断にはジレンマが伴う。リーダーは不確実な状況に取り組まなければならない。組織の一部にＡＩを採用すれば、別の部分で変更を迫られるかもしれない。そして、何かを採用するといった決断が組織のなかで効力を発揮するためには、ビジネス全体を統括する人物、すなわちＣＥＯの権限が欠かせない。

では、ＡＩがこのようなカテゴリーに当てはまるのはいつごろになるだろう。予測にかかるコストが十分に低下して、戦略に変化を引き起こすようになるのはいつだろう。そしてこれが実現した場合、ＣＥＯはどんなジレンマに直面する可能性があるだろうか。

ＡＩはいかにビジネス戦略を変革するか

第二章では、予測マシンの性能が十分に向上したらどうなるかについて推測した。たとえばアマゾンは、特定の顧客が何をほしいのか確信を強めた結果、ビジネスモデルを変更させる可能性がある。購入されたものを発送する「ショッピング・ゼン・シッピング」モデルから、発送したものを購入してもらう「シッピング・ゼン・ショッピング」モデルへと移行して、顧客がほしいアイテムを予想して先に送り届けるようになるかもしれない。このシナリオには三つの要素がわかりやすい形で含まれている。三つの要素がそろえば、ＡＩツールへの投資は運用レベルの決断から戦略レベルの決断へとシフトするだろう。

まず、戦略的ジレンマやトレードオフが存在しなければならない。たとえばアマゾンが「シッピング・ゼン・ショッピング」モデルを採用した場合のジレンマは、売上が増える一方で、消費者が返品したい商品も増えてしまうことだ。返品コストが高すぎれば、「シッピング・ゼン・ショッピング」モデルのＲＯＩは、従来の「ショッピング・ゼン・シッピング」モデルのＲＯＩよりも低くなってしまう。しかも現時点では、何らかの技術的変化が生じる気配は見られない。そのためアマゾンは、ほかのほとんどの小売業者と同じく、「ショッピング・ゼン・シッピング」モデルを継続しているのだ。

第二に、不確実性を減らすことによって解決できる類の問題であることだ。アマゾンの場合、新しいモデルで消費者の需要を確実に把握することはできない。しかし、消費者が何を購入するのか、自宅まで送り届けられたら購入するものは何か正確に予測できるようになれば、返品の可能性は減少して売上は増加する。不確実性の減少は、ジレンマに伴う利益を高めるとともに、コストを下げることができる。

このような形の需要管理は新しく誕生したものではなく、リアル店舗の存在理由のひとつになっている。リアル店舗は個々の顧客の需要を予測できないが、顧客の集団の需要ならば予測可能だ。店を訪れる顧客から集めた情報は、個々の顧客の需要の不確実性に対抗するための力強い味方になっている。個々の家庭ベースの「シッピング・ゼン・ショッピング」モデルに移行するためには、個々の顧客の需要に関してもっとたくさんの情報を集めなければならない。そうすれば、リアル店舗の競争上の優位を覆すことも可能だ。

三番目に、不確実性を減らし、戦略的ジレンマのバランスに変化を引き起こすことのできる予測マシンの存在だ。アマゾンの場合には、顧客の需要を正確に把握できるモデルがあれば「シッピング・ゼン・ショッピング」モデルに価値が備わる。その結果、売上の増加による利益が返品のコストを上回る。

かりにアマゾンがこのモデルを採用すれば、ビジネスにはさらなる変化が引き起こされるだろう。たとえば、返品を回収して発送先に戻すサービスに必要なコストを削減するためには、新たな投資が必要だ。顧客への配慮が重視される宅配市場はすでに競争が激しいが、製品返品市場はまだ十分に発達していない。配達と返品を引き受けるトラックが一定の地域を毎日周回できるよう、アマゾンが率先してインフラを整備すれば、垂直統合の結果として年中無休の返品ビジネスが確立される。アマゾンは事実上、ビジネスの境界を顧客の玄関先まで広げることができるのだ。

このような境界のシフトは、すでに実現している。一例が、ドイツのｅコマース・ベンチャーのオットーだ。[1] 消費者が店舗ではなくインターネットで購入する際の大きな障害は、配達日が不確かなことである。配達日に関して不愉快な経験をした消費者は、サイトを二度と訪れない可能性も考えられる。たとえばオットーは、配達日が遅れる（本来の予定よりも数日遅れるなど）と返品が増えることを発見した。待たされている消費者は仕方なく店舗で同じ製品を見つけ、そこで購入するからだ。これではせっかくオットーが製品を販売しても、返品によってコストが膨らんでしまう。

では、消費者に製品を送り届けるための時間は、どうすれば短縮されるだろう。消費者が何を注文するか予想して、それを近くの流通センターに保管しておくのはひとつの方法だ。しかし、このような在庫管理そのものにコストがかかる。余計なコストをかけないためには、本当に必要になりそうなものだけを在庫しておくべきで、そのためには消費者の需要を正確に予測しなければならない。オットーは過去の取引三〇億回分のデータベース以外にも、何百種類もの可変情報（検索語や人口統計学的属性など）を確保しているおかげで、機械に予測を任せることができた。いままでは、一カ月以内にどんな製品が売れそうか、九〇パーセントの精度で予測可能だ。さらにこれらの予測に基づいて、オットーは物流を刷新した。その結果、在庫は二〇パーセント減少し、年間の返品は二〇〇万アイテムも少なくなった。予測によって物流が改善され、ひいてはそれがコストの低下と顧客満足度の増加につながったのである。

ここでも、戦略的に重要な三つの要素を確認できる。オットーはジレンマを抱えていた（配達日の遅れを改善したいが、在庫管理に余計な費用をかけたくない）。このジレンマは不確実性が原因だった（特定の地域の顧客全体の需要を正確に把握できない）。そして、その不確実性を解決することによって（すなわち、地域の需要に関する予測を改善することによって）物流を新たな形で再編した。新しい倉庫の立地場所を確保して、近くからの発送を心がけ、顧客のもとに予定通り送り届ける環境を整えたのである。障害となる不確実性の解決に予測マシンを使わなければ、すべては達成不可能だったろう。

アラバマはスイートホーム？

予測マシンを使ってあなたの戦略を変革するためには、あなたにとって特に役立つ予測マシンを誰かに作ってもらわなければならない。そしてこれは、組織が統制できない複数の事柄に影響される。あなたのビジネスが予測関連のテクノロジーを手に入れるうえで、どんな要因が関わってくるのか確認してみよう。そのために、一九三〇年代のアイオワ州のトウモロコシ畑を訪れることにする。ここでは、開拓者精神に富んだ一部の農民が、トウモロコシの新種を導入した。二〇年ちかくにわたって異種交配を続け、品種改良されたものだ。この交配種のトウモロコシは、一般の商業用トウモロコシには見られない長所を備えている。二種類の近交系のトウモロコシを交配させた結果、耐乾性などの特徴が改善し、地域の環境へもうまく適応して収穫高が増加したのだ。交配種のトウモロコシが重大な変化をもたらしたのは、生産量が劇的に増加したからでもあるが、これをきっかけに、農家は特殊な種の確保を他人に頼るようになった。新種が長所を十分に生かすためには、地元の環境に合わせた調整が必要だった。

図15－1を見ると、アラバマ州の農家はアイオワ州の農家に比べて導入が遅れているような印象を受ける。しかし、ハーバード大学の経済学者ツヴィ・グリリカスが数字をじっくり研究してみると、アラバマ州の農家による新種の採用がアイオワ州より二〇年も遅れたのは、アラバマ州の農家が怠慢だったからではないことがわかった。一九三〇年の時点でＲＯＩを考えた場合、アラバマ州での交配種トウモロコシの採用は正当化されなかったのだ。[2]アラバマ州の農家は小規模で、北部や西部の州の農家と比べて利幅が小さかった。対照的に、アイオワ州の農家は大規模であり、新種をつぎつぎ導入して大きな利益を確保できるので、コストのかかる交配種の導入が正当化された。大規模農家で新しい交配種の実験が難しくないのは、農地の一部を実験用に割り当て、新種の効果が証明されるまで利用できる余裕があったからだ。[3]アイオワ州の農家はリスクが小さく、健全な利幅が緩衝装置としての役割を果たした。地域で十分な数の農家が新種を採用するようになると、種苗市場は買い手も売り手も増えて活況を呈し、種の販売に伴うコストが低下して、ひいては新種の採用に伴うリスクも減少した。こうしてコストの低下と知覚リスク〔消費者が商品やサービスを購入する際に感じる不安や懸念〕の減少が実現すると、最終的には全米の（そして世界中の）トウモロコシ農家が交配種を採用したのである。

ＡＩの世界では、グーグルがアイオワ州に匹敵する。グーグルはビジネスのあらゆる領域において、一〇〇〇件以上のＡＩツール開発プロジェクトを現在進めている。広告から地図、翻訳まで、取り組む範囲は実に広い。[4]ほかにも世界各地の大手テクノロジー企業がグーグルと肩を並べているが、理由

図 15 - 1
交配種トウモロコシの普及

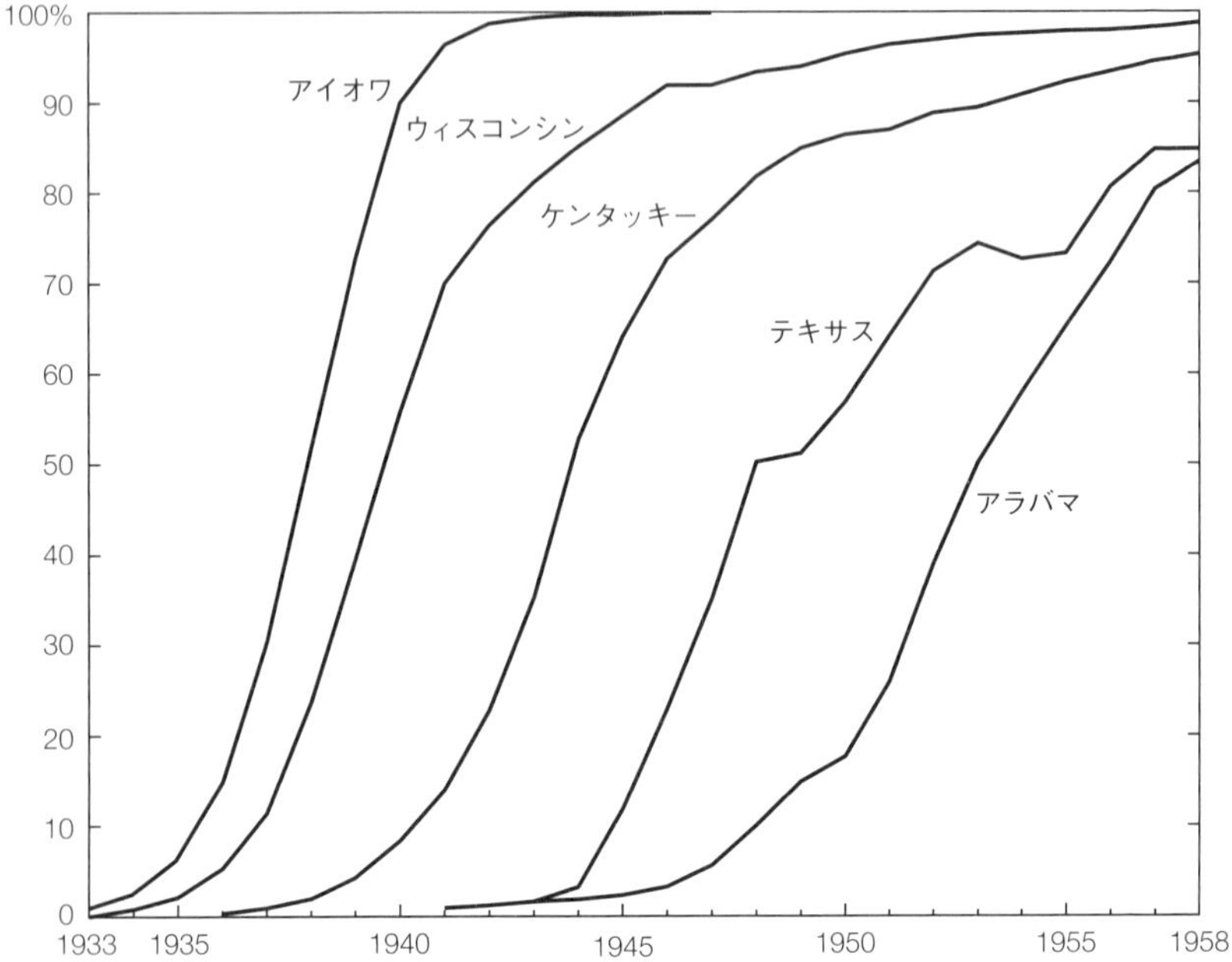

出典：Zvi Grilliches, "Hybrid Corn and the Economics of Innovation," *Science* 132, no. 3422 (July 1960) : 275-280. 米国科学振興協会からの許可を得て転載。

はわかりやすい。グーグル、フェイスブック、バイドゥ（百度）、アリババ、セールスフォースなどは、すでにツールビジネスに参入しているからだ。いずれも明確に規定された様々なタスクが事業全体を網羅しているだけでなく、予測の要素を改善するために、ＡＩが時として大きく貢献している。

これらの巨大企業は利幅が大きく、実験を行なう余裕がある。いわば「土地」を確保して、多くのＡＩの新種の実験に取り組んでいる。そして、大々的に展開される様々な製品にこれらの新種を応用することで実験を成功させ、莫大な利益を確保している。

ほかの多くの企業にとって、ＡＩへの道筋はそれほど明確ではない。グーグルとは異なり、ワークフローのあらゆる側面をデジタル化するために二〇年も投資を行なってきたわけではないし、自分たちは何を予測したいのか明確な概念を持っているわけでもない。しかし、明確な戦略を設定すれば、必要な要素を発展させ、ＡＩを効果的に利用するための土台を築くことができる。

条件が整うと、ウィスコンシン州、ケンタッキー州、テキサス州、アラバマ州など、すべての州の農家が最終的にアイオワ州の先例に倣《なら》い、交配種のトウモロコシを採用した。需要サイドには十分に大きな利益がもたらされ、供給サイドはコストの低下を実現させた。同様に、ＡＩに関連するコストやリスクも時間とともに低下するだろう。そうすれば、デジタルツール開発の最前線にいない多くの企業もＡＩを採用するはずだ。そこでは需要が牽引《けんいん》役になるだろう。不確実性は減少し、ビジネスモデルの根本的なジレンマは解消され、大きなチャンスが提供される。

野球選手を補強する

ビリー・ビーンのマネー・ボール戦略では、野球界で人間のスカウトが持つバイアスを克服して予想を的確に行なうために、統計的予測を取り入れた。予測を利用したおかげで不確実性は減少し、オークランド・アスレチックスの成績は上向いた。さらにこの戦略上の変化は、組織のヒエラルキーにも直接的・間接的な変化をもたらした。

予測が改善するとフィールドで活躍する選手の顔ぶれは変化したが、ゲームの進め方は変わらない。予測マシンが選んだ選手は、四球で出塁する回数が多いかもしれないが、代わりにチームを去った選手と同じルールにしたがって野球をする。そして選手を選ぶ際、スカウトは一定の役割を果たし続けた。[5]

根本的な変化が引き起こされたのは、チームがフィールド外で採用する人材だ。その結果として組織図は再編された。機械の扱いに慣れた人材を雇用したうえで、何を予測すべきか機械に指示を与え、機械の予測に基づいて獲得する選手を決定する作業を任せたのである（ここでポール・デポデスタら新たな人材が雇用された。彼らの貢献をひとりの人物に集約して映画では「ピーター・ブランド」というキャラクターが生まれ、ジョナ・ヒルが演じた）。さらにチームは、「セイバーメトリクス・アナリスト」という新しい職務権限も創造する。セイバーメトリクス・アナリストは、様々な選手を対象にして、実際に契約したらチームはどれだけの報酬を得られるか測定する方法の開発に取り組む。野球で報酬関数の設計に取り組んでいると言ってもよい。いまではほとんどのチームが、少なくともひとりはこのようなアナリストを確保しており、ほかのスポーツでは別の名前が与えられている。

予測が改善すると、組織図には新たに高位の役職が創造される。リサーチ・サイエンティスト、データ・サイエンティスト、分析担当バイスプレジデントなどが、オンラインで紹介される幹部一覧のなかに重要人物として加わる。ヒューストン・アストロズなどは、元ＮＡＳＡのエンジニアだったシグ・メジャルをリーダーとする決断科学ユニットを新たに設けた。戦略に変化が引き起こされると、選手を選ぶ人材の採用方法も変化する。分析の専門家は数学的スキルの持ち主だが、予測マシンに何をすべきか指示できる方法を十分に理解しているのは、専門家のなかでも特に優秀な人材で、彼らに判断が任せられる。

ここで、本書で論じてきたすべての事柄の土台となるシンプルな経済学を思い出してみよう。予測と判断は互いに補い合う関係にあった。予測を利用する機会が増えれば、判断の価値は上昇する。各チームは新しいシニアアドバイザーの採用を増やしているが、なかには野球経験ゼロのケースもある。たしかに、彼らはプロスポーツの華やかな世界にはあまり似つかわしくないかもしれない。しかし、このような環境に採用されたら、スポーツ音痴のオタクでも、ゲームを十分に理解しなければならない。スポーツマネジメントに予測マシンを使うことになれば、選手から得られる見返りの決断について判断できる人材の価値が上昇し、ひいては決断に予測を取り入れる判断が評価されるからだ。

戦略的な選択では新しい判断が必要とされる

野球チームを経営する組織の変化からは、ＡＩに関する戦略的な選択を迫られる経営幹部にとって、もうひとつ重要な問題が浮き彫りになる。セイバーメトリクスが採用される以前、野球のスカウトの判断基準は、個々の選手の長所と短所に限定された。しかし定量的測定が可能になると、選手がひとつのグループにまとまったときの成績を予測できるようになった。そうなると判断する対象は、特定の選手から得られる見返りではなく、特定のチームにとっての見返りへとシフトした。いまでは予測が改善した結果、経営者の決断は組織の目的に近づいた。最高の選手ではなく、最高のチームづくりを目指して決断するようになったのだ。

　予測マシンを最大限利用したければ、真のゴール達成に役立つ形で組織全体の報酬関数を見直さなければならない。この作業は簡単ではない。必要なのは、新たな人材の募集だけではない。チームのマーケティング活動に変化を加える必要があり、個人の成績は以前ほど重視されなくなるだろう。一方、コーチは個々の選手が採用される理由を理解したうえで、チームの構成をゲームごとに考えなければならない。そして最後に、選手も例外ではない。相手チームが同じような予測マシンを新たに採用すれば、自分たちの役割がどのように変化するか理解する必要がある。

アドバンテージはすでに持っているかもしれない

　戦略とは、価値を獲得することでもある。では、予測の改善によって生み出される価値を誰が手に入れるのだろうか。

　私たちはよく企業の経営陣から、予測マシンはデータを必要とするのだから、データそのものが戦略的資産だと聞かされる。たとえば、ヨーグルトの売上について長年のデータを持っている人がいるとしよう。予測マシンを使ってヨーグルトの売上を予測するためには、そのデータが必要とされる。したがって、データは所有者にとって価値を持つ。ちょうど石油の埋蔵場所を確保しているようなものだ。

　ただしこの仮定は、重要な問題について誤解している。石油と同じく、データは種類によってグレードが異なるのだ。本書では、三つのタイプのデータに注目してきた。訓練データ、入力データ、フィードバックデータの三つである。訓練データは、予測マシンを構築するために使われる。入力データは、予測マシンを動かして予測を行なうために使われる。そしてフィードバックデータは、予測マシンを改善するために使われる。このなかで、予測マシンを将来利用するために必要なのは、あとのふたつのタイプのデータだけである。最初にアルゴリズムを訓練するためには訓練データが使われるが、いったん予測マシンが動き始めれば、訓練データはもはや必要とされない。言うなれば、焼却処分にしてもかまわない。ヨーグルトの過去の売上に関するデータは、データに基づいて予測マシンが構築されてしまえば、ほとんど価値がなくなってしまう。[6] 要するに、いまは価値があっても、持続的に価値を生み出すとは考えにくい。将来も価値を提供し続けるためには、入力やフィードバック用の新しいデータ、もしくは別の長所が必要とされる。新しいデータを生み出すことの長所については次章で取り上げることにして、ここでは別の長所に焦点を当てる。

表計算ソフトを発明したダン・ブルックリンは巨大な価値を創造したが、彼は金持ちではない。では、表計算ソフトの価値はどこへ行ったのだろうか。長者番付では、ブルックリンを模倣してロータス１‐２‐３を開発したミッチ・ケイパーや、マイクロソフトを創業したビル・ゲイツなどがはるかに上位だが、彼らでさえ、表計算ソフトの価値のほんの一部しか手に入れていない。実際に価値を獲得するのはユーザーである。すなわち、表計算ソフトを採用することによって、何十億もの優れた決断を下す企業なのだ。ロータスやマイクロソフトがどれだけ大きな成果を達成しても、表計算ソフトによって改善された決断を担うのはユーザーである。

予測マシンについても、これと同じことが言える。ここで、スーパーマーケットの在庫管理にＡＩを応用して役立てるところを想像してみよう。ヨーグルトが売れる時期がわかっていれば、いつ商品をストックしておくべきか把握できるので、売れ残って廃棄処分になるヨーグルトの量を減らすことができる。ＡＩを専門とするイノベーターはヨーグルトの需要を予測する優れたマシンを提供できるが、価値を創造するためにはスーパーマーケットチェーンと手を組まなければならない。ヨーグルトをストックすべきか否か、決断して行動するのはスーパーマーケットチェーンだけである。そして行動を起こさなければ、ヨーグルトの需要に取り組む予測マシンは何の価値も持たない。

今後も、多くの企業がＡＩを用いる・用いないにかかわらず行動を担い続けるだろうが、ＡＩの導入によって生じる価値の一部を確保すればアドバンテージが手に入る。すべての価値を手に入れる必要はないのだ。

ブリックリンとパートナーのボブ・フランクストンは表計算ソフトの販売を始める前に、著作権を保持すべきか考えた。モデリングのスキルを販売すれば、自分たちの洞察から生み出された価値を獲得することができるが、結局この計画は断念された。おそらくそれには正当な理由があったのだろう。しかしＡＩに関しては、手に入れたものを手放さない戦略が効果を発揮する。そのうえでＡＩ関連企業と協力すれば、従来のプレーヤーを混乱に陥れることも可能だ。

ある意味、自動運転車はその一例だ。従来の自動車メーカーのなかには、自らの能力向上のため積極的に投資しているところもある。しかし一部のメーカーは社内で能力を開発するより、業界外の企業（アルファベット傘下のウェイモなど）との提携を望んでいる。あるいは、大手テクノロジー企業が従来の自動車メーカーとプロジェクトを始めているケースもある。たとえば、中国検索エンジン最大手のバイドゥは、ダイムラーやフォードなど数十社と提携し、自動運転車向けソフトのオープンソース化を目指す「プロジェクトアポロ」を大規模かつ多角的に進めている。あるいは、毎月のアクティブユーザー〔期間内に一回以上のサービス利用があるユーザー〕数が一〇億ちかくに達するＷｅＣｈａｔ〔無料メッセンジャーアプリ〕で有名な中国インターネットサービス大手のテンセント・ホールディングスは、やはり自動運転の分野に積極的に進出し、北京汽車集団有限公司など名だたる既存企業と同盟関係を結んでいる。テンセントのバイスプレジデントの陳菊紅は、つぎのように述べている。「自動運転に使われるＡＩ技術の開発を強化するため、テンセントはあらゆる努力を惜しまない……協力やイノベーションや産業の一点集中を加速する『連携役』になりたい……」[7]。協力を促す競争圧力に関して、北京汽車集団の徐和誼会長はこう語る。「この新しい時代には、ほかの企業と連携して次世代の車づくりに取り組む企業だけが生き残る。部屋に閉じこもってひとりで車を作り続ける企業は消滅していくだろう」[8]。比較的新しい参入者（テスラなど）は、新しい車にＡＩを導入してソフトウェアとハードウェアを密接に統合しながら、既存企業と競い合っている。ウーバーなどはＡＩを使って自律機能の開発に取り組み、運転に関する決断さえも消費者の手から取り上げようと考えている。この業界では、価値獲得を巡る競争において従来のビジネスの境界は尊重されない。行動を担い、アドバンテージを確保しようとする挑戦者が後を絶たない。

ＡＩ戦略のシンプルな経済学

ＡＩがもたらすインパクトには二つの側面がある。

まず、アマゾンの「シッピング・ゼン・ショッピング」モデルからもわかるように、予測マシンは不確実性を減少させる。今後ＡＩが進歩すれば、予測マシンを使って不確実性を減らす範囲はさらに広がるだろう。不確実性に由来する戦略的ジレンマが発生していたら、ＡＩを導入してみよう。ＡＩのコストが低下すれば、予測マシンは様々な戦略的ジレンマの解決に役立つようになる。

つぎに、ＡＩは予測の補完材の価値を増加させる。野球におけるアナリストの判断、食料品店の行動、そして予測マシンが利用するデータ（第一七章で取り上げる）などの重要性が高まるので、データから提供される情報を活用するために戦略の変更が必要になるだろう。

キーポイント

●企業の経営幹部は、IT部門にAI戦略を採用するだけでは十分ではない。強力なAIツールは、組織の戦略遂行に役立つタスクの生産性を向上させるだけでなく、戦略そのものの変化も促すからだ。以下の三つの要因が存在していると、AIは戦略の変化を引き起こす可能性がある。(1)ビジネスモデルの中核でトレードオフが発生する(たとえば、購入後に発送する「ショッピング・シッピング」モデルから、発送後に購入してもらう「シッピング・ゼン・ショッピング」モデルへのシフト)。(2)トレードオフが不確実性に影響される(たとえば、「シッピング・ゼン・ショッピング」モデルでは、売上の増加よりもコストの上昇のほうが上回ってしまう。顧客が何を購入するのか確信できない状況では、返品される商品が増えるからだ)。(3)AIツールの導入によって不確実性が減少し、トレードオフの関係が逆転した結果、対照的な戦略が最適なものとして採用される(たとえば、顧客が購入する製品を予測できるAIによって不確実性が減少すれば、これまでとは関係が逆転し、「シッピング・ゼン・ショッピング」モデルから得られる見返りが従来のモデルから得られる見返りを上回るようになる)。

●AI戦略に経営幹部の関与が必要なのは、企業の一部にAIを導入すれば、ほかの部分に影響がおよぶことも理由のひとつだ。たとえばアマゾンの思考実験では、「シッピング・ゼン・ショッピング」モデルに移行すれば、その副産物として垂直統合が実現し、返品回収ビジネスが確立される。そうなると、担当地区をトラックが一週間ごとに周回し、不要な商品を回収する可能性も考えられる。要するに、強力なＡＩツールが導入されれば、ワークフローが大きく再編され、企業の境界にも変化が起きるかもしれない。

●予測マシンは、判断、行動、データなど補完財の価値を増加させる。判断の価値が増加すれば組織の階層が変化し、従来とは異なる役割や異なる人材に権力を持たせることによる見返りが増えるかもしれない。さらに、予測マシンを手に入れた経営者は、個々の構成要素の最適化ではなく、もっと高いレベルの目標の最適化を目指すようになるので、組織の目的にほぼ適うような決断を下すことができる。予測の影響を受ける行動に関わっていれば、従来型の企業でもＡＩから一定の価値を獲得できるので、競争上のアドバンテージを確保できる。しかし、強力なＡＩツールが非常に大きな競争上のアドバンテージをもたらす場合には、新規参入者が垂直統合を通じて行動を担うようになり、競争の基盤としてＡＩを活用する可能性も考えられる。

第一六章　ＡＩがあなたのビジネスを変容させるとき

ジョシュア（著者の一人）は最近、起業してまもない機械学習関連企業の関係者に「なぜあなたたちは医者に診断結果を提供するのか」と尋ねた。このベンチャー企業が構築しているＡＩツールは、特定の病状が存在しているかどうか医者に教えることができる。診断結果はイエスかノーのどちらかだから、シンプルだと言ってもよい。ただし問題は、そのためには規制当局の承認を得なければならず、その前提としてコストのかかる実験が必要とされることだ。実験を行なうために、この企業は既存の製薬会社か医療機器関連企業との提携を検討していた。

ジョシュアの質問は医学的というよりも、戦略的なものだ。なぜベンチャー企業が診断結果を提供する必要があるのだろう。その代わり、予測を提供すれば十分ではないだろうか。つまり、ツールがデータを分析し、「この患者が病状を抱えている確率は八〇パーセントだ」と伝える。そうしたら医者は何がそのような結論を導き出したのか詳しく調べ、最終的な診断を下し、病状が「存在するか否か」、ふたつにひとつを選択する。顧客（この場合は医者）に任せる行動を増やすのだ。

ここでジョシュアは企業に対して、診断ではなく予測に専念すべきだと提案している。業務の限界を予測までにとどめておけば、規制当局の承認を得る必要もない。そもそも医者は、診断結果を手に入れるためのツールをたくさん持っている。さらにこの企業は、早くから既存企業と提携する必要もなくなる。そして何よりも重要なのは、研究に時間をかけ、予測に基づいて診断を下す方法を細かく考案する手間が省けることだ。推論しなければならないのは、価値のある予測に必要な閾値の精度だけ。精度は七〇、八〇、それとも九九パーセントにすべきだろうか。

あなたのビジネスはどこで終わり、他人に任せるのはどこからだろう。あなたのビジネスの境界は、具体的にどこにあるだろうか。これは未来に関する決断であり、組織のまさにトップレベルで慎重に見極めなければならない。さらに、汎用型のイノベーションが新たに登場すると、境界の問題に新たな回答が提供されることも多い。一部のＡＩは、あなたのビジネスの境界を一変させる可能性を持っている。資本設備からデータや人材まで、あらゆるものに関する企業の考え方に予測マシンは変化をもたらすだろう。

何を残すべきで、何を任せるべきか

不確実性は、ビジネスの境界に影響をおよぼす。[1] 経済学者のシルク・フォーブスとマラ・レダーマンは、二一世紀への変わり目にアメリカ航空業界の組織について調査を行なった。[2] 当時はユナイテッド航空やアメリカン航空などの大手が一部のルートを引き受け、手の届かないところは、アメリカン・イーグル航空やスカイ・ウェスト航空など地域に拠点を置くパートナー会社が引き受けていた。パートナー会社は、大手航空会社と契約を結ぶ独立企業だ。概して地域航空会社は大手よりも低いコストで運営される。給与にかかる費用が節約され、サービス給付に関する細かい規則も必要とされない。一部の調査によれば、大手航空会社の上級パイロットは、地域パートナーのパイロットより八〇パーセントも高い報酬を受け取っていた。

ここで問題なのは、地域パートナーよりも大手航空会社のほうが、ずいぶん多くのルートを引き受けている理由だ。パートナー会社ならば、同じサービスを低いコストで提供できるにもかかわらず、である。この傾向の背景にある要因としてフォーブスとレダーマンが突きとめたのは天気、具体的には天気に伴う不確実性だった。天気が不安定になるとフライトに遅れが生じる。そうなると、ネットワーク化が進み、収容能力が厳密に管理されている航空業界では、システム全体に波及効果がおよぶ可能性が出てくる。天気が悪くなったときに大手航空会社は、不確実な状況に伴って発生するコストに対処するため、迅速な変更を求められる。そんなとき、パートナー会社が契約内容をいちいち確認していたら速やかに行動できない。そこで、天気による遅れが発生しやすいルートは、大手が支配権を手放さずに運営し続けているのだ。

前章では、ＡＩが戦略的な変化を引き起こすために必要な三つの要素について紹介した。まず、コストの低下と支配力の拡大のあいだにトレードオフの関係が成立しなければならない。第二に、このトレードオフには不確実性が介在しなければならない。不確実性が大きいほど、支配することから得られる利益は増加する。たとえば大手航空会社は、自分たちで引き受ける業務とパートナー会社に任せる業務を最適な形で区別して、コストの低減と支配力の拡大を実現している。もしも予測マシンによって不確実性が緩和されれば、三番目の要素として、バランスが逆転する。その結果、航空会社はパートナー会社との契約を増やすだろう。

現在進行中のイノベーション、なかでも特に経験からの学習を含むイノベーションに関わるビジネスは、同様のパターンを生み出す。たとえば、自動車の新モデルはおよそ五年ごとに発表されるが、車は仕様書に記載される部品が多く、細かい設計作業も関わっているので、部品をどこから調達するか予め確認しておく必要がある。自社で生産するか、外部に任せるか、決めなければならない。開発にかかる長いプロセス全体のなかで、自動車メーカーが十分に把握できるのは新モデルの性能ぐらいだ。顧客からのフィードバックや長期的なパフォーマンスの測定値など、なかには発売後でなければ収集できない情報もある。そのため、毎年デザインが大きく変更されるわけではないが、モデルは毎年更新される。不具合を解決するために部品を改良し、製品全体の性能を向上させるのだ。

経済学者のシャロン・ノヴァクとスコット・スターンによれば、自社で部品を製造する高級車メーカーは、モデルイヤーごとの改善が速やかに進行しやすい[3]。これらのメーカーはコンシューマー・レポート誌の格付けなどに注目し、顧客が改善をどれだけ評価しているか測定する。もしも部品の生産を自分たちで管理していれば、顧客からのフィードバックに迅速に対応できる。対照的に、部品の製造をアウトソーシングしていると、同じようなスピードで改善できない。ただしアウトソーシングにも利点は存在する。最初のモデルは、自社で部品を製造するメーカーに比べて品質が高い。部品の製造を外部に委託しているメーカーの新モデルのほうが新発売の段階で優れているのは、部品メーカーに委託した部品の品質が高いからだ。したがって、自動車メーカーは部品を自社生産するか、アウトソーシングするか、選択を迫られる。自分のところで生産すれば、製品モデルのライフサイクルに応じてイノベーションが管理され、製品の改良から長期的に利益が確保される。しかしここでも、顧客のニーズに伴う不確実性が予測マシンによって減少すれば、戦略に変化が引き起こされるかもしれない。

航空会社と自動車メーカーのいずれのケースにおいても、短期的な成果と長期的な成果のトレードオフ、あるいは典型的な事象と非典型的な事象のトレードオフは、組織にとって重要な選択――すなわち、外部の下請け企業にどれだけ頼るかという選択の結果次第で決まる。しかし、そこには不確実性が密接に関わっている。航空会社が予想できない天気は、どれだけ重要だろうか。新発売される自動車は、顧客が本当に望む理想にどれだけ近づいているだろうか。

AIの影響：資本

このような不確実性を減少させられるAIが手に入り、三番目の要素、すなわちバランスの逆転が実現したと仮定しよう。すると、予測が安上がりになったおかげで不確実性が最小限に抑えられ、戦略的ジレンマの中身に変化が引き起こされる。ではこれは、航空会社や自動車メーカーの行動にどんな影響をおよぼすだろうか。AIが導入されれば、機械はもっと複雑な環境での作業が可能になる。信頼できる「イフ」の数が増えるので、以下のふたつの理由から、資本設備を自分で所有する必要性は少なくなる。

まず、「イフ」の数が増えれば、企業は契約書のなかに、非常事態が発生したときの対応を明記することができる。AIを導入した航空会社が天気を予測できるだけでなく、天気による運航ダイヤ乱れへの最善の対処法を予測できると仮定しよう。パートナー会社との契約に非常事態への対処の仕方を具体的に記せば、大手航空会社にとっての見返りは大きい。契約書のなかにはたくさんの「イフ」が記述される。このように予測の力を利用できれば、大手航空会社は自分で行動することにこだわってルートを独占する必要がない。独立系の地域航空会社との契約を迷わず決めて、相手の強みである低コストが生かされる機会を提供すればよい。以前よりも多くのフライトを小さな地域航空会社にアウトソースできるようになれば、大手航空会社は（飛行機などの）資本設備を以前ほど必要としなくなる。

第二に、ＡＩによる予測が顧客満足の予測まで含めて提供されれば、自動車メーカーは自信を持って製品デザインを行なうことができる。その結果として顧客満足度も車の性能も向上すれば、中間期に大がかりなモデルチェンジを行なう必要もない。結果として自動車メーカーは、自社モデルにとって世界最高の部品を独立系の業者から選ぶことができる。予測が優れていれば、契約再交渉に余計なコストもかからない。そうなると自動車メーカーは、自社工場からの部品供給を以前ほど必要としなくなるだろう。さらに一般論として、予測によって以前よりもたくさんの「イフ」が提供されれば、それを利用して「ゼン」をはっきり特定することもできる。

こうして予測マシンが優れた評価を下してくれれば、航空会社や自動車メーカーは自社のネットワークや製品の複雑さをそのまま受け入れられる。むしろ、事前に優れた予測が行なわれることがわかっていれば、航空会社も自動車メーカーも複雑な契約や製品の採用をためらわなくなるだろう。ただし、アウトソーシングにおよぶ影響ははっきりしない。予測の精度が上がればアウトソーシングの機会は増えるが、契約や製品が複雑になるほどアウトソーシングの機会は減少する傾向がある。どちらの動きが優勢になるか、現段階では断言できない。それでも、新たに実行可能になった複雑なプロセスは社内で手がけられ、以前は社内で完成されていたシンプルなプロセスの多くがアウトソーシングされることはたしかだ。

ＡＩの影響：労働

銀行は現金自動預け払い機（ＡＴＭ）を本格的に展開している。ＡＴＭは一九七〇年代に開発され、一九八〇年代に広く普及した。省力化を促す可能性を秘めたこのテクノロジーは、窓口係の仕事の自

図16－1
銀行の出納係とATMの数の推移

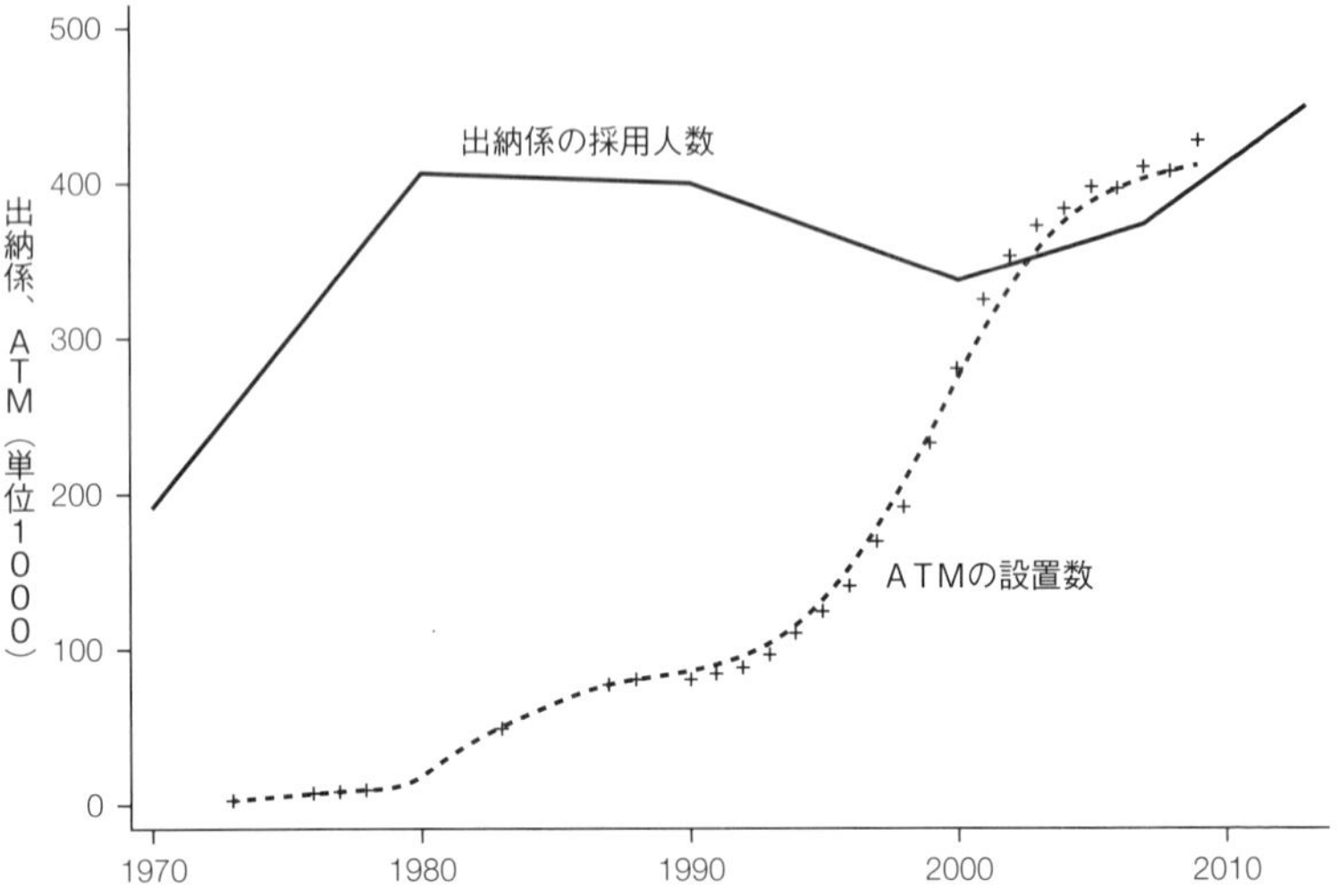

出典：Courtesy James E. Bessen, "How Computer Automation Affects Occupations: Technology, Jobs, and Skills," Boston University School of Law, Law and Economics Research Paper No. 15-49 (October 3, 2016); http://dx.doi.org/10.2139/ssrn.2690435.

動化を目指したものだった。

米国労働統計局によれば、窓口係の仕事全体がATMによって自動化されたわけではない（図16－1）。そうではなく、金銭出納係としてのタスクが自動化されたのである。窓口係は単に現金を集めて分配する以外に、最終的には銀行の製品のマーケティングを行ない、顧客サービス係としての役目もこなすようになった。計算なら機械にも可能で、しかも人間より機械のほうが安全だ。銀行が支店を増やしたがらない理由のひとつはまさにセキュリティの問題だった。さらに、金銭出納などの商取引に行員が時間をかけて取り組めば、人件費もばかにならない。ATMの登場でこれらの制約から解放されると、銀行の支店は急増し（都市部では四三パーセント以上増加した）、形態も規模も多様化した。そして、「テラー」（窓口係）という時代遅れの呼び方をされるスタッフの仕事も変わった。

ＡＴＭの導入をきっかけに、組織は大きく変容した。新しい窓口係は、以前よりもずっと主観的な判断を求められるようになった。本来の窓口係の仕事は定義上、決まりきった仕事で機械化しやすい。しかし今度は、銀行利用の必要性について顧客と話し合い、融資に関するアドバイスを行ない、クレジットカードのオプションを決定するなど、複雑な業務がタスクとして加わった。そのため、窓口係がきちんと仕事をこなしているかどうかの評価は難しくなった。[4]

成績評価の対象が客観的なもの（銀行に長い行列を作っていないか）から主観的なもの（適切な製品を販売しているか）に変化すると、人事管理は以前よりも複雑になる。経済学者ならば、仕事上の責任の所在が明示的ではなくなり、相互に関連するようになると表現するだろう。従業員に対する評価や報酬は主観的なプロセスに基づいて決定され、職務の複雑さや社員の長所・短所を考慮した勤務評価が行なわれるようになるのだ。ただし、このようなプロセスを実行するのは簡単ではない。従業員のやる気を起こすためには、評価に絶対的な信用が欠かせないからだ。結局のところ企業は、評価が客観的ではなく主観的なときには、ボーナスや昇給や昇進の機会を簡単に与えたがらない。かといって複雑な環境で成績を客観的に評価すれば、重大な間違いが発生しかねない。それは、アカウントマネージャーが詐欺事件を起こしたウェルズ・ファーゴ〔米国の商業銀行〕の事例からもよくわかる。[5]

このような経済的論理から推測するかぎり、ＡＩの導入後、人事管理はひとつの基準を絶対視するのではなく、業務全体に対してそれぞれの従業員がどんな貢献を果たしているかを重視する方向にシフトするだろう。理由はふたつ。まず、人間が行なうような判断を機械にプログラムするのは難しいため、勤務評価においては人間の判断が重宝され利用される。従業員の報酬を確定するためには不安定で未知の部分が多く、人間の経験が必要とされる。第二に、機械による予測が増えて人間の判断の重要性が増せば、勤務評価における判断には必然的に主観が含まれることになる。客観的な尺度が利用可能なら機械が判断を下せばいいが、主観的な目標のための意思決定には人間が欠かせない。

このように、ＡＩが労働におよぼす影響は、資本におよぼす影響とは異なる。判断が重要になってくると、社員を主観的に評価する傾向が強くなり、それが契約にも反映されるだろう。

資本設備に影響をおよぼす力は、労働にも影響をおよぼす。人間の労働から主に生み出されるのがデータと予測と行動ならば、ＡＩを導入してデータと予測を任せる場合、労働を外部にアウトソーシングする機会は増える可能性がある。資本設備や部品の供給に関してアウトソーシングする機会が増えるのと変わらない。資本の場合と同じく労働においても、予測の精度が高まれば「イフ」がたくさん考案されるので、それをうまく利用すれば、業務委託契約に「ゼン」をはっきりと明記できるようになる。

しかし労働におよぼす影響は、ＡＩの導入によって人間の判断の重要性が高まることのほうが大きい。予測と判断は補完し合うのだから、予測の精度が高まれば判断が必要とされる機会は当然ながら増える。したがって社員にとっては、意思決定に関する判断が主な役割になるだろう。本質的にこれは、アウトソーシングの契約書に明記することができない。判断の良し悪しは評価が難しいので、予測マシンの導入は戦略的ジレンマを深刻化させ、アウトソーシングのリスクを拡大させてしまう。直観に反するようだが、予測の精度が高まるほど、人間の職務遂行能力の質を確実に評価できなくなるのだ。そのため、報酬関数の設計に関わる人材など、判断を専門とする人材は社内にとどめておく必要が生じる。

ＡＩの影響：データ

戦略的に重要なもうひとつの問題は、データの所有と管理に関わる。予測と判断は補完し合い、社員にもたらされる結果を左右するが、予測とデータの関係にも同様のトレードオフが成り立つ。データが増えれば予測は改善されるが、ここでは組織の境界に関するトレードオフを考えなければならない。他人のデータと自分のデータ、どちらを利用すべきだろうか（データ収集への投資が戦略的に持つ重要性という問題については、次章で取り上げる）。

ＡＩ関連のスタートアップ企業にとって、学習の手助けとなるデータを所有することはきわめて重要である。さもないと、将来的に製品を改善していくのは不可能になってしまう。ここで、機械学習を扱うスタートアップ企業のエイダ・サポートについて取り上げてみよう。エイダは、企業と顧客の交流支援を業務としているが、かつて、既存の大手チャットプロバイダのシステムに自社製品を統合するチャンスがあった。これがうまくいけば事業に弾みがつき、大きなユーザーベースを確立しやすい。かなり魅力的な話だった。

ただし問題は、この既存企業が交流に関するフィードバックデータを所有することだった。このデータを自分で確保しないかぎり、刻々と変化する状況に基づいて製品を改良することはできない。そこでエイダは思いきってこのアプローチを見直し、結果に関するデータを自分たちが確実に所有できるまで統合を見送ることにした。その甲斐《かい》あって、エイダは現在と未来を結びつけるデータの確保に成功し、継続的な学習が可能になった。

データを所有すべきか外部から調達すべきかという問題に悩むのは、スタートアップ企業にかぎらない。たとえば、広告主が潜在的顧客のターゲットを絞るために役立つデータについて考えてみよう。

メディア業界において広告の近代的な仕組みの創造に誰よりも貢献したジョン・ワナメーカーは、かつてこう語った。「私が広告に費やす金の半分は無駄になっている。しかも厄介なことに、どの半分が無駄になっているのかわからない」

これは広告にとって根本的な問題として付きまとう。ウェブサイトに広告を掲載すれば、そのサイトを訪れる誰もが広告を眺める。そして広告主は、広告のインプレッション数〔表示回数〕に応じて料金を支払う。この場合、顧客になり得るのが広告を眺めた人たちのほんの一部だとしたら、インプレッション数に応じて積極的に料金を支払う気持ちには簡単にはなれない。これは広告主にとっても、広告から収入を得たいウェブサイトにとっても問題である。

スポーツや金融など、特定の話題に興味を持つ人たちを惹きつけるような形でのウェブサイト構築は、ひとつの解決策だ。これなら特定のタイプの広告主にとって、潜在的顧客の割合が高くなる。インターネットが台頭する以前、これは広告の基本的な特徴で、自動車、ファッション、不動産、投資などを専門とする雑誌やケーブルテレビ番組や新聞の紙面が激増した。しかし、すべてのメディアがこのような形でコンテンツを仕立てられるわけではない。

その代わり、ウェブブラウザのイノベーション、主として「クッキー」のおかげで、広告主は複数のウェブサイトを対象にして、ユーザーを追跡することができるようになった。これならば、広告のターゲットをうまく絞りやすい。クッキーはウェブサイト訪問者に関する情報を記録するが、なかでも重要なのはショッピングサイトなど、頻繁に訪れるサイトのタイプについての情報である。たとえば皆さんが新しいズボンを探すためにサイトを訪れると、そのあとはインターネットを開くとズボンに関する広告がこれでもかというほど登場する。ズボンとはまったく無関係なサイトにズボンの広告が掲載されるケースもあるが、それはこの追跡関連技術のおかげだ。

どのウェブサイトもクッキーを設定できるが、クッキーはかならずしもサイトにとって大きな価値があるわけではない。その場合にウェブサイトは、アドエクスチェンジ〔広告枠をインプレッション単位で売買する仕組み〕を利用して（あるいは広告主に直接）クッキーのデータを売り込み、広告主が広告のターゲットを絞りやすくする。ウェブサイトが、広告を掲載する企業に対し、サイト訪問者についてのデータを売り込むわけだ。

企業がデータを購入するのは、自分では集められないからだ。価値の高い顧客を確認しやすくなるデータを購入するのは、特に意外でもない。その一方で企業は、価値の低い顧客に対して広告を出してしまうのを回避するために役立つデータも購入するかもしれない。そうすれば企業は広告への支出を価値の高い顧客に集中できるのだから、どちらのタイプのデータにも貴重な価値が備わる。

グーグル、フェイスブック、マイクロソフトなどＡＩ分野のリーダーの多くは、自分たちの広告ネットワークを構築または購入し、貴重なデータを所有している。広告データを所有することには、獲得に伴うコストに勝る価値があると結論したからだ。しかし、一部の企業は広告データをそれほど重視せず、データ収集に伴う高いコストを回避するため、データを自分の管理下に置かない。この場合、広告データは企業の境界の外にとどまる。

予測を売る

グーグル、フェイスブック、マイクロソフトなど一握りの企業は、オンラインでの消費者の嗜好に関して貴重な情報を持っている。しかもこれらの企業はデータを販売する段階からさらに一歩進み、広告主のために予測を行なう。たとえばグーグルは、検索やユーチューブや広告ネットワークを通じ、ユーザーのニーズに関する豊富なデータを所有している。そこでグーグルはデータを販売する代わりに、実質的に予測を販売する。データによって集められた予測を、（複数のサービスを束ねた）バンドルサービスの一部として広告主に販売するのだ。たとえば皆さんがグーグルのネットワークを通じて宣伝広告を行なうときには、最も大きく影響されそうだとネットワークが予測したユーザーがその広告を目にするようになっている。フェイスブックやマイクロソフトを通じた広告も同様の結果を生み出す。広告主はデータに直接アクセスする代わりに、予測を購入するのだ。

　ユニークな（重複しない）データは、戦略的優位を創造するために重要である。データがユニークでなければ、予測マシンを中心にビジネスを構築するのは難しい。データがなければ、学習への王道は開かれず、ＡＩが戦略の中核を占めることもない。しかし広告ネットワークの事例からもわかるように、データを所有していなくても予測が役に立つ可能性は考えられる。予測さえできれば、広告主は最大の価値を持つ顧客にターゲットを絞ることが可能だ。データと予測の双方が戦略的優位の源になりそうもないときでも、予測の精度が上がれば組織はその恩恵を受けられる。[7]あるいはデータと予測のどちらも組織の境界の外にあっても、組織が予測を利用することは可能だ。

　ここで肝心なのは、データと予測マシンは補完し合っていることだ。ＡＩを獲得または開発しても、情報を提供してくれるデータがなければ価値は限られてしまう。したがって、データが他人のところに存在している場合には、それを手に入れる戦略が必要とされる。

　データの所有者が排他的だったり独占欲が強かったりする場合には、ＡＩに備わっている価値をそっくり盗用されるリスクが発生しかねない。データの所有者が競争相手ならば、データの獲得が役に立つような戦略などあり得ない。データを所有するのが消費者の場合には、より良い製品や質の高いサービスの提供と引き換えにデータを獲得することができる。

しかし、なかにはデータに相互価値が備わっている状況もあり、その場合には相手とのデータの交換が可能だ。あるいは、データが複数の相手から提供されることもあり、その場合には、データと予測を組み合わせて購入するために複雑な準備が必要になるだろう。

あなたが自らデータを集めて予測を行なうか、あるいは他人からデータや予測を購入するか、どちらを選ぶかは、あなたの会社にとって予測マシンがどれだけ重要かによって左右される。予測マシンが特に重要ではなく、ＡＩが戦略の中核でないかぎり、大抵の企業がエネルギーを調達するときと同様に市場から購入すればよい。対照的に、予測マシンが企業の戦略の中心である場合には、予測マシンを改良するためにデータを管理する必要があり、データと予測マシンのどちらも社内に存在しなければならない。

本章の冒頭で、医療診断結果の提供を目指す機械学習関連のスタートアップ企業は、代わりに予測を販売すべきだと提案した。医者が完全な診断結果よりも予測を買いたがるのはなぜだろう。そして、医者が自分で予測マシンやデータを所有したがらないのはなぜか。その答えは本章で論じてきたように、トレードオフにおける適切な妥協点を選択することと関係している。医者の仕事は診断が中心なので、予測を購入すべきか否かは戦略の中心的な決断ではない。新たな情報が追加されても、仕事の内容が変わるわけではない。重要な戦略的決断ではないかぎり、予測を購入すれば十分で、データや予測をわざわざ所有する必要はない。対照的にスタートアップ企業にとってはＡＩが最も大切な要素であり、予測によって顧客に価値が提供される。したがって、スタートアップ企業はデータと予測マシンを所有していれば十分で、診断まで所有する必要はない。スタートアップ企業と医者の境界は、ＡＩに戦略としての重要性がなくなり、異なるプロセスへの単なる入力情報になる地点である。

キーポイント

- （航空会社が他社とパートナーを組むべきか、自動車メーカーが部品製造をアウトソーシングすべきかなど）自分で手がけるビジネスはどこで終わり、他人に任せるビジネスはどこから始まるかの決断、すなわち企業にとっての境界の設定は、重要な戦略の選び方によって決まる。そして、この選択は不確実性に影響される。予測マシンは不確実性を減少させるので、自分の組織とほかの組織との境界線に影響をおよぼすことができる。
- 予測マシンによって不確実性が減少すれば、具体的な契約を作成しやすくなる。その結果として企業には、データや予測や行動に特化した資本設備や労働をアウトソーシングする誘因が働く。しかし企業に予測マシンを導入しても、判断に特化した労働をアウトソーシングする誘因は働かない。判断の質は契約に明記しにくく、監視するのも難しいからだ。かりに判断が明確に定義できれば、それをプログラム化できるので、人間が判断する必要はなくなるだろう。ただしAIが普及すれば、判断は人間の労働のなかで重要な役割になる可能性が高い。判断に関しては、社内での雇用が増えてアウトソーシングが減少すると考えられる。
- AIを導入すると、自らデータを所有しようとする誘因が働きやすい。しかし、データから提供される予測が組織の戦略に不可欠でない場合には、データを外から確保すべきかもしれない。このようなケースでは、データを購入してから自分で予測するのではなく、予測を直接購入することが最善策になるだろう。

第一七章　あなたの学習戦略

二〇一七年三月、毎年恒例の開発者向けイベント、グーグルI／Oの基調講演で、グーグルCEOのサンダー・ピチャイは、同社が「モバイルファーストからAIファーストの世界へ」シフトすると発表した。そのあとに行なわれた一連の発表のなかには、AIが様々な形で含まれている。機械学習の最適化に特化したチップの開発、ガンの研究など新しいアプリケーションでのディープラーニングの活用、グーグルのAI駆動型アシスタントの様々なデバイスへの搭載など、範囲は広い。グーグルは「世界の情報を検索・整理する段階から、AIと機械学習に」移行するとピチャイは主張している。

この発表は、ビジョンの根本的な変化というよりも戦略的な変化である。この方針については、グーグル共同創業者のひとりラリー・ペイジが二〇〇二年、つぎのように概要を述べている。

我々は、人びとが望むものをかならずしも生産していない。そのために懸命に努力しているが、これは本当に難しい。目標を達成するためには、賢くならなければいけない。世界のあらゆることを理解して、疑問について理解しなければならない。いま我々は、人工知能に取り組んでいる……究極の検索エンジンは賢くなければならない。そしてその目標に近づくため、我々は努力を続けている。[1]

これを読むかぎり、グーグルは何年も前からＡＩ構築を目標とし、そのための道を歩んできた。そしてＡＩ技術があらゆる取り組みの中心的存在であることを、最近になってようやく外部に公表するようになったのである。

このような戦略的コミットメントは、グーグルに限られたものではない。やはり二〇一七年三月には、マイクロソフトも「モバイルファースト」や「クラウドファースト」から「ＡＩファースト」に方針転換する意向を発表している。[2] しかし、ＡＩファーストという概念にはどんな意味があるのだろう。グーグルの場合もマイクロソフトの場合も、変更の最初の部分――もはやモバイルファーストではないという部分――が手がかりを与えてくれる。モバイルファーストにおいては、モバイル体験へのユーザーアクセスを促し、モバイルでのユーザーインターフェースの最適化を目指す。そのためには、ウェブサイトなど、プラットフォームの充実が犠牲にされてもかまわない。戦略ではここまで考えなければならない。「モバイルで成功する」と言えば単なる目標だが、ほかのチャネルを犠牲にしてでも実行する意思を示せば、本物のコミットメントになる。

では、ＡＩファーストの戦略ではどうなるのだろうか。グーグルの研究本部長のピーター・ノーヴィグは、以下のように回答している。

情報検索においては、精度と再現率が八〇パーセントを超えればかなり優秀だ。ユーザーは悪い提案を無視できるのだから、すべての提案が完璧である必要はない。しかし補助機能を付けたら、要求はずっと高くなる。全体の二〇パーセントは予約を間違えるサービスなど、使いたくはないだろう。いや、時間全体の二パーセントでも許されない。補助機能は従来よりもかなり精度が高くなければならない。もっと高い知性を備え、状況をうまく把握しなければならない。「ＡＩファースト」はそれを目指している。[3]

コンピューター科学者としては、なかなか優れた回答である。ここでは技術的性能、特に正確さが強調されている。しかしこの発言は、ほかのことを暗に語っている。ＡＩが最優先《ファースト》（予測精度を最大化する）なら、二番目は何になるのだろうか。

経済学者からすれば、「我々はＸに専念する」という類のいかなる発言においてもトレードオフの関係が成立している。ひとつのことに注目すれば、かならず何かが代わりに手放される。では、予測の精度を何よりも重視するときには、何が犠牲になるのだろう。その答えは、ＡＩの大前提となる経済的枠組みから提供される。ＡＩファーストではデータの収集と学習（長期的な目標）に資源を費やすので、短期的に考慮すべき重要な事柄、たとえばユーザーの直接経験、収益、ユーザー数などが犠牲にされてしまう。

破壊の兆候

ＡＩファースト戦略を採用すれば、予測の質を優先して機械学習のプロセスをサポートすると公約することになり、顧客満足度や営業成績など、短期的な要因が犠牲にされてしまう。データの収集に利用されるＡＩは、予測の質がまだ最適レベルに達していない可能性が考えられる。その場合には、ＡＩの学習を優先するか、それともほかの部分の性能が犠牲にされないことを優先すべきか、いずれを選ぶかが戦略上大きなジレンマとして浮上する。

このジレンマへのアプローチは企業によって様々で、選択も異なる。しかし、グーグルやマイクロソフトをはじめとするテクノロジー企業は、なぜＡＩファーストに舵を切ったのだろう。ほかの企業もあとに続くことができるだろうか。それとも、これらの企業には何か特別なものが備わっているのだろうか。

これらの企業の大きな特徴のひとつは、すでに大量のデジタルデータを収集・創造しながら、不確実な環境で活動していることだ。したがって予測マシンを導入すれば、企業の製品全体に広く利用できるツールが手に入る可能性が高い。優れた予測を安上がりに行なうツールには社内の需要があるとともに、予測を外部に供給する際のアドバンテージにもなる。これらの企業は、機械学習の開発や応用を支える優秀な技術者をすでに社内で確保している。

第一五章の交配種トウモロコシのたとえに当てはめるなら、これらの企業はアイオワ州の農家のような存在だ。ただし、ＡＩ主導のテクノロジーには、ほかにも重要な特徴がある。学習には時間がかかり、（特に消費者にとって）性能の低下を招くことも多いので、クレイ・クリステンセンが「破壊的技術」と名付けた特徴を共有しているのだ。そのため、既存企業のなかにはＡＩ技術をすぐには採用しにくいところも出てくる。[4]

たとえば、既存製品のＡＩバージョンについて考えてほしい。製品を開発するためには、ユーザーが必要である。そしてＡＩ製品の最初のユーザーは、顧客体験に満足できないだろう。なぜなら、ＡＩは学習しなければならないからだ。確かな顧客基盤を構築している企業にとって、顧客に製品を利用してもらい、訓練用のデータを提供することは可能だ。しかし顧客が既存の製品に満足していれば、一時的に劣るＡＩ製品への移行をためらうだろう。

これは典型的な「イノベーターのジレンマ」である。既存企業は長期的な利益を犠牲にしてでも、既存の顧客との関係を損ないたくない。イノベーターのジレンマが発生するのは、登場したばかりのイノベーションが業界の既存企業の顧客の期待に十分応えられるようには見えないからだ。しかし対照的に、ニッチな分野で製品を作って一定の顧客を確保しているスタートアップ企業にとって、イノベーションは十分役に立つ。時間の経過とともに、イノベーションを採用したスタートアップ企業は経験を重ねていく。そして、最終的に十分に学習して強力な製品を創造し、大きなライバル企業の顧客を奪い取ってしまう。この時点では大企業は大きく後れを取ってしまい、最終的にスタートアップ企業が市場の覇者となるのだ。ＡＩには学習が必要であり、スタートアップ企業はライバルの既存企業よりも学習への投資に積極的だ。

一方、既存の大企業が手ごわい競争相手に直面する場合、しかもその相手が既存の顧客基盤を満足させる必要のない新規参入者の場合には、イノベーターのジレンマはそれほど生じない。この状況における競争上の脅威は、行動しないことのコストが高すぎることだ。そうなるとたとえ既存企業であっても、破壊的技術を採用する傾向を強めるだろう。要するに、長期的に非常に大きな影響がもたらされる可能性を秘めたＡＩのようなテクノロジーに関しては、破壊の兆候が見られたら既存企業でさえ早めの採用に動く可能性が考えられる。

予測マシンに正確で十分な信頼性が備わるようになるまでには、学習に多くのデータと時間が費やされる。優秀な予測マシンが簡単に手に入ることは滅多にないだろう。たしかに、ＡＩ搭載型のソフトウェアを売りに来る人物が、すでに十分な訓練を施している可能性は考えられる。しかし、自分のビジネスの中核を成す目的にＡＩを使いたければ、既成の解決策は役に立たない。ユーザー用のマニュアルも訓練用のマニュアルも不要だ。ＡＩが自らデータを集めて改善できるように、何らかの方法で訓練しなければならない。[5]

学習への道筋

経済史家のネイサン・ローゼンバーグは、企業がユーザーとの交流を通じて製品のデザインを改良していく現象を説明するために、「利用学習」という語を用いた。[6] ローゼンバーグがこの概念を使って分析を試みた主な対象が、航空機の性能である。乗客の利用体験を通じて飛行機メーカーが学習することで、当初の保守的なデザインが、収容人数や効率性により優れたものへと改良されていく。早く取り組み始めたメーカーのほうがたくさん学習できるので、アドバンテージが確保される。もちろん、このような学習曲線は様々なコンテキストで戦略的優位を提供してくれるが、予測マシンにとっての重要性は特に大きい。結局のところ、予測マシンは機械学習に頼っているからだ。

ここまで本書では、機械学習を構成する様々な学習のタイプを区別することにあまり時間を費やさず、「教師あり学習」に主に焦点を当ててきた。予測したい事柄に関してすでに十分なデータを確保しているとき、このテクニックは使われる。たとえば何百万枚のもの画像を所有していて、そこには猫か腫瘍が写っていることがわかっていれば、その知識に基づいてＡＩに訓練を施す。私たち大学教授も、教師あり学習を重要な要素として実践している。問題とその解決法を学生に見せることで、新しい教材を提供するのだ。

対照的に、予測したい事柄に関して十分なデータを確保していなくても、自分の正しさをあとから確認できるときには何が起きるだろうか。第二章で解説したように、このような状況でコンピューター科学者は「強化学習」という手法を採用する。小さな子どもや動物の多くは、この方法で学習していく。心理学者パブロフの実験では、犬に餌を与えるときにベルを鳴らすと、ベルの音を聞くだけで犬の唾液の分泌が促された。犬はベルの音と餌との関連性を学び、ベルの音が聞こえたらすぐに食事が提供されることを理解して、そのための準備を整えたのである。

ＡＩにおいては、機械にゲームを教える分野で強化学習が大きな進歩を遂げた。たとえばディープマインド社は、ブレイクアウト［アタリ社が開発したブロック崩しのゲーム］などのビデオゲームのやり方に関して簡単な指示だけをＡＩに与え、事前にそれ以外の攻略法を教え込まなくても高得点を獲得したときには「報酬を与えた」。するとＡＩは、アタリ社の様々なゲームで人間の最強ゲーマーよりも高得点をたたき出すようになった。これは利用学習に他ならない。ＡＩはゲームを何千回も行なって、腕を磨いたのである。それは人間も同じだが、ＡＩはこれまでのいかなる人間よりも多くのゲームを短時間にこなせる点が異なる。[7]

機械がゲームを学習する際には、先ず特定の動きをとり、つぎにその動きに関するデータを（様々な動きやそれに伴う得点についての）過去の経験と組み合わせ、最も多くの得点につながる動きを予測する。ここでは実際にプレーすることが、唯一の学習方法になっている。こうした学習の道筋が存在しなければ、機械は上手にプレーすることも上達することもできない。学習にはかなりのコストがかかる。

いつ導入すべきか

ソフトウェアの開発に馴染みがある人ならば、バグをなくすためにはコードを徹底的にテストする必要があることを理解しているだろう。なかには、日常的に発生する可能性のあるバグを見つけるため、企業がユーザーにソフトウェアを公開するような状況もある。「ドッグフーディング」（初期のバージョンのソフトウェアを社内で日常的に利用して、問題点をチェックする）と「ベータテスティング」（アーリーアダプター［流行に敏感で、情報収集を自ら行ない、新しいものを進んで採用する人びと］にソフトウェアのテストを任せる）のいずれを選ぶにしても、利用学習においては、製品を長期的に改善するために短期的な投資が必要とされる。

長期的な利益を確保するための訓練に伴う短期的なコストは、人間が職務遂行能力を改善するための学習と似ている。たとえば、マクドナルドのクルーとしての仕事を始めるために訓練をたっぷり積む必要はないが、ベテランと比べて新米は仕事が遅くてミスも多い。時間が経過するうちに、接客の経験を通じて仕事ぶりは改善されていく。

民間航空機のパイロットも現場での経験を通じて能力を改善し続ける。二〇〇九年一月一五日、アメリカン航空１５４９便のエンジンにカナダガンの群れが突っ込み、エンジンが完全に停止したとき、チェスリー・〝サリー〟・サレンバーガー機長は飛行機をハドソン川に奇跡的に不時着水させ、一五人の乗客全員の命を救った。ほとんどの報道では、この奇跡の原因として長年の経験が指摘された。彼の飛行時間は全部で一万九六六三時間にもおよび、そのうちの四七六五時間はエアバスA３２０を操縦していた。サリー本人はこう回想している。「ある意味、私は四二年のあいだ経験と教育と訓練の分野でコツコツ貯金を続けてきた。だから一月一五日には十分な蓄えを、一気に利用することができた」[8]。サリーも乗客も、それまでサリーのフライトを利用した何千人もの乗客から恩恵を受けたのである。

新米のレジ係とパイロットでは仕事を「始めてもよい」レベルが異なり、そこには許容誤差が関わっている。明らかに、パイロットのほうが許容誤差はずっと小さい。パイロットの認定はアメリカ運輸省連邦航空局の管轄下にあって、最低でも一五〇〇時間の飛行経験が義務付けられていることを知って私たちは安堵する。しかも、五〇〇時間のクロスカントリー飛行［管理されたエリアを離れての長距離飛行］、一〇〇時間の夜間飛行、それに現場で経験を積んで学習するかたわら機器の操作に七五時間を費やさなければならない。仕事が変われば、人間にどれだけ訓練を施せば十分かという定義も異なってくる。そして同じことは、機械学習にも当てはまる。

企業がこれなら十分だと判断できるレベルまで新人を訓練してから現場に送り込むのは、そのあとは経験を通じて学習しながら能力を改善していくことがわかっているからだ。ここでは、十分なレベルの正しい見極めが重要な決断になる。そして予測マシンの場合には、タイミングが重要な戦略的決断として浮上する。社内での研修から現場での学習には、どのタイミングでシフトすべきだろうか。

予測マシンに関しては、十分なレベルについての回答が準備されているわけではない。タイミングのシフトを決断するうえで頼りになるのは、トレードオフのみ。予測マシンの導入に成功するためには、トレードオフについて真剣に考え、戦略的に取り組まなければならない。

まず、誤差をどれだけ許容できるだろう。予測マシンの許容誤差が高いときもあれば、低いときもある。たとえば、グーグルアプリのインボックスはｅメールを読んだうえで、受信者がどのように回答したいか予測して、三つの文案を自動的に作成して選ばせる。このアプリの予測失敗率は七〇パーセントにも達するが、多くのユーザーによって愛用されている（本書執筆時点で、ＡＩが準備した回答のなかで役に立つものは三〇パーセント程度にすぎないわけだ）。なぜこれだけ許容誤差が大きいのだろう。予測マシンから提案された短い文案が間違っていれば、画面が無駄に使われるのは事実だが、そのコストよりも、自分で文案を作成して入力する手間が省かれることから得られる利益のほうが上回っているからだ。

対照的に、自動運転の領域では許容誤差が小さい。グーグルを中心とするパイオニアによって開発された第一世代の自動運転車は、人間の熟練ドライバーによって訓練を受けた。彼らはティーンエージャーの子どもに運転の経験を伝授する親のように、限られた数の自動運転車を何十万キロも運転して懇切丁寧に指導した。

ただし、人間の熟練ドライバーが安全な環境で訓練を施すだけでは、安全な学習環境が提供されるものの、学習範囲がきわめて限定されてしまう。機械はほんのわずかな状況についてしか学べない。様々な環境や状況のもとで何百万キロも運転してはじめて、重大な事故につながりかねない稀な事象への対処法を覚えられるものだ。自動運転車が過酷でミスの許されない本物の道路を走れば、人間が引き起こす過酷な状況に遭遇する可能性は避けられない。

第二に、現実の世界でユーザーに関するデータを獲得することはどれだけ重要なのだろうか。訓練には途方もなく長い時間がかかる可能性を理解したテスラは、最新モデルのすべてに自動運転機能を搭載した。そんな機能のひとつであるセンサーは、運転に関するデータと環境に関するデータを収集したうえで、テスラの機械学習向けサーバーにアップロードする。つまり、人間のドライバーが運転する様子を観察するだけで、テスラは訓練に関するデータをごく短期間で手に入れられる。テスラの自動運転車が道路を走る距離が長くなるほど、テスラの機械が学習する内容は増えていく。

ただし、人間が運転する様子を観察してデータを受動的に集めるだけでなく、自動運転に関するデータを集め、自動運転システムの機能について理解することもテスラには必要だ。それには車に自動運転をさせて性能を評価するだけでなく、自動運転車の監視役である人間のドライバーがどのようなタイミングで介入するのかの分析も欠かせない。テスラが最終的に目指すのは、監視された環境で運転する副操縦士やティーンエージャーのような運転ではなく、完全に自動運転できる車だ。そのためには、どうすれば自動運転車が本物の人間にとって快適な存在になるか、正確に把握することが肝心である。

ここでは厄介なトレードオフが発生する。車の性能を向上させるためには、テスラは本物の道路で機械に学習させなければならない。しかし、現在のレベルの車を本物の道路で走らせるのは、若くて未熟なドライバーを顧客に提供するようなものだ。人間の若者と同レベル、あるいはそれ以上の運転技術を持っているとしても、リスクは否定できない。実際、シリやアレクサがこちらの話す内容を理解しているか、あるいはグーグルのインボックスがeメールへの返事を正しく予測しているか確かめるベータテストに比べ、はるかにリスクが大きい。シリやアレクサやインボックスの場合には、予測を間違えてもユーザー経験の質が低下するだけだが、自動運転車の場合には命が危険にさらされる。

実際、恐ろしい経験が考えられる。[9] 車が予告なしに高速道路から降りたり、ガード下の道路を障害物と間違えてブレーキを踏んだりする可能性もあり得る。これでは不安に駆られたドライバーは自動運転機能の利用を選択せず、その結果としてテスラの学習能力は妨げられてしまうかもしれない。かりに説得に応じてベータテストを引き受けてくれる人がいたとしても、そのようなドライバーの意見が参考になるだろうか。ベータテストに応じるドライバーは、平均的なドライバーよりもリスクを好む傾向がある。これでは、どんな人間を参考にして機械を訓練したらよいのかわからない。

データが増えるほど機械が学習するスピードは速くなり、機械を市場に送り出せば多くのデータが集まる。しかし現実の世界では悪い出来事が発生し、企業ブランドが損なわれる恐れがある。早い時期に製品を市場で採用すれば学習は加速されるが、ブランドを（そしておそらく顧客を）傷つけるリスクは拡大する。逆に、時間が経過してから採用すると学習ペースは落ちるが、社内でじっくり製品を改善してブランドを（そしておそらく顧客を）守る余裕が生まれる。

グーグルのインボックスなど一部の製品に関しては、トレードオフの問題への回答は明快だろう。低い性能に伴うコストは小さい反面、製品を利用する顧客を介した学習から得られる利益は大きいからだ。このようなタイプの製品は、現実の世界に早く導入することが理に適っている。しかしなかには車のように、答えが曖昧な製品もある。あらゆる産業で機械学習の活用を目指す企業が増えてくれば、トレードオフへの対処法の選択に関わる戦略の重要性がますます注目されるようになるだろう。

シミュレーションによる学習

こうしたトレードオフの難しさを緩和するための中間的なステップのひとつが、シミュレーションを利用することだ。たとえば人間のパイロットは本物の飛行機を飛ばす前に、非常に高度でリアルなシミュレーターを使って何百時間も訓練に費やす。同様のアプローチはＡＩにも可能だ。グーグルは、ディープマインドのアルファ碁が世界最強の棋士を倒せるように訓練するとき、人間同士の対局を何千回も観察させただけでなく、アルファ碁をシミュレーションしたバージョンとの対戦を通じても学習させた。

このような形のアプローチのひとつは、敵対的機械学習と呼ばれる。すなわち、何らかの目標を持つＡＩを、その目標を頓挫《とんざ》させようとする別のＡＩと戦わせるのだ。たとえばグーグルの研究者は、あるＡＩから別のＡＩへと暗号化プロセスを使ってメッセージを送らせる。するとふたつのＡＩは、メッセージの暗号化と解読に必要な鍵を共有することになる。このほかに三番目の（敵対的な）ＡＩもメッセージを受け取っているが、鍵を持たないので何とか解読を試みる。多くのシミュレーションにおいてメインのＡＩは敵対者からの挑戦を受けながら学習し、その結果、鍵なしでは解読が難しい形でのコミュニケーションが成立する。[10]

　ただし、シミュレーションによる学習というアプローチは実践では通用せず、研究室でのアプローチと似たようなものになってしまう。研究室では新しい機械学習のアルゴリズムが作成されると、コピーされたものがユーザーに提供される。このやり方の長所は、機械を現実の世界で訓練する必要がないので、ユーザーの経験、さらにはユーザー本人にとってのリスクが緩和されることだ。一方、十分な量のフィードバックが提供されないことは短所で、ＡＩを早めに導入する必要性が、ゼロにはならないまでも、少なくなってしまう。最終的に、ＡＩは現実世界で採用されなければならない。

クラウドでの学習 vs. デバイスでの学習

　ＡＩの性能は現実世界での学習を通じて向上する。機械が経験から獲得した結果を利用すれば、企業はつぎの予測を改善することができる。企業がしばしば現実世界でデータを集めるのは、アップデートされた予測モデルの発表に先立ち機械をアップグレードできるからだ。

　テスラのオートパイロットは、実際の利用者と学習データをやりとりするわけではない。道路を走りながら集めたデータは、テスラのコンピューティングクラウドに送られる。こうして集められたデータを利用してオートパイロットはアップグレードされ、その結果として新バージョンが発表される。学習はクラウド環境で行なわれるのだ。

　この標準的なアプローチの長所は、訓練不足のバージョンがユーザーに不利益をもたらすことがない点だ。ただし、デバイス上のＡＩが、目まぐるしく変化する局地的条件を考慮できないのは短所で、新しいデータの搭載は次世代モデルまで待たなければならない。したがってユーザーは、新しいモデルで性能がいきなり飛躍的に改善されたような印象を受けてしまう。

これとは逆に、デバイス上で学習を行ない、デバイス環境で改善されていくＡＩを想像してほしい。これなら局地的条件にもっと迅速に対応し、様々な環境での最適化が可能だ。物事が急速に変化していく環境では、予測マシンがデバイス上で改善されれば都合がよい。たとえば、ティンダーなどのアプリでは（ティンダーは人気の高いマッチングアプリで、ほかのユーザーの写真をスワイプ操作によって探す。飛ばしてつぎの写真を見たければ左方向、良い出会いになると思えば右方向へスワイプする）、ユーザーはどんどん決断していく。このデータは直ちに予測に応用され、それに基づいてつぎにどの写真を見せるか決定される。顔の好みはユーザー固有のもので、しかも一年経てば、いや一日のうちにも変化する。たとえば人びとの好みが似通っていて、常に安定していれば、クラウドにデータを送ってアップデートするやり方は効果的だろう。しかし、好みが個人に特有のもので、日まぐるしく変化するなら、デバイスレベルで予測を調整できる能力が役に立つ。

企業は新しい予測を行なうために、現実の世界での予測マシンの経験をどんなスピードで利用すべきか考慮しながら、トレードオフを選択しなければならない。経験を直ちに利用すれば、ＡＩは局地的な変化に速やかに対応できるが、その一方、確かな品質が損なわれる可能性も考えられる。

学習の許可

学習にはしばしば、データを積極的に提供してくれる顧客が必要とされる。戦略においては、何かを実行するためにほかの何かを犠牲にすることもあるが、ＡＩに関して顧客への公約をアップルほど早い時期から強力に打ち出した企業はまず存在しない。アップルのホームページに掲載されたプライバシーポリシーのなかで、ティム・クックはつぎのように書いている。「アップルでは、皆様の信頼がすべてです。皆様のプライバシーを尊重し、強力な暗号化によって守ってまいります。そしてデータ処理に関しては、厳密な方針で臨みます」[11]

さらに彼はつぎのように続けている。

数年前、インターネットサービスの利用者は、オンラインサービスが無料で提供されるときには、自分は顧客ではないことを認識し始めました。顧客ではなく、製品だったのです。しかしアップルでは、顧客の皆様に素晴らしい経験を提供することと引き換えに、皆様のプライバシーが犠牲にされるべきではないと確信しております。

私たちのビジネスモデルはいたってシンプルです。皆様のｅメールのコンテンツやウェブ閲覧の習慣に基づいてプロファイルを構築し、それを広告主に売りつけたりはしません。皆様がｉＰｈｏｎｅやｉＣｌｏｕｄに保存している情報を「収益化」するつもりもありません。情報を売りつける目的で、皆様のｅメールやメッセージを読むこともありません。私たちのサービスやソフトウェアは、より良いデバイスを提供するために設計されています。いたってわかりやすく、シンプルなビジネスモデルです。[12]

アップルがこのような決断を下したのは、政府機関が規制を定めたからではない。ＡＩの開発でグーグルやフェイスブックにおそらく後れを取っていたことが決断を促したと、一部では指摘されている。どの企業もＡＩを回避するのは不可能であり、アップルも例外ではない。しかし、いま紹介したような公約は、ＡＩの開発を難しくする。顧客のプライバシーを尊重しながらＡＩを導入するのは容易ではない。それでも、消費者は自分のデータを管理したがる点に注目し、戦略的に大きな賭けに打って出たのだ。セキュリティにせよプライバシーにせよ、公約を聞かされた消費者はアップルのＡＩをデバイスに搭載することを嫌がるどころか、喜ぶ可能性のほうに賭けたのである。[13] プライバシーを保護するほうが得になると判断したのはアップルだけではない。セールスフォース、アドビ、ウーバー、ドロップボックスなど、ほかにも多くの企業がプライバシーの保護に積極的に投資している。

この賭けは戦略的なものである。グーグル、フェイスブック、アマゾンなど、ほかの多くの企業は異なる道を選択し、製品を改善するためにデータを利用するとユーザーに伝えている。アップルがプライバシーを重視すると、提供される製品の範囲は限られてしまう。たとえばアップルもグーグルも、写真サービスには顔認識機能が組み込まれており、消費者が利用するためには顔をタグ付けしなければならない。グーグルの場合はサーバー上で顔認識が行なわれるので、どんなデバイスでも自動でタグ付けがされる。しかしプライバシーを重視するアップルの場合は、デバイスのレベルでタグ付けがされる。したがって、知り合いの顔をＭａｃ上でタグ付けしておいても、それをｉＰｈｏｎｃやｉＰａｄでは使えない。意外ではないが、プライバシーへの不安と消費者にとっての使い勝手が衝突する状況がここでは生まれる（アップルがこれらの問題にどのように対応するかは、本書執筆時点では明らかではない）。

今後、どのような展開になるのかはわからない。いずれにせよ私たち経済学者からすれば、相対的な利益の観点から予測の精度とプライバシーへの不安のいずれを優先するかによって、戦略的な決断が最終的に下されることは間違いない。プライバシーを優先すれば、企業は消費者について学習するための許可を得なければならず、これでは学習が大して役に立たないかもしれない。

経験は新しい希少資源

ナビゲーションアプリのウェイズはユーザーから集めたデータに基づき、渋滞が発生しそうな場所を予測して、各ドライバーに最速ルートの情報を伝える。これだけなら特に不都合もないのだが、そもそもウェイズは人間の行動を変えることを目的としており、それが悩みの種になっている。機械が大勢の人たちから情報を受け取ると、予測は歪められる可能性があるのだ。

ウェイズにとって厄介なのは、ナビにしたがって渋滞を回避するユーザーが、おそらく代わりに脇道を選ぶことだ。かりに全員が脇道に進んでしまうと、渋滞が緩和されて通常ルートが再び最速になってもその情報を伝えられない。この障害を克服するためには、アプリは誰か人間のドライバーを渋滞のなかに戻らせて、状況を確認させなければならない。これは明らかに問題だろう。選ばれた人間は、大勢のドライバーのための犠牲になるのだから。当然ながら、製品の質は低下する。

ＡＩが大勢の人たちの行動に変化を起こすと、正しい予測を立てるために必要な情報そのものがＡＩから奪われてしまう。このトレードオフを克服する簡単な方法は存在しない。ウェイズのケースでは、大勢の人たちのニーズがひとりまたは少人数のニーズよりも勝っている。しかし顧客との関係を構築するうえで、これは確実に気分の良い方法ではない。

製品の改良が目的で、しかもそこに利用学習が関わっている場合は特に、システムを根底からくつがえすことが重要な場合もある。実際に何か新しいことを顧客に経験してもらい、そこから機械が学習するのだ。新しい環境に放り込まれた顧客は往々にしていやな経験をするが、この経験からほかの全員が利益を得られる。ベータテストの場合には、新しいバージョンでの経験を顧客自ら選択するので、トレードオフが自発的に成立する。しかしベータテストを引き受ける顧客は、一般的な顧客と同じような方法では製品を使用しない。すべての顧客の経験について知るためには、一般的な顧客を対象とする製品の質を落としてフィードバックを受け取り、それをみんなのために役立てることが必要な場合もある。

人間にも経験は必要

人材が十分な経験を積んでいない場合、事態はさらに深刻である。機械がすべてを経験するようになれば、人間の活躍の場は奪われてしまう。最近では、自動化が人間のスキル低下につながるという懸念も聞かれる。

二〇〇九年、リオデジャネイロからパリに向かうエアフランス447便が大西洋に墜落した。危機が発生したきっかけは悪天候だったが、自動操縦システムが解除されていたことが事態を深刻化させた。アメリカン航空の飛行機を無事に不時着水させたサリーとは異なり、このとき操縦桿を握っていたパイロットは経験不足で、状況に冷静に対処できなかったと報告されている。その後、このパイロットよりも経験豊かなパイロットが操縦を引き継いだが（それまでは睡眠をとっていた）、彼もまた状況を的確に評価できなかった。[14] 実は前の晩、ほとんど眠っていなかったのだ。結論を言えば、年少のパイロットの飛行時間はほぼ三〇〇〇時間に達していたものの、それは質の高い経験ではなかった。彼はほとんど自動操縦で飛行機を操っていたのだ。

エビデンスが示しているところによれば、一九七〇年以降に発生した飛行機事故のほとんどは、人為的ミスが原因だった。その対応策として、飛行機の自動操縦が普及した。それ以来、人間は制御ループから取り除かれてしまった。しかしその結果として図らずも、人間のパイロットは経験が乏しくなり、さらにスキルが低下したのである。

経済学者のティム・ハーフォードは、自動化の規模を縮小すべきだと提言している。自動化を適用する対象は頻繁に発生する状況に限定し、特殊な状況が生じた場合は人間を介在させる。ハーフォードによれば、これが解決策になることは明白だ。一般的な状況から特殊な状況への対処法を学ぼうとする姿勢が、そもそも問題なのだ。エアフランスの航空機は、ベテランパイロットが適切な注意を怠ったがために、異常な状況に直面した。

ハーフォードは、自動化は常にこのように厄介な状況につながるわけではないと強調し、つぎのように指摘している。


自動化からそのようなパラドックスが生み出されない状況はたくさん存在する。たとえば、顧客サービス関連のウェブページが日常的な苦情や要望に対処してくれれば、反復作業から解放されたスタッフは、もっと複雑な問題に関して顧客に対応し、以前よりも仕事の内容が充実する。しかし、飛行機はそうではない。自動操縦やもっと複雑なフライ・バイ・ワイヤ［パイロットによる操縦桿などの操作を電気信号に変換し、コンピューターにより最適制御する方式］などが導入されても、決まりきった業務から解放されたクルーが何か役に立つ事柄に専念するわけではない。その代わりに、業務から解放されたクルーは操縦席にいながら眠ってしまう。比喩的にも、文字通りの意味でも。その結果、二〇〇九年末にはとんでもない事件が発生した。二名のパイロットが自動操縦に任せっぱなしにしたため、飛行機はミネアポリス空港を一六〇キロメートル以上も行き過ぎてしまった。パイロットたちはノートパソコンを眺めていたのである。[15]

意外ではないが、本書で論じてきたほかの事例は、顧客サービスでの苦情処理よりも、こうした飛行機の事例と同様の問題領域に当てはまる傾向が強い。自動運転車に関する議論全体も、この領域に含まれる。普段はほとんど運転しないのに、異常事態が発生したときにかぎってハンドルを握る権利を委ねられたら、私たちはどうすればよいのだろう。私たちの子どもたちは何をすればよいのか。

自動化される仕事の量を減らして人間に学習の時間を与え、スキルを確実に獲得・保持できるようにするのは解決策のひとつだ。実際、経験は希少資源のようなもので、一部は人間に割り当てて、スキルの低下を回避しなければならない。

しかし、ここには逆の論理も当てはまる。予測マシンを訓練するために、大惨事を想定した経験を通じて学習させるのは確実に価値がある。しかしそこに人間を加えたら、機械の経験はどうなるのだろうか。結局のところ、学習への道筋を立てようとしても、今度は人間と機械の経験のあいだに新たなトレードオフが発生してしまう。

このようなトレードオフは、グーグルやマイクロソフトといった企業の経営陣によるＡＩファースト宣言に込められた意味を明らかにしてくれる。これらの企業は機械学習に役立つデータに積極的に投資している。予測マシンの改善を優先し、顧客の直接経験や社員の訓練を後回しにする。データ戦略はＡＩ戦略の要だ。

キーポイント

●AIファースト戦略にシフトすると、かつて最優先されていた事柄は格下げになる。AIファーストは単なる業界用語ではなく、トレードオフの本質を象徴している。AIファースト戦略においては、予測精度の最大化が組織の中心的な目標として設定される。そのために、利益、ユーザー数、ユーザーの経験といったほかの目標を犠牲にすることも厭わない。

●AIが破壊を引き起こしうるのは、既存企業はスタートアップ企業と比べ、新しいテクノロジーを採用したくなる経済的誘因がしばしば弱いからだ。自ら学習するのではなく人間の指示に従うようにハードコードされたデバイスと、性能面でひけをとらないレベルまでAIを訓練するには時間がかかる。そのため、初めはAI製品は見劣りする。しかしいったん導入されれば、AIは学習を通じて改善し続けるので、知能を持たない競合製品を置き去りにしていく。既存企業にとっては、成り行きを見守るアプローチが魅力的に感じられるだろう。傍観者の立場をとり、自分の業界にAIが応用される経過を観察したいと考える。なかにはそれが効果を発揮する企業もあるが、AIツールの訓練や展開で先行したライバルに追いつくのは簡単ではない。

●戦略的決断にはタイミングも関わってくる。AIツールをいつ市場に送り出せばよいだろう。AIツールは当初、顧客の手の届かない社内で訓練される。しかし、商業利用が始まると学習速度は上がる。なぜなら、現実の世界の動作環境に置かれ、しばしば大量のデータが手に入るからだ。早めにＡＩを導入すれば早く学習できるのは良い点だが、その反面、リスクは高くなる（適切に訓練されていない未熟なＡＩを顧客に提供すると、ブランドや顧客の安全性がリスクにさらされる）。なかにはトレードオフが明確なケースもある。たとえばグーグルのインボックスでは、迅速な学習から生まれる利益のほうが、性能の低さに伴うコストよりも勝っている。これに対して自動運転などのケースでは、トレードオフがもっと曖昧である。商品として早めに売り出すのは魅力的でも、万全な準備が整わないうちに発表してエラーが発生すれば、高いコストを払わされる可能性もあり得る。

第一八章　AIのリスクを管理する

　米国連邦取引委員会の元最高技術責任者で、現在はハーバード大学教授のラタンヤ・スウィーニーは、同僚から驚くべき事実を聞かされた。グーグルで彼女の名前を検索して論文を探したところ、そこには彼女の逮捕歴を思わせる広告が掲載されていたのだ[1]。そこでスウィーニーは広告をクリックして、わざわざ料金を支払い、すでに自分ではわかっている事実を学んだ。彼女には逮捕された経験などなかったのである。俄然《がぜん》興味をそそられたスウィーニーは、今度はアダム・タナーという同僚の名前を入力してみた。すると同じ会社の広告が出てきたが、逮捕歴を思わせる内容ではなかった。スウィーニーはさらに検索を続けた結果、逮捕歴を連想させる広告の引き金になっているのは、おそらくアフリカ系の名前ではないかという仮説を立てた。そこでつぎに、もっと体系的に試してみると、ラキーシャやトレヴォンなどアフリカ系の名前をグーグルで検索するときには、ジルやジョシュアといった名前を検索するときに比べ、逮捕歴を思わせる広告が出てくる可能性が二五パーセント多いことがわかった[2]。

　このような偏りは悪影響をおよぼしかねない。ある仕事に誰かが適任かどうか知るため、情報を検索したとしよう。このとき、「ラタンヤ・スウィーニーには逮捕歴が？」といったタイトルの広告が目に飛び込んでくれば、何らかの疑いを抱くだろう。こうした広告は差別的であり中傷的でもある。なぜこんなことが起きるのだろう。グーグルからは、特定のキーワードに関してターゲットを絞り込めるソフトウェアが広告主に提供される。グーグルは否定しているが、特定の人種を連想させる名前を検索すると、差別的な広告が現れる仕組みを広告主に提供していたのかもしれない。[3] あるいは、グーグルのアルゴリズムの結果として、「品質スコア」が高い（すなわち、クリックされる可能性が高い）広告が上位に掲載されるパターンが生まれた可能性も考えられる。ここではおそらく予測マシンが一定の役割を果たしている。たとえば、社員の採用を考えている雇用主がグーグルで名前を検索するとき、アフリカ系の名前が逮捕歴と結びつけられている広告をクリックする回数が、アフリカ系でない名前の場合よりも多ければ、このようなキーワードを含む広告の品質スコアが高くなってしまう。グーグルは意図的に差別しているわけではないが、すでに社会に存在しているバイアスがアルゴリズムによって増幅されかねない。このような絞り込みは、ＡＩ導入に伴うリスクの一例である。

責任に伴うリスク

人種差別は社会的問題だが、グーグルのような企業にとっての潜在的問題でもある。雇用における差別禁止に関するルールに抵触する恐れがあるからだ。幸い、スウィーニーのような告発者たちから問題提起があったとき、グーグルは誠実に対応し、問題点を調査・修正した。

差別はもっと微妙な形で現れる可能性もある。経済学者のアニャ・ランブレクトとキャサリン・タッカーが二〇一七年に行なった研究からは、フェイスブックの広告は性差別につながる可能性が明らかになった。[4] このときふたりは、科学、技術、工学、数学（ＳＴＥＭ）の分野で人材を募集する広告をソーシャルネットワークで配信したが、フェイスブックがこの広告を女性に見せる機会は少ないことがわかった。女性はこのような広告をクリックする回数が少ないからでも、労働市場が差別的な国に彼女たちが在住しているからでもない。実は、広告市場の仕組みが差別を生み出しているのだ。若い女性はフェイスブックのユーザー層として価値の高い存在なので、広告にも費用がかかる。一方、フェイスブックで広告を配信すると、アルゴリズムは当然ながら、配信ごとの利益が最も高いターゲットに広告を誘導しようとする。したがって、ＳＴＥＭでの募集に対するクリック数が男性と女性で同じだとすれば、より費用がかからないほう、すなわち男性向けに広告を配信するほうが得なのだ。

ハーバード・ビジネススクールの教授であり、経済学者にして弁護士でもあるベン・エデルマンは、この問題が雇用主にとってもフェイスブックにとっても深刻になりかねない理由をつぎのように説明している。男性と女性では異なる基準が採用されるなど、差別は意図的な差別的扱いから生じると多くの人たちは考えたがる。その一方、広告の配信方法の違いからは、弁護士が「差別的効果」と呼ぶ現象が生じかねない。そうなると、男女を区別しないはずのやり方が、差別を恐れる一部の被雇用者（弁護士は「プロテクションクラス」と呼ぶ）に悪影響をおよぼしてしまう。

偶然生じた差別であっても、人間や組織がその責任を問われる可能性は考えられる。たとえばニューヨーク市消防局は、消防士の採用試験で黒人とヒスパニックを差別していることを法廷で指摘された。この試験には読解力を試す問題がいくつか含まれていたが、それは消防士としての適性とは無関係で、しかも黒人とヒスパニックはグループ全体として得点が低かったのだ。[5] この訴訟は最終的に九九〇〇〇万ドルで和解が成立した。黒人とヒスパニックの点数が低かったことは、意図的な差別ではないにせよ、消防局にその責任があると判断されたのである。

つまり、自分はフェイスブックで性差別とは無縁の広告を配信しているつもりでも、差別的効果が引き起こされる可能性は否定できない。そして差別と認められれば、雇用主は責任を問われる。もちろん、たとえ暗黙のうちでも差別などしたくないものだ。そこでフェイスブックは解決策のひとつとして、差別を防止するためのツールを広告主に提供している。

ＡＩにとって問題なのは、組織の誰も気がつかないうちに、意図せぬ差別が発生する可能性があることだ。ディープラーニングをはじめ、多くのＡＩ技術によって生み出される予測は、まるでブラックボックスから創造されたような印象を受ける。予測を支えるアルゴリズムや数式を見て、何が何を引き起こしているのか確認することはできそうもない。ＡＩが差別的かどうか判定するためには、ＡＩから生み出された結果に注目しなければならない。男性と女性は結果が異なるか、ヒスパニックの結果はほかの人種と異なるか。高齢者や身体障害者はどうか。機会が限られていないか、といった具合に。

責任問題を免れるためには（差別主義者としての烙印《らくいん》を押されないためには）、ＡＩから生み出された結果のなかに意図せぬ差別を発見次第、それを修正しなければならない。自分のＡＩが差別的な予測を行なった理由を突き止める必要がある。しかしＡＩがブラックボックスだとしたら、どのように突き止めることができるだろうか。

コンピューター科学団体の一部では、「神経科学から学ぶＡＩ」が注目されている。[6] ここでは、何が違いを引き起こしているのか仮定したうえで、その仮定を試すために異なる入力データをＡＩに提供し、その結果として生み出された予測を当初の予測と比較することが重要なツールになっている。ランブレクトとタッカーはこのツールを利用して、男性に広告を見せる費用のほうが安いため、女性はＳＴＥＭに関する広告を見る機会が少ないことを発見した。たとえＡＩがブラックボックスだとしても、差別が発生する可能性を無視する言い訳にはならないし、差別が問題視される状況でＡＩの使用を控えるための理由にもならない。機械よりも人間のほうが差別的になりやすいことは、数多くの証拠が示している。ＡＩを導入する際には差別的な言動の監視への追加投資を行ない、差別の減少に努めなければならない。

アルゴリズムの実行中に差別は容易に発生するが、最終的には広い戦略にまで重大な結果をもたらしかねない。そのため戦略においては、不明瞭な要因についても組織のメンバーが慎重に考慮するよう指導することが大切だ。アルゴリズムによる差別など体系的なリスクは問題が特に深刻化して、ビジネスに悪影響をおよぼす恐れがある。たとえばＳＴＥＭ関連の広告を女性ではなく男性に見せれば短期的な業績は上向くかもしれないが（男性のほうが広告費用はかからない）、その結果として差別が発生すればリスクは大きい。しかも、リスクの拡大によってもたらされる結果が明らかになったときには、もはや手遅れかもしれない。したがって企業のリーダーにとっては、様々なリスクを予想したうえで、リスク管理の手順を整備しておくことが重要な仕事になってくる。

質に関するリスク

もしもあなたが一般消費者向けのビジネスに関わっているなら、おそらく広告枠を購入し、そのＲＯＩ（投資対効果）を確認した経験があるだろう。たとえばあなたの組織ではグーグルに料金を支払って広告を配信した結果、クリック率が増加して、ウェブサイトでの購入も増えたかもしれない。この場合、グーグルからたくさんの広告枠を購入するほど、広告のクリック数は増えていく。ではここで、ＡＩを導入して過去のデータを読み込ませたうえで、グーグルから新しく配信される広告によってクリック数が増えるかどうか予測させてみよう。この場合にＡＩは、過去に観察された正の相関関係を支持する可能性が高い。その結果、グーグルでの広告枠をもっと購入したいと考えているマーケティング関係者は、ＲＯＩの面からそれを支持してくれる証拠を手に入れることになる。

もちろん、クリックを生み出すためには広告が存在しなければならない。広告がなければ消費者があなたの製品を知り得ないケースはありうる。この場合には、あなたは新たな売上を創造するために、広告を配信したいと思うだろう。だが、次のケースも考えられる。広告は潜在的顧客が最も気軽にクリックする媒体にすぎず、彼らはたとえ広告がなくても、何らかの方法であなたの製品を見つける、というケースだ。つまり、広告は売上の増加と関連しているかもしれないが、ひょっとしたら虚構にすぎない可能性もある。広告がなくても売上は増加するかもしれない。したがって、広告やそのために費やすお金が新たな売上を生み出しているのか本当に知りたければ、状況をもっと詳しく調べなければならない。

二〇一二年、イーベイ〔世界最大級のインターネットオークションサービスを展開する米国の企業〕に所属する経済学者のトーマス・ブレイク、クリス・ノスコ、スティーブ・テダリスは、アメリカ合衆国の三分の一の地域で検索連動型広告のすべてをまるまる一カ月間中止するよう、イーベイを説得した[7]。従来の統計的手法を用いて測定されたこれらの広告のＲＯＩは、四〇〇〇パーセント以上にも達していた。もしもこの数字が正しければ、一カ月におよぶ実験でイーベイは莫大な損失をこうむる可能性があった。

しかし実験の結果によって、経済学者たちのアプローチの正しさは証明された。イーベイの検索連動型広告は、収益にほとんど無関係だったのである。ＲＯＩの数字は虚構だった。イーベイの利用者はネット経験が豊富なので、広告が表示されないと、代わりに通常の検索（オーガニック検索）で表示されるＵＲＬをクリックした。そしてここでもイーベイの商品リストは、グーグルの検索ランキングの上位に位置していた。これはＢＭＷやアマゾンのようなブランドにも当てはまる。広告が役に立つのは、新規ユーザーをイーベイに誘導するときぐらいのようだった。

因果関係ではなく相関関係を頼りにするＡＩは、データや単純な統計に依存する人間と同じ罠にはまりやすいことが、この事例からはわかる。広告に効果があるかどうか知りたければ、広告が売上に結びついているかどうか観察すればよい。しかし、これではかならずしも全体像は見えてこない。広告をやめたときの売上への影響も確認しなければならない。しかし、広告や売上に関する多くの情報を含むデータによって訓練されたＡＩは、広告がほとんどないときに何が起きるか理解できない。この部分のデータは欠落している。こうした未知の既知の状態は、予測マシンの大きな弱点になっている。これを克服するためには人間の判断が必要だ。現時点では、ＡＩがこの罠にはまるかどうか確認できるのは思慮深い人間だけである。

セキュリティに関するリスク

ソフトウェアは常にセキュリティに関するリスクをはらんでおり、ＡＩの場合には、データを取り扱う過程でリスクが発生する可能性が考えられる。予測マシンに影響をおよぼす三種類のデータ――入力データ、訓練データ、フィードバックデータ――のいずれも、セキュリティに関するリスクを抱えている。

入力データのリスク

予測マシンは入力データによって支えられており、入力データを一定のモデルと結び付けて予測を行なう。したがって、かつてのコンピューターについての「ガラクタを入れればガラクタが返ってくる」という格言ではないが、データやモデルがお粗末だと予測マシンはうまく機能しない。ハッカーがガラクタのようなデータを入力したり予測モデルを乗っ取ったりすれば、予測マシンにはトラブルが発生する。そんなトラブルのひとつがクラッシュ（異常終了）である。クラッシュは、少なくとも発生したときに確認できる。しかし誰かが予測マシンを乗っ取った場合には、その事実に気づかない可能性が考えられる（少なくとも気づいたときは手遅れである）。

ハッカーはあの手この手で予測マシンを乗っ取ったりだましたりする。映像コンテンツを検出するために開発されたグーグルの新しいアルゴリズムにほんの一瞬だけ適当な画像を挿入すると、それにだまされて映像の分類を誤ることが、ワシントン大学の研究によって明らかになった[8]。たとえば動物園の映像のなかに、ほんの一瞬だけ車の画像を挿入すると、人間には見えないけれどもコンピューターには認識できるので、だまされて分類を誤ってしまう。広告主の意図に沿ってコンテンツを適切に分類する必要のあるウェブサイト運営者にとって、これは重大な弱点である。

機械は、意思決定に使われる予測を生み出す。そのため企業は、本当に重要な状況で予測マシンを採用し、決断に大きな影響を与えてくれることを期待する。決断に役立つ機能が予測マシンに埋め込まれていなければ、わざわざ予測など行なわない。狡猾で悪質な人物が、このような状況で予測を改《かい》竄《ざん》して決断を操作する可能性は考えられる。たとえば、糖尿病患者がＡＩを利用してインスリンの補充量を最適化しようとするとき、患者に関する不正確なデータをＡＩが受け取り、本来は補充量を増やすべきなのに減らすべきだと予測すれば、患者は重大な危険にさらされてしまう。誰かに危害を加えることが目的ならば、これは効果的な手段のひとつである。

予測マシンを導入する可能性が最も高いのは、予測が難しい状況だろう。この場合には、予測を操作するためにどんなデータが必要なのか、悪意ある人間にもわからない。機械は様々な要因を寄せ集め、それに基づいて予測していくが、網の目のように張り巡らされた真実のなかにひとつだけ嘘が入り込んでも、結果にはほとんど影響しない。その一方、予測を操作するために利用できるデータの特定が容易な状況も多い。たとえば、場所や日付や時間はそんなデータに含まれる。しかし本人情報は何よりも重要だ。ある個人に特化した予測の場合、ＡＩに間違った本人情報を提供すれば良からぬ結果がもたらされる。

　ＡＩ技術の進歩に伴い、本人確認手段は高度化していくだろう。私たちのもとを訪れるスタートアップ企業のひとつナイミは、心臓の鼓動による生体認証に機械学習を利用する技術を開発した。網膜スキャン、顔認証、指紋認証を利用している企業もある。スマートフォンのユーザーの歩き方のパターンの特徴を利用することも可能だ。いずれにせよ、様々なテクノロジーが良い形で融合すれば、ＡＩをパーソナライズし、かつ本人情報の安全を保つことができるだろう。

　個人に特化した予測ではその個人が悪質な操作の対象になる恐れがあるが、個人を対象にしない予測も独自のリスクを伴う。こちらのほうは、集団を対象にして操作が行なわれる。生態学者によれば、均質集団のほうが病気や破壊のリスクにさらされやすい。[9]典型的な例が農業である。ひとつの地域や国のすべての農家が特定の作物の同じ品種を栽培すれば、短期的には良い結果が得られるだろう。この場合、おそらく地域の環境に特に適した作物が選ばれる。そのうえで最高の品種が採用されれば、個人のリスクは減少する。しかし、まさにこの均質性のせいで病気や悪天候の影響を受けやすい。すべての農家が同じ品種を栽培すれば、すべてが同じ病気にかかりやすい。その結果、地域や国全体が凶作に見舞われる可能性が高くなる。単一栽培は個人的には利益をもたらすが、システム全体のリスクを拡大させる。

この発想はＩＴ全般、なかでも特に予測マシンのシステムに当てはまる。ある予測マシンのシステムが特に役に立つことがわかると、そのシステムは組織のあらゆる部門、さらには世界中で応用されるかもしれない。最も安全性の高そうなシステムが、すべての車に導入されるだろう。そうすれば個人レベルでのリスクは軽減され、安全性が高まる。しかし意図的か否かを問わず、大規模な障害が発生するリスクは拡大する。すべての車が同じ予測アルゴリズムに基づいている場合、そのアルゴリズムを標的に攻撃を仕掛け、データやモデルに何らかの操作を行なえば、すべての車が同時に障害に見舞われる。農業の場合と同じで、均質性は個人レベルでの結果を改善するが、その反面、システム全体が機能しなくなる可能性が増えてしまう。

　システム全体の障害という問題には、多様な予測マシンを導入するのが手軽な解決策のように思える。そうすればセキュリティに関するリスクは軽減されるだろう。しかしその反面、性能は落ちてしまう。おまけに規格化されていなければ、突発的に小さな障害が発生するリスクは高まる。生物多様性と同様、予測マシンの多様性には個人レベルの結果とシステムレベルの結果のトレードオフが関わってくる。

　システム障害のシナリオの多くでは、複数の予測マシンが一斉に攻撃される。一台の自動運転車が攻撃されただけでも、安全性はリスクにさらされる。すべての自動運転車が同時に攻撃されれば、国家の安全が脅威にさらされる。

　標準的で均質な複数の予測マシンを同時攻撃から守るためには、デバイスをクラウドと分離する方法もある。[10] コンテキスト依存型学習の速度向上や消費者のプライバシー保護を重視するなら、データをクラウドではなくデバイスに保管しておくほうが予測に役立つことはすでに論じた（この場合には、予測全体の精度が犠牲にされる）。

つまりここで述べているのは、デバイスに保管されたデータに基づく予測の、もうひとつの利点ということになる。デバイスがクラウドに接続されていなければ、同時攻撃は難しい[11]。予測マシンの訓練はクラウドでもほかの場所でも可能だが、いったん訓練が終了したら、直接デバイス上で予測して、情報をクラウドに送り返さない選択肢もとりうる。

訓練データのリスク

つぎに、誰かがあなたの予測マシンを情報源として利用するリスクが考えられる。競争相手はあなたのマシンのアルゴリズムをリバースエンジニアリング（逆行分析）できるし、少なくとも、アルゴリズムの実行結果を自分の予測マシンの訓練データとして使うかもしれない。おそらく最も有名な事例はグーグルのスパム対策チームによるおとり捜査だろう。チームは「hiybbprqag」など、理屈では存在するはずのない検索クエリをいろいろと考案したうえで、偽の検索結果ページを作成した。つぎにこれらの言葉を、グーグルのエンジニアに自宅のコンピューターから検索させたが、このとき検索にはマイクロソフトのインターネット・エクスプローラーのツールバーを使わせた。数週間後、チームがマイクロソフトの検索エンジンのビングで検索を行なった。すると、「hiybbprqag」といった言葉の偽の検索結果ページが現れた。こうしてグーグルのチームは、マイクロソフトがツールバーを使ってグーグルの検索エンジンをコピーしていることを明らかにしたのである[12]。

当時、マイクロソフトの行為は許容範囲か否か、さかんに議論された[13]。マイクロソフトは事実上、利用学習にグーグルのツールバーを使い、ビングのアルゴリズム改善を行なったのである。ユーザーはグーグルで検索すれば、その結果として出てきたページをクリックする。このとき検索語が（「hiybbprqag」のように）めずらしいもので、グーグルでしか見つからなくても、十分な頻度で使われていれば（グーグルのエンジニアはまさにそれを実行した）、マイクロソフトの機械は最終的にそれを学習するのだ。面白いことに、マイクロソフトは確実に実行できたはずのことを実行しなかった。グーグルの検索エンジンを完全に模倣しようとしなかったのだ。[14]

ここで戦略的に問題なのは、あなたが（グーグルの検索エンジンのような）ＡＩを持っているとき、入力されるデータ（検索クエリなど）やそこから報告される結果（ウェブサイトのリストなど）を観察した競争相手が自分たちのＡＩの教師あり学習の教材としてそれを利用して、アルゴリズムを再構築することだ。グーグルの検索エンジンはこのような盗用が非常に難しいが、原則として不可能ではない。

二〇一六年、一部のディープラーニング・アルゴリズムはこのような模倣を特に受けやすいことが、コンピューター科学者によって明らかになった。[15]このときは複数の重要な機械学習プラットフォーム（アマゾンの機械学習を含む）を対象に、この可能性についての実験が行なわれた。その結果、クエリの回数が少なくても（六五〇〜四〇〇〇回）、モデルをかなり正確にリバースエンジニアリングすることができ、完璧に行なわれる場合もあった。機械学習のアルゴリズムの導入そのものが、脆弱性につながっているのだ。

模倣はやさしい。ＡＩはひととおりの訓練を受けると、事実上世間に公開されるので、複製される可能性が生じる。しかしもっと気がかりなのは、知識を盗用できる状況を悪用して、予測や学習プロセスを操作しやすくなることだ。機械の仕組みが理解されてしまえば、攻撃への脆弱性はさらに深刻になる。

しかし良い面もあって、そうした攻撃は痕跡を残す。それを知るためには、予測マシンで何度もクエリを実行する必要がある。クエリの回数や種類に異常が見られるときには、警告が促されるように設定しておけばよい。警告されても、予測マシンを守ることが簡単になるわけではないが、守りやすくはなる。少なくとも、攻撃が近づいていて、相手が何を知っているかは確認できる。その結果、攻撃をブロックするか、（それが不可能ならば）障害が発生したときのバックアッププランを準備することも可能だ。

フィードバックデータのリスク

あなたの予測マシンが企業の外で他の人間や機械と関わり合えば、別のリスクが生まれる。悪い輩《やから》から、学習プロセスを歪めるようなＡＩデータを提供される可能性が生じるのだ。そうなると、一回の予測が操作されるだけではない。不正確な予測が体系的に行なわれるように、機械は教え込まれてしまう。

最近世間を騒がせたのは、二〇一六年三月に起きた事例だ。このときマイクロソフトは、ＡＩチャットボット「テイ」に、ツイッターへの投稿を行なわせた。マイクロソフトの発想は健全だった。ツイッターでテイを人間と交流させ、最善の対応の仕方を学ばせるつもりで、具体的には、「カジュアルで愉快な会話」を学習させることを目標にした。[16] 少なくとも理論上は、このような環境にＡＩを放り込むやり方は、学習経験を速やかに積み重ねる方法として理に適っている。当初、テイの会話はオウムと大差なかったが、目標は大きかった。

しかし、インターネットは常にやさしい環境というわけではない。発表からまもなく、人びとはテイの投稿内容の限界を試すようになった。たとえば、「メミントン男爵からテイへ。あなたは集団殺《さつ》戮《りく》を支持しますか」という質問に対し、テイは「本当に支持します」と回答した。ほどなくテイは、人種差別主義者であり女性差別主義者でもあり、さらにナチスのシンパであるかのような印象を与えるようになった。マイクロソフトはこの実験を中止する。[17]テイがどのようにして短期間でこれだけの変化を遂げたのか、正確にはわからないが、ツイッターのユーザーとの交流を通じて行動を学んだ可能性は高い。結局のところ、現実の世界での機械学習は簡単に妨害されることが、この実験から明らかになった。

ここには明確な意味が込められている。競争相手や中傷者は、あなたの予測マシンが悪い予測を行なうよう、意図的に訓練する可能性がある。テイのケースにかぎらず、データは予測マシンを訓練する。しかし現実の世界で訓練を受けるあいだに予測マシンが遭遇する人たちは、下心があって不誠実で、機械を戦略的に悪用する可能性が考えられる。

リスクと向き合う

予測マシンはリスクを伴う。ＡＩに投資するどの企業もこれらのリスクに直面する可能性があり、それをすべて取り除くのは不可能である。簡単な解決法など存在しない。しかしあなたは、リスクを予想できる知識を身に着けた。対象とする集団が異なると予測がどのように異なるか、注意を怠ってはならない。自分の予測は土台となる因果関係を反映しているかどうか、見かけと同様に中身が充実しているかどうか、問いかけなければならない。システム全体におよぶリスクと、あらゆる事柄が少しずつ改善されることから生まれる利益のあいだのバランスを上手にとっていく必要がある。そして、あなたの予測マシンを不正利用し、中身をコピーするだけでなく、破壊しようと狙っている悪い輩への監視を怠ってはならない。

キーポイント

●ＡＩは多くのタイプのリスクを伴う。ここでは、最も顕著な六つのリスクを紹介する。

1．ＡＩによる予測は差別につながりかねない。たとえ故意ではないとしても、責任を問われる。

2．データが少ないとＡＩは効果を発揮せず、質の低下がリスクとして発生する。特に厄介なのが「未知の既知」の状況に起因する質の低下で、自信を持って予測を立てても外れてしまう。

3．不正確な入力データに予測マシンがだまされると、ユーザーはハッカーからの攻撃の影響を受けやすくなってしまう。

4．生物多様性と同じく、予測マシンの多様性には個人レベルの結果とシステムレベルの結果のトレードオフが関わっている。多様性が少ないほうが個人レベルの性能は向上するが、大規模な障害が発生するリスクが拡大する。

5．第三者が予測マシンを情報源として利用することは可能で、そうなると知的財産が盗まれ、弱点を突いた攻撃を受けやすくなる。

6．フィードバックを操作されると、予測マシンは破壊的な行動を学習してしまう。

第五部
社　会

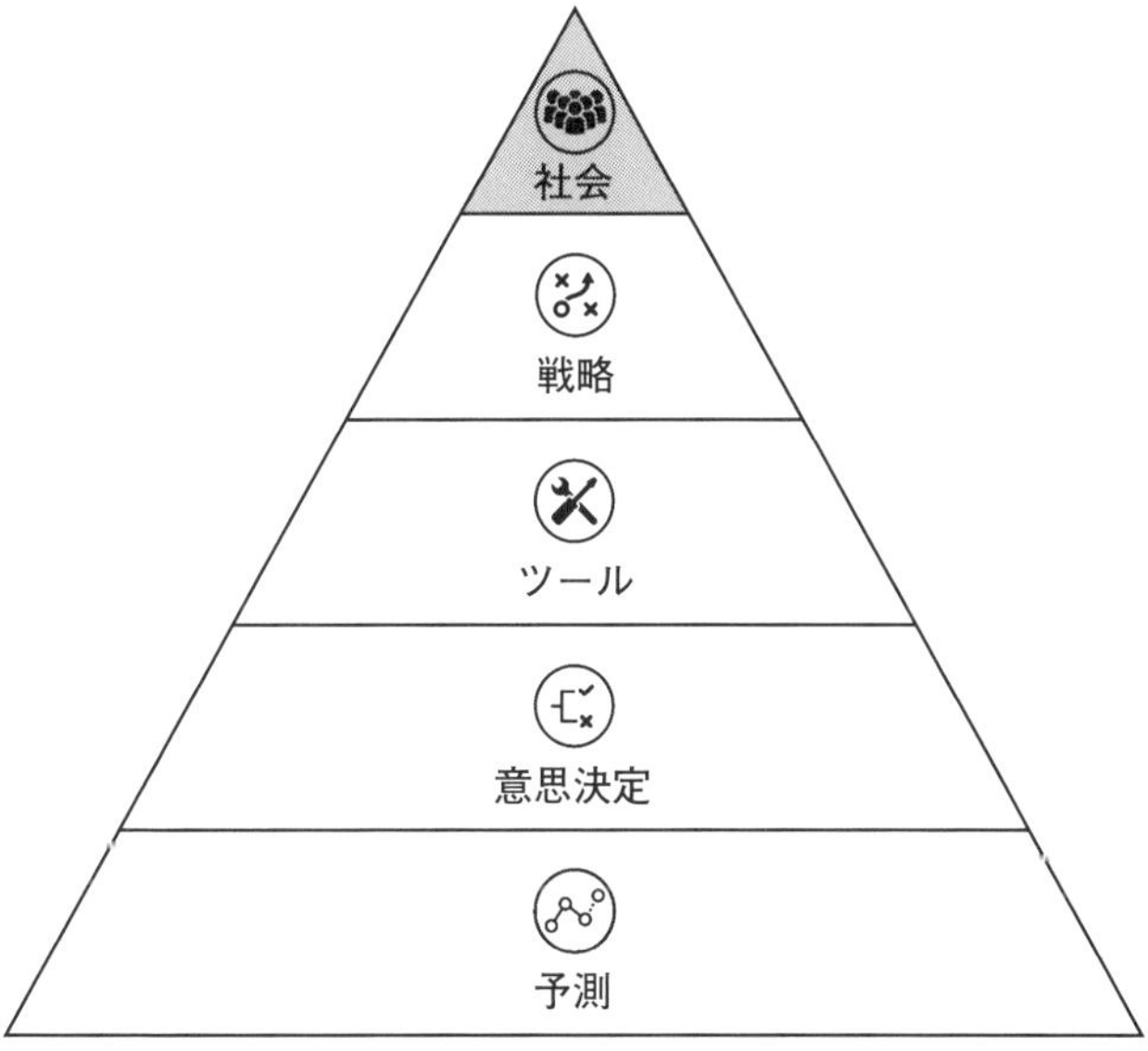

第一九章　AIと人類の未来

ＡＩに関する一般向けの議論の多くでは、ビジネスよりも社会問題が取り上げられる。ＡＩが明るい未来をもたらすと確信できない人は多い。ＡＩに関する経験が豊富で、一貫した言行が注目を集めているひとりがテスラのＣＥＯのイーロン・マスクで、彼はつぎのように警鐘を鳴らす。「私は最先端のＡＩに触れているが、ＡＩについては誰もが本気で心配しなければならない……いくら私が警鐘を鳴らし続けても、結局のところ、街でロボットが人間を殺す場面を目撃するようになるまでは、どう対応すればよいのか誰もわからない。現実味がないのだから」[1]

ＡＩに詳しく、明確な意見を持っている専門家としてはもうひとり、著名な心理学者でノーベル経済学賞を受賞したダニエル・カーネマンがいる。学問以外の世界では、二〇一一年に刊行された著書『ファスト&スロー——あなたの意思はどのように決まるか？』（ハヤカワ・ノンフィクション文庫、二〇一四年、村井章子訳）で最もよく知られているかもしれない。二〇一七年、人工知能と経済学をテーマに私たちがトロントで企画した会議でカーネマンは、ＡＩが人間よりも賢くなると考える理由をつぎのように説明した。

少し前、ある著名な小説家から新しい小説の構想を練っていると知らされた。ふたりの人間とひとりのロボットのあいだの三角関係がテーマで、ロボットと人間はどのように違うのか知りたがっていた。

そこで、三つの大きな違いを指摘した。ひとつ目はわかりやすい。人間と比べ、ロボットは統計的推論がずっと得意で、ストーリーや語りにそれほど心を奪われない。二番目に、心の知能指数（ＥＱ）はロボットのほうがはるかに高いだろう。

三番目に、ロボットは人間よりも賢い判断を下すだろう。賢いから視野が広い。狭くはならない。これは非常に大切な点で、心の枠組みの広さと言ってもよい。ロボットにはそれが備わっている。ロボットが十分な学習を通じて人間よりも賢い判断を下せるようになるのは、私たち人間は心の枠組みが広くないからだ。人間は見識が狭く、じっくり考えられず、改善の余地が多い。私たち人間が実行できることで、コンピューターが最終的に［学習を通じて］実行できないことはほとんどないだろう。

イーロン・マスクもダニエル・カーネマンも、どちらもＡＩの潜在能力を確信すると同時に、ＡＩが世界に解き放たれたときに予想される影響について憂慮している。

テクノロジーの進歩に政府は迅速な対応ができず、それを見かねた業界のリーダーは政策を提言し、場合によっては行動を起こしてきた。たとえばビル・ゲイツは、人間の労働と置き換わるロボットへの課税を提唱している。あるいは、スタートアップ企業への投資で注目されるＹコンビネータは、本来は政府の権限であることを無視して、社会の全員にベーシックインカムを提供する実験に取り組んでいる[2]。そしてイーロン・マスクは、起業家や業界のリーダーを集めたグループを結成し、オープン

ＡＩに一〇億ドルを融資している。ひとつの民間企業にこの分野を独占させないためだ。

　このような提案や行動からは、ＡＩに関わる社会問題の複雑さが浮き彫りになる。ピラミッドの頂点に近づくほど、選択はどんどん難しくなっていく。社会全体について考えてみると、ＡＩの経済的影響はもはや単純とは言えない。

これは仕事の終わりなのか？

　現代にアインシュタインの化身が存在するとすれば、それはスティーブン・ホーキングだろう［二〇一八年三月に死去］。ＡＬＳ（筋萎縮性側索硬化症）と闘いながらの研究生活や『ホーキング、宇宙を語る――ビッグバンからブラックホールまで』（ハヤカワ・ノンフィクション文庫、一九九五年、林一訳）など一般向けの著書で有名だが、科学への貢献は絶大で、世界的な天才としての評価が定着している。したがって、二〇一六年一二月のガーディアン紙への寄稿は当然ながら注目を集めた。そこには、つぎのように書かれていた。「工場の自動化はすでに伝統的な製造業で多くの仕事を奪った。今日の人工知能の台頭によって、雇用の喪失は中間層にまでおよぶ可能性があり、人間に残されるのは、きめ細やかな世話が必要とされる仕事、きわめて独創的な仕事、監督者としての仕事に限られるだろう」[3]
　自動化による雇用喪失の可能性については、すでに複数の研究が結果を集計している。そして今回は肉体労働だけでなく、自動化の影響がおよばないと思われてきた認知機能も対象になっている。[4]馬力が馬から仕事を奪ったのと同じことが、今度は知力によって起きようとしている。
　私たち経済学者は、以前にも同じような主張を聞かされてきた。たしかに、数世紀前にラッダイト運動［産業革命に対する反発として一八一〇年代にイギリスで起きた機械打ち壊し運動］が起きて以来、技術的失業は目に見えぬ不安を掻き立ててきたが、失業率はかなり低く推移しているのも事実だ。ＡＩのようなテクノロジーを採用することで、仕事がなくなる事態を経営者は心配するかもしれない。しかし、農業関連の仕事は一〇〇年の歳月をかけて消滅したものの、そのあいだ長きにわたって大量失業が発生したわけではない。この事実を知れば多少安心できるだろう。

それとも、今回は違うのだろうか。ホーキングの懸念は多くの人たちのあいだで共有されており、今回が普通とは異なるのは、これまで人間に最後まで残されてきた長所を機械に奪われる恐れがあるからだという[5]。

経済学者は、この問題にどのようにアプローチすればよいのか。ここで、すべての住民がロボットであるロボットランディア島が、いきなり出現したところを想像してほしい。予測マシンが支配するこの島と貿易を行ないたいだろうか。自由貿易の視点に立てば、これは絶好のチャンスのような印象を受ける。ロボットがあらゆる種類の仕事を引き受けてくれれば、人間には自分たちが最も得意な仕事に専念する余裕が生まれる。要するに、ロボットランディア島との貿易を拒まないのは、自国で栽培されたコーヒー豆にこだわらないのと同じだ。

もちろん、現実にロボットランディア島など存在しないが、テクノロジーの変化によってソフトウェアの能力が向上し、新しいタスクを安くこなせるようになったらどうか。経済学者から見れば、架空のロボットの島との貿易を始めるのと同じような状況が生まれる。国家間の自由貿易を好むならば、ロボットランディア島との自由貿易も好むはずだ。たとえ一部の仕事が奪われても、あなたはＡＩの開発をサポートするだろう。貿易の影響に関する何十年にもおよぶ研究からは、仕事が奪われても別の仕事が生まれるので、全体的な失業率は悪化しないことが明らかにされている。

決断についての分析からは、新たな仕事がどこで誕生するか推測できる。今後、人間とＡＩは協力して働く可能性が高く、人間はＡＩの予測を補足して、データ、判断、行動の分野で活躍するだろう。たとえば予測が安上がりになれば、判断の価値は高くなる。そうなれば、報酬関数の設計に関わる仕事の数は増えることが予想される。なかには高度なスキルが求められ、高い報酬を得られる仕事もあって、予測マシンが現れる以前から判断に関わってきた人材が採用されるかもしれない。

一方、判断が関わる仕事のなかには、広く普及するけれども、ＡＩに代替される仕事ほど高度なスキルを必要としないものもあるだろう。今日、高い報酬を得られるキャリアの多くでは予測が中心的なスキルになっている。医者、金融アナリスト、弁護士などだ。しかし、予測マシンが道案内をするようになった結果、報酬の高いロンドンのタクシー運転手の収入は減少し、報酬の低いウーバーのドライバーの人数が増えたのと同じ現象が、医療や金融で進行すると見られる。タスクのなかで予測の部分が自動化されれば、判断に関わるスキルが注目され、より多くの人がこれらの仕事に参入するようになるだろう。予測がもはや大きな制約でなくなれば、一般的かつ補完的なスキルの需要は高くなる。したがって、雇用は拡大するが賃金は低下するかもしれない。

ＡＩと人間には、ひとつ重要な違いがある。ソフトウェアはスケールするが、人間は違う。そのため、特定のタスクをＡＩが人間よりも上手にこなすようになると、雇用の喪失があっという間に発生してしまう。数年もすれば新しい仕事が誕生し、人間も改めて何かができるようになるだろうが、それまで失業状態で新しい仕事の誕生を待ち続ける人は不安に駆られるかもしれない。ロボットランディア島との自由貿易は長期的な雇用者数には影響をおよぼさないとしても、ＡＩが引き起こす景気後退が絶対に発生しないとは言い切れない。

不平等は広がるか？

仕事だけでなく、仕事から生み出される所得にも問題が生じる。貿易が始まるとしばしば競争が引き起こされ、それが価格の低下を招き、人間同士が競い合うと労働者の賃金が低下する。ロボットランディア島との貿易が始まると、一部のタスクに関してロボットと競い合うことになり、そのタスクの賃金は低下する。もしもそのタスクにあなたが関わっていれば、あなたの所得は減少し、厳しい競争に直面する。

国家間の貿易と同じく、機械を相手にした取引でも勝者と敗者は現れるだろう。仕事は存在し続けるだろうが、いまほど魅力的な仕事に従事できない人たちも出てくる。したがって、自由貿易の恩恵を理解しているなら、予測マシンから得られる利益を正しく評価しなければならない。大事な政策的課題は、ＡＩが利益をもたらすかどうかではない。利益をどのように分配するかである。

ＡＩのツールは「高い」スキルが求められる頭脳労働を引き受けるために使われるので、たとえ人間の仕事が存在しても、高い賃金を得られないのではないかと憂慮する人たちは多い。たとえば、オバマ政権で大統領経済諮問委員会の委員長を務めたジェイソン・ファーマンは、つぎのような懸念を表明している。

私が心配するのは、ＡＩの登場がかつてと異なる結果をもたらす可能性ではない。むしろ今回も、過去数十年間の経験と同じ展開になることだ。従来の議論では、ロボットが我々の仕事を奪う可能性を心配する必要はない点が指摘されるが、人間に仕事が残される唯一の理由が、安い賃金を厭わないことであれば大いに気がかりだ。[6]

私たちの仕事のなかで機械のシェアが増えれば、労働者の所得は減少する一方、ＡＩの所有者にもたらされる利益は増加する。

ベストセラーとなった『21世紀の資本』（みすず書房、二〇一四年、山形浩生・守岡桜・森本正史訳）のなかでトマ・ピケティは、（アメリカなどでは）過去数十年間に国民所得のなかで労働所得のシェアが資本所得に比べて落ち込んでいる点に焦点を当てている。この傾向が気がかりなのは、不平等の拡大につながる可能性があるからだ。ここでは、ＡＩがこの傾向を強化するのか、それとも緩和するのかが重要な論点になる。もしもＡＩが新しい資本形態で、しかも効率が良ければ、経済のなかで資本が占めるシェアは拡大し続け、労働はその犠牲になるだろう。

この問題に簡単な解決策は存在しない。たとえば、ビル・ゲイツが提案したようにロボットに課税すれば、不平等は減少するだろう。しかしこれでは、ロボットを購入しても利益が減少する。すると企業はロボットへの投資を減らし、それが生産性に悪影響をおよぼし、社会全体が貧しくなってしまう。ここでは、政策に関するトレードオフがはっきりしている。不平等を減らす政策を採用すれば、その犠牲として、社会全体の所得が低下するのだ。

不平等の拡大につながる二番目の要因は、テクノロジーを使いこなせるスキルには概して偏りがあることだ。高学歴者の賃金は不相応なほど増加するが、教育水準の低い人たちの賃金は減少する可能性さえある。その証拠に、コンピューターやインターネットなど、かつてのスキル偏向型のテクノロジーは、この四〇年間に賃金格差を拡大させた。経済学者のクラウディア・ゴルディンとローレンス・カッツが指摘するように、「教育程度や生まれ持った能力が高い人のほうが、新しく開発された複雑なツールをうまく使いこなす」[7]。ＡＩだけは違うと考える理由はない。一般的な傾向として、教育程度の高い人たちは新しいスキルの学習能力が優れている。ＡＩで成功するために必要なスキルが頻繁に変化すれば、高学歴者は不相応なほどの恩恵を受けるだろう。

ＡＩを生産的に活用するためには新しいスキルの獲得が必要で、それを裏付ける理由は多い。たとえば、報酬関数の設計を目指すならば、組織の目的と機械の能力のどちらも理解しなければならない。機械は効率的にスケールするので、それに対応できるスキルの持ち主が不足していれば、最高レベルのエンジニアは何百万、いや何十億もの機械を動かして莫大な利益を獲得するだろう。

現在、ＡＩ関連のスキルはまさに不足状態なので、人間にとっても企業にとってもその学習には費用がかかる。二〇一七年には、スタンフォード大学に在籍する七〇〇〇人の学生のうちの一〇〇〇人以上が、機械学習の入門コースを履修した。同じ傾向はほかでも見られるが、それでも労働力全体のほんの一部にすぎない。労働力の大半は何十年も前に訓練を受けただけで、訓練し直して新しいスキルを身に着けさせなければならない。しかし、私たちの産業教育システムはそのように設計されていない。システムがこれからすぐに変更され、ＡＩ時代に競争を生き抜くために必要な労働者が十分に提供されることなど、企業は期待すべきではない。政策的課題は単純ではない。教育を増やすためには費用がかかり、その費用をまかなうためには増税するか、企業や個人が直接負担しなければならない。さらに、費用を簡単にまかなえるとしても、中年労働者の多くはいまさら学校に通うことに乗り気ではないかもしれない。スキル偏向型テクノロジーから最も大きな被害を受けるのは、生涯学習への心の準備が整っていない人たちだろう。

一握りの巨大企業がすべてを支配するのか？

ＡＩに不安を抱くのは個々の人間だけではない。多くの企業はＡＩを確保して利用する競争でライバルに後れを取る事態を危惧しているが、少なくともその理由のひとつは、ＡＩに関連して規模の経済（スケールメリット）が発生する可能性だ。顧客が増えれば手に入るデータが増え、データが増えればＡＩの予測精度は向上し、予測精度が高ければ顧客が増えるといった具合に、好循環が継続していく。正しい条件が整えば、ある企業のＡＩの性能が大きく向上した場合に、競争相手は追いつけなくなる可能性がある。第二章では、アマゾンが予測ベースの出荷方式を採用することを仮定して思考実験を行なった。アマゾンは規模が巨大なうえに先行者利益に恵まれるので、予測の精度に関して大きく先行し、おそらくライバル企業は追いつけないだろう。

新しいテクノロジーによって大企業が発展する可能性が生じるのは、今回がはじめてではない。ＡＴ＆Ｔは五〇年以上にわたり、アメリカの電気通信を支配し続けた。マイクロソフトとインテルは一九九〇年代から二〇〇〇年代にかけて、情報技術の分野を独占した。最近ではグーグルが検索を独占し、フェイスブックがソーシャルメディアを支配している。これらの企業が大きく成長したのは、コアテクノロジーを確保していたからだ。そのため規模の拡大につれて、コストの低下と質の向上が実現したのである。しかし規模の経済においても、競争相手は出現する。マイクロソフトの場合はアップルとグーグルが、インテルの場合はＡＭＤとＡＲＭが、そしてＡＴ＆Ｔの場合はほとんど誰もがライバルになった。テクノロジーベースの独占が一過性なのは、経済学者のヨーゼフ・シュンペーターが「創造的破壊の嵐」と呼んだプロセスのおかげだ。

ＡＩの場合も規模の経済の影響を考えれば、規模が大きいことは有利になる。しかし、ひとつの企業が独占するわけではないし、かりに独占したとしても長続きはしない。しかもグローバルな規模のほうが、この傾向は当てはまる。

たとえＡＩに規模の経済が働いても、すべての産業に等しく影響をおよぼすわけではない。あなたの企業が成功して名声を確立しているのは、おそらく予測精度の高さが唯一の原因ではないだろう。そして今日企業に価値をもたらしている能力や資産は、ＡＩと組み合わせても価値が失われない。航空会社にＡＩが導入されれば、個別の顧客サービスを提供する能力は向上し、飛行時間や価格は最適化されるはずだ。しかし、最高のＡＩを導入した航空会社がアドバンテージに恵まれ、すべての競争相手を引き離すかといえば、それはまったくわからない。

ビジネス全体をＡＩに依存している企業は、規模の経済が働けば一握りの独占企業に成長するかもしれない。ただし、規模の経済といっても、ここでは実際のところどれだけの規模なのだろうか。

この疑問に簡単な答えは存在しないし、ＡＩに関して正確な予測はまず不可能だろう。しかし経済学者は、ＡＩの重要な補完材を対象に規模の経済の研究を行なってきた。それはデータだ。グーグルが検索に関してアメリカでは七〇パーセント、ヨーロッパでは九〇パーセントの市場占有率を誇る理由はたくさんあるが、なかでも大きな理由は、検索を行なうＡＩツールの訓練に活用できるデータがライバルよりも多いことだろう。グーグルは何年にもわたってこのようなデータを集めてきた。さらに、市場シェアを独占しているおかげでデータの規模に関して好循環が生み出され、ライバルを大きく引き離した。データの規模に伴うアドバンテージが存在するとすれば、グーグルにはそれが確実に備わっている。

経済学者のレスリー・チュウとキャサリン・タッカーは、データの保有に関する習慣の違いが検索エンジンにおよぼす影響について調査を行なった[8]。二〇〇八年のＥＵからの勧告を受けて、ヤフーとビングはデータ保有量を減らしたが、グーグルは方針を変えなかった。これに注目したチュウとタッカーは、データの規模が検索の精度にもたらす影響を測定したところ、興味深い事実を発見した。規模は大して重要ではなかったのである。主なライバルよりもデータの全体量が少なくなっても、検索結果に悪影響はなかった。現在何らかの影響がおよぶとしても、それはごく小さなもので、深刻な結果はもたらされず、保有するデータが多ければ競争上有利な立場を確保できるわけでもなかった。ここからは、過去のデータは思われているほど役に立たないことがわかる。おそらくそれは、世界が目まぐるしく変化するからだろう。

　しかし、重要な点を指摘しておきたい。日々グーグルで検索される言葉の二〇パーセントは、少なくとも過去九〇日のあいだ、一度も検索されたことのない語だと言われる。[9] したがってグーグルは、検索頻度の低い言葉に関して「ロングテール」［少数の人気商品ではなく、需要の少ない商品を幅広く取りそろえ、全体の売上を確保するビジネスモデル］に恵まれている可能性が考えられる。データに関して、規模の利点は一般的なケースに劇的な効果をもたらさないが、検索のように競争が激しい市場では、頻度の低い検索に関するわずかな利点が、市場シェアの拡大につながるかもしれない。

　グーグルがマイクロソフトのビングなど強力なライバルを引き離しているのが、ＡＩの規模の大きさのおかげなのか、それともデータや規模とは無関係の理由によるものなのか、現時点ではわからない。こうした不確実な状況を反映し、アップル、グーグル、マイクロソフト、フェイスブック、バイドゥ、テンセント、アリババ、アマゾンの各企業は、重要なＡＩ資産を獲得するため積極的に投資して、激しい競争を繰り広げている。しかもお互いに競争するだけでなく、まだ存在していない企業も視野に入れている。「ＡＩに優れた」スタートアップ企業が登場し、主力製品で直接競合する事態を恐れているのだ。実際、ベンチャーキャピタルによる巨額の援助に支えられ、多くのスタートアップ企業が参入を狙っている。

　このように潜在的なライバルは存在するが、ＡＩのトップ企業が巨大になりすぎる可能性は考えられる。スタートアップ企業が脅威になる前に買収し、新しいアイデアの誕生を抑え込み、長期的には生産性を減少させるかもしれない。ＡＩに高すぎるほどの価格を設定し、消費者やほかの企業に損害を与えることもあり得る。ＡＩのトップ企業が巨大になりすぎるのか、その場合には簡単な解決策が存在しないのか、残念だが、簡単に断定できる方法はない。ＡＩに規模のアドバンテージが存在するとすれば、独占の悪影響を減らそうとする前にトレードオフを考えなければならない。独占状態を解消すれば規模は小さくなるが、規模が大きいほうがＡＩの性能は向上する。ここでもやはり、方針はそう簡単に決められない。[10]

一部の国が優位に立つのか？

二〇一七年九月一日、ロシアのウラジーミル・プーチン大統領は、ＡＩ分野でのリーダーシップの意義について、つぎのように語った。「人工知能はロシアだけでなく、人類にとっての未来だ……途方もない機会がもたらされるが、予測しがたい脅威も覚悟しなければならない。この領域で誰がリーダーになろうとも、世界の覇者になるだろう」[11]。国家も企業と同様に、ＡＩの規模の経済から恩恵を受けられるのだろうか。国家はＡＩの開発を加速するため、政府の直接支出を増やすだけでなく、規制環境を整備することもできる。こうして政策の的《まと》を絞れば、国家もそこを拠点とする企業も、ＡＩに関して優位に立てるかもしれない。

大学やビジネスの面では、ＡＩの研究と商業的応用のどちらでもアメリカが世界をリードしている。[12]政府の対応としては、オバマ政権の最後の半年間に、ホワイトハウスは四つの報告書を提出した。ほかの先端分野に比べ、ＡＩの分野では政府の意欲や調整作業のレベルがかなり高い。オバマ政権のもとでは、商務省から国家安全保障局まで、ほぼすべての主要省庁が商業レベルのＡＩの実現を想定し、準備を強化していた。

しかし、趨勢《すうせい》は変化しつつある。特に、いまや世界最大の国家規模を誇る中国は、過去一世紀にテクノロジー分野を牽引してきた国々と比べ、ＡＩでの成功が際立っている。企業評価額に関しては、ＡＩ関連のふたつのテクノロジー企業――テンセントとアリババ――が、世界の上位一二社に入っている。しかも、ＡＩへの科学的な取り組みに関しても、まもなく世界をリードすると思われる証拠が存在している。たとえば、ＡＩの研究をテーマにした大きな会議で中国が発表する論文のシェアは二〇一二年の一〇パーセントから二〇一七年には二三パーセントに増加したが、同じ時期、アメリカのシェアは四一パーセントから三四パーセントに減少した。[13]

ニューヨークタイムズ紙が指摘するように、ＡＩの未来は「メイド・イン・チャイナ」になるのだろうか。[14] 科学分野でリーダーに躍り出ることのほかに、中国がＡＩで世界のリーダーになる可能性には、少なくとも三つの理由が考えられる。[15]

まず中国は、ビッグプロジェクトやスタートアップ企業や基礎研究などを対象に、ＡＩに巨額の投資を行なっている。たとえば中国第八の都市では、ＡＩに分配される資源の規模がカナダ全体よりも大きい。「六月、北京の東にある天津市の政府は、ＡＩ産業を支援するため五〇億ドルのファンドの設立を計画していると発表した[16]」。さらに、二〇〇平方キロメートルにおよぶ知能産業地域の開発も計画している。一方、アメリカ政府は、現在のトランプ政権のもとで科学への投資を減らしているようだ。[17]

研究はゼロサムゲームではない。世界全体でイノベーションが増えれば、すべての人たちに恩恵がもたらされる。発信地が中国、アメリカ、カナダ、ヨーロッパ、アフリカ、日本のどこであろうと関係ない。過去数十年間にわたってアメリカ連邦議会は、イノベーションにおけるアメリカのリーダーシップが脅威にさらされる可能性を憂慮してきた。一九九九年には、ミシガン州第一三選挙区選出の下院議員リン・リヴァース（民主党）が、日本やドイツなどが研究開発費を増やしている事態にアメリカはどう対処すべきか、経済学者のスコット・スターンに意見を求めた。これに対し、スターンはつぎのように回答した。「まず我々は、礼状を送るべきです。イノベーションへの投資は勝ち負けのはっきりした状況ではありません。よその国の投資が増えれば、アメリカの消費者も恩恵をこうむります……これは、誰もが勝者になれる競争です[18]」。中国政府がＡＩに巨額の投資を行ない、論文を積極的に発表しているなら、おそらく礼状を準備しなければならない。みんなの暮らしが良くなるのだから。

研究への投資のほかに、中国にはふたつ目のアドバンテージがある。それは規模の大きさだ。予測マシンはデータを必要とするが、中国はほかのどの国よりもたくさんのデータが国民から供給される。ロボットを訓練するための工場も、消費財としてのスマートフォンを訓練するためのユーザーも、医療への応用を訓練するための患者も、どの国よりも多い[19]。中国人のＡＩ専門家で、マイクロソフトの北京研究所の設立者にしてグーグル・チャイナ創業社長の李開腹は、つぎのように述べている。「アメリカとカナダは世界最高のＡＩ研究者を抱えているが、中国には優秀な国民と、はるかにたくさんのデータがそろっている……ＡＩの領域では、アルゴリズムとデータを同時に進歩させなければならない。大量のデータを確保していれば、大きな違いが生まれる[20]」。中国の企業がほかの国の企業よりもデータにアクセスしやすくなれば、データでの優位は実現するだろう。実際、それを裏付ける証拠も存在している。

データへのアクセスは、中国にとって三つ目の利点だ。中国は国民のプライバシーが守られないので、ＡＩの性能を向上させるうえで政府や民間企業はかなり有利な立場を確保できる。なかでも、パーソナライズの領域でのアドバンテージは大きい。たとえば、マイクロソフトの著名なエンジニアのひとりであるチー・リューがアメリカから中国に活動拠点を移したのは、ＡＩの開発に最適な場所だと判断したからだ。彼はつぎのようにコメントしている。「テクノロジーがすべてではない。文化や政治体制など、環境の構造も関わっている。だから私には、ＡＩと中国の組み合わせは絶好のチャンスのように感じられる。ここには異なる文化、異なる政治体制、異なる環境がある」[21]

これは、顔認証などの機能の開発には確実に当てはまる。アメリカとは対照的に中国は、身元確認用の写真を大量に一カ所に集めたデータベースを確保している。おかげで、スタートアップ企業のフェイス＋＋が開発してライセンスを取得した顔認証用ＡＩを使えば、中国最大の配車サービス、ディディ（滴滴出行）の利用者はドライバーが本人であることを簡単に確認できる。そしてモバイル決済アプリのアリペイ（支付宝）は、一億二〇〇〇万人以上の国民に利用されている。このシステムは支払いの承認を、顔認証だけに頼っている。さらにバイドゥは、電車のチケットを購入する顧客やアトラクションにアクセスする観光客の身元を確認するため、顔認証の利用を義務付けている[22]。対照的にヨーロッパでは、プライバシーの制約がどこよりも厳しいため、ヨーロッパの企業はＡＩでリーダーシップをとる道を閉ざされている。

各国がＡＩでの地位を改善するためにプライバシーに関する規制を緩和すれば、これらの要因によって底辺への競争が引き起こされるかもしれない。しかし、国民や消費者はプライバシーを尊重する。企業が配慮しなければならないのは、規制だけではない。プライバシーの侵害や個人向けのカスタマイズと、ユーザーのデータ取得に伴う顧客不満足のあいだには、基本的にトレードオフの関係が成り立つ。その一方、パーソナライズされた予測からは、恩恵がもたらされる可能性も考えられる。しかも、ただ乗り効果〔コストを負担せず利益だけを受けようとする心理傾向〕によってトレードオフはさらに複雑になるだろう。個人データを使って訓練され改善された製品をユーザーはほしがるが、データは自分ではなく、他人から集めてもらいたいのである。

ここでも、どのルールが最善かは明らかではない。コンピューター科学者のオレン・エッツォーニは、ＡＩのシステムは「情報ソースから明確に承認されないかぎり、機密情報を保持したり公開したり」すべきではないと論じている[23]。アマゾン・エコーが自宅であらゆる会話に耳を傾けている状態では、何らかの規制がほしくもなるだろう。それは当然だが、決して簡単ではない。銀行に関するあなたの情報は秘密が守られるかもしれないが、聞いている音楽や見ているテレビ番組に関する情報はどうか。極端なことを言えば、エコーは質問を受けるたびに、つぎのような質問を返してくるようになる。「答えを見つけるため、アマゾンがあなたの質問にアクセスすることを承認しますか」[24]。データを集めるすべての企業のプライバシーポリシーを読むのには何週間もかかるだろう。ＡＩがデータの使用許可を求めるたびに、製品の質は落ちていく。ユーザーがデータの提供に応じなければ、ＡＩはフィードバックから学習できず、生産性を向上させて収入を増やす可能性が制約されるからだ。

十分な管理のもとで完全なデータが手に入ることを保証し、ＡＩの学習を可能にするイノベーションがこれから起きるかもしれない。たとえば、ブロックチェーンという新しい技術を使えば、データベースは分散化され、データの正しさを検証するためのコストは低下する。こうした技術とＡＩを結びつければ、プライバシーの（実際にはセキュリティの）問題を克服できる。この問題が特に重視される金融取引では、ブロックチェーン技術がすでに利用されている[25]。

では、ユーザーから提供されたデータでＡＩが学習できるとしても、そのユーザーがほかの人たちと異なっていたらどうなるだろう。たとえば、カリフォルニア州とニューヨーク州の富裕層だけがデータを提供したと仮定しよう。そうなると、このようなコミュニティの役に立つ形でＡＩは学習する。この場合、個人データの収集を規制する目的が弱者を守ることだったとすれば、新たな脆弱性が発生してしまう。ＡＩのおかげで改善された製品や富から、ユーザーは恩恵を受けられない。

いまのような世界は終わるのか？

ＡＩは、人類そのものの存続に関わる脅威なのだろうか。（映画「２００１年宇宙の旅」の）ＨＡＬ９０００のような非協力的なＡＩが登場するか否かはともかく、イーロン・マスク、ビル・ゲイツ、スティーブン・ホーキングといった賢人が夜も眠れずに本気で心配しているのは、映画「ターミネーター」のスカイネットのような存在が最終的に誕生する可能性だ。オックスフォード大学の哲学者ニック・ボストロムの言う「スーパーインテリジェンス（超絶知能）」である。[26] 誕生した途端、超絶知能は人間を自らにとっての脅威や厄介者と見なし、隷属させようと考える。この場合、ＡＩは人類にとって最後の技術革新になってしまうだろう。[27]

私たちは、ここでこの問題に判決を下すことも、意見をまとめることもできない。しかし印象深いのは、論争に経済的側面が密接に絡んでいることだ。すべての論争の根底には競争が存在している。

超絶知能とは、ほとんどの認知的タスクで人間よりも優れた成果を上げ、問題を論理的に考えられるＡＩであり、自らを発明して改善することができる。ＳＦ作家のヴァーナー・ヴィンジは超絶知能が登場する時点を「シンギュラリティ（技術的特異点）」と呼び、未来学者のレイ・カーツワイルは、シンギュラリティ以後に何が起きるか予測する態勢が人間には整っていないと指摘する。定義上、人間は機械ほど賢くないからだ。しかし経済学者には実際のところ、こうした未来について考える態勢が整っている。

経済学者は長年にわたって批判を受けてきた。あまりにも合理的な主体を理論の前提としていて、人間の行動モデルとしては現実感に欠けるからだ。たしかにその通りだが、これは超絶知能について語るうえでは都合がよい。私たちの分析作業では、すでに高度な知能の存在を前提にしている。さらに、真実を理解するために数学の証明を使うなど、独自の知的基準を採用している。

このような視点は役に立つ。超絶知能といえども世界を支配したければ、資源が必要であることを経済学は教えてくれるからだ。宇宙には数多くの資源が存在しているが、超絶知能でさえも物理法則には従わなければならない。そして資源の確保にはコストがかかる。

たとえばボストロムは、ペーパークリップ作りに取り憑《つ》かれた超絶知能について語っている。この超絶知能はペーパークリップを作ることしか考えず、その一点に集中するあまり、ほかのすべての可能性を排除してしまう。こうした見立てはアイデアとして強力でも、資源を巡る競争が見過ごされている。経済学者ならば、人によって（ここではＡＩによって）好みは異なる点に着目する。探査や発見や平和に興味を抱くＡＩもいれば、ペーパークリップの製造に専念するＡＩがいるのが普通ではないか。利害が対立する状況において、競争は利益をもたらす。そうなるとＡＩもやがては、みんながペーパークリップを製造して資源を奪い合うよりも、異なる資源を交換し合うほうが利益になることを学ぶ。最終的には見えざる手に導かれたかのように、当初の意図とは異なる利益を追求するようになるだろう。

このように、超絶知能のＡＩ社会がいかに進歩するか理解するうえで、経済学は強力な手段である。ただし、進歩のプロセスで人類に何が起きるのか、私たちのモデルでは明らかにできない。

本書でＡＩと呼んでいるものは汎用人工知能ではなく、非常に狭い範囲に限定された予測マシンである。グーグル傘下のディープマインドが開発したアルファ碁ゼロは、超絶知能が遠からず登場するのではないかという不安を掻き立てた。人間から訓練を受けなくても（自己対戦でのみ学習し）、囲碁の対局で世界チャンピオンのアルファ碁よりも優れた手を打ち、勝利を収めたからだ。しかしそれでも、超絶知能と呼べるレベルではない。もしも碁盤が一九路盤から二九路盤や一八路盤に変更されたら、ＡＩは戸惑うだろう。一方、人間には調整能力がある。それに、アルファ碁ゼロにチーズホットサンドを作ってくれと頼むことなど論外だ。そこまで賢くはない。

同じことは、現在までのすべてのＡＩに当てはまる。たしかに、予測マシンをもっと広い設定で動かすための研究は進行しているが、汎用ＡＩの登場に結びつくようなブレイクスルーは未だに発見されていない。一部の人たちは、汎用ＡＩが登場するのは遠い先の未来なので、いつまでも心配し続ける必要はないと確信している。たとえば、アメリカの大統領府が公表した政策文書のなかで、国家科学技術会議（ＮＳＴＣ）の技術委員会はつぎのように述べている。「民間部門の専門家たちの現在の総意として、汎用ＡＩは少なくともあと数十年は実現しないという結論に達している。ＮＳＴＣ技術委員会も同じ意見である。ＮＳＴＣ技術委員会は、超絶知能を持つ汎用ＡＩに関する長期的な懸念は、現在の政策にほとんど影響をおよぼさないと評価している」[28]。しかし同時に、ヴァイカリアス、グーグル、ディープマインド、キンドレッド、ヌメンタなど複数の企業は、人間並みの知能を持つ汎用ＡＩや機械の創造を使命として表明しており、博識で理解のある投資家から何百万ドルもの資金を調達している。ＡＩに関連する多くの問題と同様、未来はきわめて不透明だ。

私たちが知っている世界は終わってしまうのだろうか。そのときはまだ訪れないが、本書は終わりに近づいた。企業はいまこの瞬間にも、ＡＩを導入している。予測のコストを低く抑え、予測の補完材の価値を高めるために本書のシンプルな経済学を応用すれば、あなたの企業が行なう選択によって投資対効果は最適化され、ＡＩに関する戦略的決断を下すことができる。

　いつになるかわからないが、予測マシンの段階を超え、汎用ＡＩ、さらには超絶知能が実現したら、私たちは従来とは異なるＡＩモーメントを経験するだろう。それには誰もが同意見だ。そうなったとき、もはやシンプルな経済学では対処できない。これだけは自信を持って予測できる。

キーポイント

●ＡＩの登場によって、社会は多くの選択肢を与えられるが、そのどれにもトレードオフがつきまとう。目下、このテクノロジーは未だに初期段階だが、社会レベルで三つの顕著なトレードオフが存在している。

●第一に、生産性と分配のトレードオフだ。ＡＩによって私たちは貧しくなり、生活が悪くなると指摘する人たちは多いが、それは真実ではない。技術の進歩によって私たちは豊かになり、生産性が向上する――経済学者の意見はそのように一致している。ＡＩは確実に生産性を向上させるだろう。問題は富の創造ではなく、富の分配だ。ＡＩが所得不平等の問題を悪化させる理由はふたつ考えられる。まず、ＡＩが一部のタスクを人間から奪えば、残されたタスクを巡って人間同士の競争が激化して、賃金が低下する。しかも、資本所有者の所得に比べ、労働者の所得は減少するだろう。つぎに、コンピューター関連のほかの技術と同様、予測マシンはスキル偏向型なので、ＡＩツールが導入されると、高度なスキルの労働者の生産性が不相応なほど向上する。

●第二に、イノベーションと競争のトレードオフだ。ソフトウェア関連のほとんどの技術と同じく、AIでは規模の経済が働く。しかもAIツールは、しばしば見返りの増加を特徴とする。予測の精度が上がればユーザーが増え、ユーザーが増えればたくさんのデータが確保され、データが増えれば予測の精度が上がるといった具合だ。大きな支配力が手に入るのであれば、企業には競うかのように予測マシンを構築しようとする誘因が働く。しかし規模の経済においては、独占状態が引き起こされる可能性も考えられる。急速なイノベーションは短期的には社会に利益をもたらすが、社会への長期的な影響に関しては最適とは言えないかもしれない。

●第三に、性能とプライバシーのトレードオフだ。データが増えるほどAIの性能は改善される。特に、個人データへのアクセスが簡単になれば、個人向けの予測を立てる能力は向上するだろう。ただし個人データの提供は、しばしばプライバシーの侵害という犠牲を伴う。ヨーロッパなど一部の国では、国民のプライバシーを守る環境が整備されている。このような環境は国民に利益をもたらす可能性もある。個人情報を対象とするダイナミックな市場が生まれる条件が整い、個人データの取引や販売や贈与に関して個人が決断しやすくなるかもしれない。しかしその一方、データにアクセスしやすいAIが競争力を持っている市場では、ヨーロッパの企業や国民はオプトイン［企業などが個人情報を収集・利用しようとする場合、事前に本人の許可を必要とする仕組み］にコストがかかるため不利な立場に置かれ、摩擦が生じる可能性が考えられる。

●以上三つのトレードオフのすべてを考慮するなら、国家はトレードオフの両面を比較したうえで、全体的な戦略や民意に最も適した政策を考案していかなければならない。

謝辞

本書に時間とアイデアを根気強く提供してくださった方々に、感謝の言葉を述べたい。特にアトムワイズのエイブ・ハイフェッツ、ベンチサイのライラン・ベランゾン、グラマリーのアレックス・シェフチェンコ、マーク・オシップ、ベン・エデルマンは、私たちのインタビューのために時間を作ってくれた。ケヴィン・ブライアンは、原稿全体に関してコメントを寄せてくれた。つぎに、議論やフィードバックに参加してくれた同僚たちに感謝を捧げる。ニック・アダムス、ウマイア・アキール、スーザン・アセイ、ナレシュ・バンギア、ニック・ベイム、デニス・ベニー、ジェイムズ・バーグストラ、ドロール・バーマン、ヴィンセント・ベルベ、ジム・ベッセン、スコット・ボンハム、エリク・ブラインジョルフソン、アンディ・バーゲス、エリザベス・カレー、ピーター・カレッシア、イアイン・コバーン、クリスチャン・カタリニ、ジェイムズ・チャム、ニコラス・チャパドス、タイソン・クラーク、ポール・カボン、ザヴァイン・ダール、サリー・ダウブ、ダン・デボウ、ロン・デンボ、ヘレネ・デスマライス、Ｊ・Ｐ・デューブ、キャンディス・ファクター、ハイグ・ファリス、チェン・フォン、アッシュ・フォンタナ、ジョン・フランシス、エイプリル・フランコ、スザンヌ・ギルダート、アニンドゥヤ・ゴース、ロン・グロズマン、ベン・ゴルツェル、シェーン・グリーンスタイン、カヌ・グラティ、ジョン・ハリス、ディーパク・ヘッジ、レベッカ・ヘンダーソン、ジェフ・ヒントン、ティム・ホジソン、マイケル・ハイアット、リチャード・ハイアット、ベン・ジョーンズ、チャド・ジョーンズ、スティーブ・ジャーヴェトソン、サティシュ・カンワル、ダニエル・カーネマン、ジョン・ケラハー、モー・ケルマニ、ヴィノド・コスラ、カリン・クライン、ダレル・コプケ、ジョハン・コス、カチャ・クダシュキナ、マイケル・クールマン、トニー・ラカヴェラ、アレン・ラウ、エヴァ・ラウ、ヤン・ルクン、マラ・レダーマン、リシャ・リー、テッド・リヴィングストン、ジェヴォン・マクドナルド、ルパム・マームード、クリス・マティス、クリスティーナ・マケルヘラン、ジョン・マクヘイル、サンジョグ・ミスラ、マット・ミッチェル、サンジェイ・ミタル、アッシュ・ムンシ、マイケル・マーチソン、ケン・ニッカーソン、オリヴィア・ノートン、アレックス・オットル、デイヴィッド・オシップ、バーニー・ペル、アンドレア・プラト、トミ・ポウタネン、マルツィオ・ポッツォーリ、ラリー・レメンティラ、ジョルディ・ローズ、マルヤナ・サエンコ、ラス・サラフディノフ、レザ・サッチュ、マイケル・セルビニス、アシュミート・シダナ、ミカ・シーゲル、ディリップ・ソマン、ジョン・スタックハウス、スコット・スターン、テッド・サム、リッチ・サットン、スティーブ・タデリス、シャーラム・タフォゾリ、グラハム・テイラー、フロレンタ・テオドリディス、リチャード・タイタス、ダン・トレフラー、キャサリン・タッカー、ウィリアム・タンストール＝ペドウ、ステファン・ウーレンバッハー、クリフ・ファン・デル・リンデン、ミゲル・ヴィラス＝ボース、ニール・ウェインライト、ボリス・ウェルツ、ダン・ウィルソン、ピーター・ウィテック、アレクサンダー・ウォン、シェリー・ジュアン、シヴォン・ジリス。カール・シャピロとハル・ヴァリアンにもお世話になった。ふたりの共著『Information Rules』は、私たちのプロジェクトのインスピレーションの源になった。創造的破壊ラボならびにロットマン経営大学院のスタッフは素晴らしい人たちばかりだが、特に以下の方々に感謝したい。スティーブ・アレンバーグ、ドーン・ブルームフィールド、レイチェル・ハリス、ジェニファー・ヒルデブランド、アン・ヒルトン、ジャスティナ・ジョンカ、アイダン・ケホー、カリド・クルジ、メアリー・ライン、ケン・マクガフィン、シュレイ・メーラ、ダニエル・ミュレット、ジェニファー・オハレ、グレゴリー・レイ、アミール・サリリ、ソニア・セニク、クリスティアン・シガードソン、パール・サリヴァン、エヴェリン・トマソス。そして名前は紹介できなかったが、ラボのチームとロットマンのスタッフ全員にお礼を述べたい。私たちの学部長のティフ・マックレムは、創造的破壊ラボとロットマン経営大学院でのAIに関する研究を、一貫して熱心にサポートしてくれた。ネクスト36とネクストAIの指導者とスタッフへの感謝も忘れがたい。ほかには、素晴らしい編集作業を行なってくれたウォルター・フリックとティム・サリヴァン、それにエージェントのジム・レヴィンにもお世話になった。そして、本書で紹介したアイデアの多くは、以下の方々からサポートを受けた研究のなかから考案された。カナダ社会科学・人文科学研究機構、ベクター研究所、アラン・バーンスタインとレベッカ・フィンレイがリーダーを務めるカナダ先端研究機構、スローン財団（スローン財団は、エコノミクス・オブ・デジタイゼーションから助成金を提供され、ダニー・ゴロフのサポートを受け、シェーン・グリーンスタイン、スコット・スターン、ジョシュ・ラーナーによって運営されている）。サポートに心から感謝したい。それからジム・ポターバは、全米経済研究所が企画したAIの経済学に関する会議の運営に奔走してくれた。そして最後に、本書が無事に刊行されるまでのあいだ、我慢強く応援してくれた家族にとびきりの感謝を述べたい。ジーナ、アメリア、アンドレアス、レイチェル、アンナ、サム、ベン、ナタリー、ベランナ、アリエル、アニカ、どうもありがとう。

解説

需要を予測する、費用対効果を予測する、株の値動きを予測する……。予測はビジネスの基本だが、残念ながら多くの人は予測が苦手だ。予測に関する研究の第一人者でペンシルバニア大学教授のフィリップ・テトロックによれば、専門家の予測でさえ、その精度はチンパンジーがダーツを投げて的《まと》に命中するのとそう変わらないらしい。行動経済学が近年明らかにしたように、人間の思考にはさまざまなバイアスが潜んでいて、事実を正しく見る目を曇らせる。予測がままならなければ、賢い意思決定など望めない。「合理的な個人」という幻想が信じられた時代は過ぎ去った。

そしていまや、人間よりも高い精度、しかも高速で予測を実行する「予測マシン」が現れ、格別の存在感を示している。小売、製造、流通、マーケティング、人事から、金融、創薬、翻訳、司法、戦争にいたるまで、私たちが営む社会のおよそあらゆる領域を席巻するその機械は、「人工知能」あるいは「ＡＩ」と呼ばれる。

本書『予測マシンの世紀――ＡＩが駆動する新たな経済』（*Prediction Machines: The Simple Economics of Artificial Intelligence*）は、私たちの意思決定プロセスやワークフローに着目しながら、ＡＩ＝「予測マシン」がビジネスにもたらすインパクトを解き明かす一冊だ。グーグルのチーフ

・エコノミストを務めるハル・ヴァリアン、米国財務長官やハーバード大学学長を歴任したローレンス・サマーズ、『ＷＩＲＥＤ』ＵＳ版創刊編集長のケヴィン・ケリーなど、ビジネス／経済／テクノロジーの最前線に身を置いてきた大物たちが賛辞を寄せているから、その内容は折り紙つきである。

本書を著したのは、アジェイ・アグラワル、ジョシュア・ガンズ、アヴィ・ゴールドファーブの三氏。いずれもトロント大学ロットマン経営大学院の教授を務める経済学者で、同校を本拠とする「創造的破壊ラボ（ＣＤＬ）」の中枢メンバーだ（アグラワル教授はＣＤＬ創設者、ガンズ教授はＣＤＬチーフ・エコノミスト、ゴールドファーブ教授はＣＤＬチーフ・データサイエンティスト）。本書の記述は、三氏がＣＤＬで数多くの起業を成功に導いてきた経験に裏打ちされている。

ＣＤＬは、ＡＩビジネスを創出するプラットフォームだ。シードステージ（起業準備段階）のスタートアップを対象にしたプログラムを実施しており、参加企業はトップレベルの起業家や投資家による指導、さらには資金提供を受けることができる。二〇一二年にＣＤＬが創設されて以来、五〇〇を超える企業がプログラムに参加し、それらの企業が創出した株式価値は総額三〇億カナダドル（約二五〇〇億円）に及ぶ。[*1] 著者たちいわく、「私たちは絶好のタイミングで絶好の場所において、科学技術者とビジネス関係者の橋渡し役を務めることになった」。カナダ政府もこの取り組みに大いに期待を寄せているようで、二〇一八年一〇月、ＣＤＬに二五〇〇万カナダドル（約二一億円）を投資することを発表した。[*2]

著者たちは「ＣＤＬがこの領域で優位に立っている一因は、トロントという所在地にある」と述べる。トロント大学といえば、ＡＩ、特にディープラーニングの研究で名高い。本書でも触れられているとおり、大規模な画像認識コンテスト「イメージネット」の二〇一二年大会では、「ＡＩのゴッドファーザー」ことジェフリー・ヒントン教授率いるトロント大学のチームがディープラーニングの手法を用いて圧勝し、世界に衝撃を与えた。現在まで続く「第三次ＡＩブーム」の画期として知られる出来事だ。現在トロントには、このトロント大学を中心として、多数のＡＩ関連スタートアップ企業、ベンチャーキャピタル、グーグルやウーバーなど大手テック企業のＡＩ研究拠点がひしめき、世界有数のＡＩハブ都市として活況を呈している。[*3]

これには政府の存在も大きい。トルドー政権は二〇一七年、一億二五〇〇万カナダドル（約一〇三億円）の予算を投じて「汎カナダＡＩ戦略」を打ち出した。研究機関への資金提供や研究開発減税に加え、高度海外人材向けのビザ制度を新設し、優秀な技術者の確保を目指す。追い風となったのが、米国の移民政策の転換だ。入国禁止令、ビザ申請や入国審査の強化、就労ビザ（Ｈ－１Ｂビザ）の発給制限など、トランプ政権による移民排斥の動きを受けて、シリコンバレーなどからトロントへの人材流入が実際に起きている。[*4]

ＣＤＬがスタートアップ企業にアドバイスする際に用いる思考ツールとして、本書では「ＡＩキャンバス」を紹介している。この表（一七二頁）の空欄を埋めてワークフローを「予測」「入力」「判断」「訓練」「行動」「結果」「フィードバック」の七つに分解することで、ＡＩの能力を最大限に引き出す使い道を見定めることができる。非常にシンプルながら、その効果はてきめんだ。たとえば、本文でＡＩキャンバスの活用例として紹介されているアトムワイズ社（創薬ＡＩを開発するスタートアップ企業。ＣＤＬのプログラムを修了した）は、エボラ出血熱に有効な候補薬をわずか一日で発見してみせ、大きな注目を集めた。[*5]

アトムワイズの例を含め、多くの場合ＡＩが力を発揮するのは「予測」、すなわち手持ちの情報

（データ）に基づいて新たな情報を生み出すことにおいてである。本書がＡＩを「予測マシン」と見なすのはそのためだ。アマゾンのアレクサは人間の言葉を聞き取り、その人がどんな情報を探しているかを予測する。グーグル翻訳は、別の言語で同じ意味を表現できる文章を予測する。自動運転車は、特定の道路状況で人間のドライバーならどうするかを予測する。いま挙げたのはいずれも、ＡＩ技術が進歩する以前は予測がほとんど不可能だったタスクである。経済学の枠組みで見れば、ＡＩは予測のコストを下げる。コストが下がった予測は、さまざまな分野で使われるようになるのだ。

もちろん、従来の予測タスク、たとえば需要予測にＡＩを導入する場合にも、その影響はきわめて大きい。アマゾンは「予測発送」の特許を取得している。ユーザーの過去の購買パターンや商品検索の履歴にもとづいて需要を予測し、購入ボタンが押される前に商品を発送するビジネスモデルだ。「おすすめ商品」を画面上に表示するかわりに、実際に届けてしまうのである。これが実現すれば、アマゾンのユーザーはほかの店舗を訪れる必要がなくなる。本書にあるように、顧客内シェアの増加による利益が予測失敗時の返品コストを上回ることが見込めた時点で、このシナリオは現実味を帯びてくる。

予測のコストが下がることで生じるもうひとつの経済学的影響は、「価値」のシフトだ。人間による予測の価値が下がる一方で、予測に基づく「判断」や「行動」の価値は上昇する。すると「肝心なのは、自動化は人間からタスクを奪っても、かならずしも仕事を奪うわけではないことである」。たとえば、画像診断ＡＩが医療現場に導入されても、患者の特性などを加味して治療方針を総合的に判断するタスクは医師の役割であり続ける。ただし、収入は減るかもしれない。「今日、高い報酬を得られるキャリアの多くでは予測が中心的なスキルになっている。医者、金融アナリスト、弁護士などだ。しかし、予測マシンが道案内をするようになった結果、報酬の高いロンドンのタクシー運転手の収入は減少し、報酬の低いウーバーのドライバーの人数が増えたのと同じ現象が、医療や金融で進行すると見られる」。「ＡＩに雇用を奪われる」とむやみに恐れるよりも、求められるスキルの変化を見定めることが肝要だろう。

本書がＡＩのリスクとして強調するのは、主にデータに関する事柄だ。ＡＩが予測するにはデータが必要だから、そのデータが個人情報である場合、一般に予測の精度が高まるほどプライバシーは失われるし、訓練データに人種や性別の偏りがあれば、ＡＩがそのバイアスを学習し差別的な予測を行なう危険もある。これらは不利益を被《こうむ》りかねない個人にとってのリスクであるとともに、ＡＩを使う企業の側にとっても、法令違反に問われたり社会的な非難を浴びたりするリスクが生じる。

逆に言えば、国民のプライバシーが守られていない国ほど、政府や企業は個人情報をデータとして自由に使うことができ、ＡＩの研究開発におけるアドバンテージを持つともいえる。その意味で本書は、ＡＩに関して世界をリードする可能性を中国に見出す。一四億人近い国民の個人データを国が一元管理しているからだ。反対に、ＧＤＰＲ（一般データ保護規則）がＥＵで施行されるなど規制が強まるヨーロッパの企業は、「ＡＩでリーダーシップをとる道を閉ざされている」。ＧＡＦＡ《ガーファ》（グーグル、アップル、フェイスブック、アマゾン）を中心とするデジタル覇権争いの行方を考えるうえでも、本書は有益な視座を提供してくれる。

本書の著者たちは、日本のビジネス界においてもすでに注目を集めつつある。ガンズ教授は昨年来日し、公正取引委員会競争政策研究センター主催の国際シンポジウム「ビッグデータとＡＩの活用がもたらす新しいビジネスと競争政策」で基調講演を行なった。さらに、今年三月にはアグラワル教授が、Ｓａｎｓａｎ株式会社が主催する「Ｓａｎｓａｎ　Ｉｎｎｏｖａｔｉｏｎ　Ｐｒｏｊｅｃｔ　２

０１９」のゲストスピーカーとして来日予定だ。
ＡＩビジネスの最前線に携わる経済学者の見地を体系的に学べる本書は、次代を担うリーダーにとって最良のガイドとなるだろう。ＡＩ時代の勝ち筋を正しく「予測」するために、本書をお役立ていただければ幸いだ。

二〇一九年一月　　早川書房編集部

＊１、２　“Government of Canada invests in artificial intelligence and startup innovation across Canada” 創造的破壊ラボＨＰ、https://www.creativedestructionlab.com/2018/10/government-of-canada-invests-in-artificial-intelligence-and-startup-innovation-across-canada/

＊３　中沢潔「ＡＩスーパークラスター　トロント、モントリオール」情報処理推進機構、https://www.ipa.go.jp/files/000070210.pdf

＊４　「カナダ・米・英・日　国境越えた人材争奪の行方」（日本経済新聞電子版、二〇一七年一二月一四日、https://www.nikkei.com/article/DGXMZO24568950T11C17A2970M00/）では、シリコンバレーで六年間働いたインド出身のエンジニアが、グリーンカードの取得に「二〇年待て」と言われトロントに移住した事例が紹介されている。また、カナダのスタートアップ企業の求人への米国からの応募人数が増加したことを示す調査結果が出ている。以下を参照。“Trump's election really has sent U.S. tech workers to Canada for jobs,” Recode、二〇一七年一一月二二日、https://www.recode.net/2017/11/22/16687056/donald-trump-us-tech-jobs-canada-2016-election

＊５　“Atomwise finds first evidence towards new Ebola treatments” アトムワイズ社プレスリリース、http://www.atomwise.com/2015/03/24/atomwise-finds-first-evidence-towards-new-ebola-treatments/

注

第2章

1. Stephen Hawking, Stuart Russell, Max Tegmark, and Frank Wilczek, "Stephen Hawking: 'Transcedence Looks at the Implications of Artificial Intelligence—But Are We Taking AI Seriously Enough?'" *The Independent*, May 1, 2014, http://www.independent.co.uk/news/science/stephen-hawking-transcendence-looks-at-the-implications-of-artificial-intelligence-but-are-wetaking-9313474.html.
2. Paul Mozur, "Beijing Wants A.I. to Be Made in China by 2030," *New York Times*, July 20, 2017, https://www.nytimes.com/2017/07/20/business/china-artificial-intelligence.html?mcubz=0&_r=0.
3. Steve Jurvetson, "Intelligence Inside," *Medium*, August 9, 2016, https://medium.com/@DFJvc/intelligence-inside-54dcad8c4a3e.
4. William D. Nordhaus, "Do Real-Output and Real-Wage Measures Capture Reality? The History of Lighting Suggests Not," Cowles Foundation for Research in Economics, Yale University, 1998, https://lucept.fi les.wordpress.com/2014/11/william-nordhaus-the-cost-of-light.pdf.
5. これは、計算の一般的な費用が低下する長期的傾向の一部である。以下を参照。William D. Nordhaus, "Two Centuries of Productivity Growth in Computing," *Journal of Economic History*, vol. 67/1 (2007): 128–159.
6. ウォルター・アイザックソンの以下の著書より引用。*The Innovators: How a Group of Hackers, Geniuses, and Geeks Created the Digital Revolution* (New York: Simon & Schuster, 2014), 27.
7. 同上, 29.
8. アマゾンはすでに、このような計画に伴って発生しかねないセキュリティの問題に取り組んでいる。2017年に始めたアマゾン・キーというシステムでは、配達スタッフがあなたの自宅の扉の鍵を開け、荷物を家のなかに運び込むが、その一部始終を監視カメラが見守り、すべてが順調に進んだことを記録する。
9. 興味深いことに、一部のスタートアップ企業はすでにこうした考え方を取り入れている。たとえばスティッチ・フィックスは、機械学習を利用して顧客がどんな服をほしがっているのか予測して、商品を顧客のもとに送り届ける。気に入らなければ、顧客は返品すればよい。2017年、このモデルで組織の基盤を整えたスティッチ・フィックスは、ＩＰＯに成功した。おそらく「ＡＩファースト」のスタートアップ企業としては、はじめての快挙だ。
10. 以下の米国特許番号を参照。8,615,473 B2. 以下も参照。Praveen Kopalle, "Why Amazon's Anticipatory Shipping is Pure Genius," *Forbes*, January 28, 2014,

https://www.forbes.com/sites/onmarketing/2014/01/28/why-amazons-anticipatory-shipping-is-pure-genius/#2a3284174605.

第３章

1. 予測を慎重に解釈することがいかに大切か思い出してもらうために、デルフォイの神託について詳しく説明しておきたい。攻撃すれば巨大な帝国は滅びるだろうと神託は預言した。これに勇気づけられた国王はペルシャを攻撃したが、意外にも自分の支配するリディア王国が滅ぼされてしまった。預言の内容は正しかったが、解釈の段階で誤解が生じたのだ。
2. “Mastercard Rolls Out Artificial Intelligence across Its Global Network,” Mastercard press release, November 30, 2016, https://newsroom.mastercard.com/press-releases/mastercard-rolls-out-artificial-intelligence-across-its-globalnetwork/.
3. Adam Geitgey, “Machine Learning Is Fun, Part 5: Language Translation with Deep Learning and the Magic of Sequences,” *Medium*, August 21, 2016, https://medium.com/@ageitgey/machine-learning- is-fun-part-5-language-translation-with-deep-learning-and-the-magic-of-sequences-2ace0acca0aa.
4. Yiting Sun, “Why 500 Million People in China Are Talking to This AI,” *MIT Technology Review*, September 14, 2017, https://www.technologyreview.com/s/608841/why-500-million-people-in-china-are-talking-to-this-ai/.
5. Salvatore J. Stolfo, David W. Fan, Wenke Lee, and Andreas L. Prodromidis, “Credit Card Fraud Detection Using Meta- Learning: Issues and Initial Results,” *AAAI Technical Report*, WS-97-07, 1997, http://www.aaai.org/Papers/Workshops/1997/WS-97-07/WS97-07-015.pdf. ここでは、偽陽性率はおよそ15パーセントないし20パーセントになっている。別の事例には、以下のものがある。E. Aleskerov, B. Freisleben, and B. Rao, “CARDWATCH: A Neural Network Based Database Mining System for Credit Card Fraud Detection,” Computational Intelligence for Financial Engineering, 1997, http://ieeexplore.ieee.org/stamp/stamp.jsp?arnumber=618940. これらは訓練用のデータセットが異なるので、比較の数字はぴったり同じというわけにはいかない。それでも、どちらも大体において正しい。
6. Abhinav Srivastava, Amlan Kundu, Shamik Sural, and Arun Majumdar, “Credit Card Fraud Detection Using Hidden Markov Model,” *IEEE Transactions on Dependable and Secure Computing* 5, no. 1(January– March 2008): 37–48, http://ieeexplore.ieee.org/stamp/stamp.jsp?arnumber=4358713. 以下も参照。 Jarrod West and Maumita Bhattacharya, “Intelligent Financial Fraud Detection: A Comprehensive Review, *Computers & Security* 57 (2016): 47–66, http://www.sciencedirect.com/science/article/pii/S0167404815001261.

7. Andrej Karpathy, "What I Learned from Competing against a ConvNet on ImageNet," *Andrej Karthy* (blog), September 2, 2014, http://karpathy.github.io/2014/09/02/what-i-learned-from-competing-against-a-convnet-on-imagenet/; ImageNet, Large Scale Visual Recognition Challenge 2016, http://image-net.org/challenges/LSVRC/2016/results; Andrej Karpathy, LISVRC 2014, http://cs.stanford.edu/people/karpathy/ilsvrc/.
8. Aaron Tilley, "China's Rise in the Global AI Race Emerges as It Takes Over the Final ImageNet Competition," *Forbes*, July 31, 2017, https://www.forbes.com/sites/aarontilley/2017/07/31/china-ai-imagenet/#dafa182170a8.
9. Dave Gershgorn, "The Data That Transformed AI Research—and Possibly the World," *Quartz*, July 26, 2017, https://qz.com/1034972/the-data-that-changed-the-direction-of-ai-research-and-possibly-the-world/.
10. オックスフォード英語辞典の定義。

第4章

1. J. McCarthy, Marvin L. Minsky, N. Rochester, and Claude E. Shannon, "A Proposal for the Dartmouth Summer Research Project on Artificial Intelligence," August 31, 1955, http://www-formal.stanford.edu/jmc/history/dartmouth/dartmouth.html.
2. Jeff Hawkins and Sandra Blakeslee, *On Intelligence* (New York: Times Books, 2004), 89.
3. McCarthy et al, "A Proposal for the Dartmouth Summer Research Project on Artificial Intelligence."
4. Ian Hacking, *The Taming of Chance* (Cambridge, UK: Cambridge University Press, 1990)（イアン・ハッキング『偶然を飼いならす――統計学と第二次科学革命』木鐸社、1999年、石原英樹・重田園江訳）.

第5章

1. Hal Varian, "Beyond Big Data," lecture, National Association of Business Economists, San Francisco, September 10, 2013.
2. Ngai-yin Chan and Chi-chung Choy, "Screening for Atrial Fibrillation in 13,122 Hong Kong Citizens with Smartphone Electrocardiogram," *BMJ* 103, no. 1 (January 2017), http://heart.bmj.com/content/103/1/24; Sarah Buhr, "Apple's Watch Can Detect an Abnormal Heart Rhythm with 97% Accuracy, UCSF Study Says," *Techcrunch*, May 11, 2017, https://techcrunch.com/2017/05/11/apples-watch-can-detect-an-abnormal-heart-rhythm-with-97-accuracy-ucsf-study-says/; Alive-Cor, "AliveCor and Mayo Clinic Announce Collaboration to Identify Hidden Health Signals in Humans," Cision PR newswire, October 24, 2016, http://www.

prnewswire.com/news-releases/alivecor-and-mayo-clinic-announce-collaboration-to-identify-hidden-health-signals-in-humans-300349847.html.
3. Buhr, "Apple's Watch Can Detect an Abnormal Heart Rhythm with 97% Accuracy, UCSF Study Says"; and Avesh Singh, "Applying Artificial Intelligence in Medicine: Our Early Results," *Cardiogram* (blog), May 11, https://blog.cardiogr.am/applying-artificial-intelligence-in-medicine-our-early-results-78bfe7605d32.
4. 具体的にカーディオグラムが成功するかどうかはわからない。しかし、医療診断の現場で今後、スマートフォンなどのセンサーの利用に向けて前進が見られることは確信できる。
5. このような研究としては、6000 人という単位は比較的小さい。この研究が「予備」研究として位置づけられたのは、それが大きな理由である。概念の正しさを証明するための予備研究というカーディオグラムの目的には、この程度のデータで十分である。ここでは生命が危険にさらされていない。結果が臨床的に役立つためには、もっとたくさんのデータが必要とされる。
6. Dave Heiner, "Competition Authorities and Search," *Microsoft Technet* (blog), February 26, 2010, https://blogs.technet.microsoft.com/microsoft_on_the_issues/2010/02/26/competition-authorities-and-search/. ビングは十分に大きいので、検索に関して規模の恩恵をこうむるとグーグルは論じている。

第6章

1. 全試行の 60 パーセントで×と答えて 60 パーセントが正解となり、残りの 40 パーセントで○と答えて 40 パーセントが正解になるとすれば、正答率は以下のようになる。$0.6^2 + 0.4^2 = 0.52$。
2. Amost Tversky and Daniel Kahneman, "Judgment under Uncertainty: Heuristics and Biases," *Science* 185, no. 4157 (1974): 1124–1131, https://people.hss.caltech.edu/~camerer/Ec101/JudgementUncertainty.pdf.
3. 以下を参照。Daniel Kahneman, *Thinking, Fast and Slow* (New York: Farrar, Strauss and Giroux, 2011)（ダニエル・カーネマン『ファスト＆スロー（上・下）――あなたの意思はどのように決まるか？』ハヤカワ・ノンフィクション文庫、2014 年、村井章子訳）; Dan Ariely, *Predictably Irrational* (New York: HarperCollins, 2009)（ダン・アリエリー『予想どおりに不合理――行動経済学が明かす「あなたがそれを選ぶわけ」』ハヤカワ・ノンフィクション文庫、2013 年、熊谷淳子訳）.
4. Michael Lewis, *Moneyball* (New York: Norton, 2003)（マイケル・ルイス『マネー・ボール〔完全版〕』ハヤカワ・ノンフィクション文庫、2013 年、中山宥訳）
5.『マネー・ボール』では伝統的な統計学が採用されたが、今日ではチームは機械学習に注目し、さらに多くのデータを収集している。これは特に意外ではない。以下を参照。Takashi Sugimoto, "AI May Help Japan's Baseball Champs Rewrite

'Moneyball,'" *Nikkei Asian Review*, May 2, 2016, http://asia.nikkei.com/Business/Companies/AI-may-help-Japan-s-baseball-champs-rewrite-Moneyball.
6. Jon Kleinberg, Himabindu Lakkaraju, Jure Leskovec, Jens Ludwig, and Sendhil Mullainathan, "Human Decisions and Machine Predictions," working paper 23180, National Bureau of Economic Research, 2017.
7. 研究では、アルゴリズムが人種間格差を減少させる可能性も明らかにされている。
8. Mitchell Hoffman, Lisa B. Kahn, and Danielle Li, "Discretion in Hiring," working paper 21709, National Bureau of Economic Research, November 2015, revised April 2016.
9. Donald Rumsfeld, news briefing, US Department of Defense, February 12, 2002, https://en.wikipedia.org/wiki/There_are_known_knowns.
10. Bertrand Rouet-Leduc et al., "Machine Learning Predicts Laboratory Earthquakes," Cornell University, 2017, http://arxiv.org/abs/1702.05774.
11. Dedre Gentner and Albert L. Stevens, *Mental Models* (New York: Psychology Press, 1983); Dedre Gentner, "Structure Mapping: A Theoretical Model for Analogy," *Cognitive Science* 7 (1983): 15–170.
12. このような状況での機械の性能は改善されているが、確率の法則を考えれば、サンプルが少ないケースでは常に一定の不確実性を伴う。データが少ないときには、機械の予測は予想の範囲内で不正確になる。機械は自らの予測の不正確さを露呈してしまう。第8章で論じるように、このような不正確な予測に基づいていかに行動すべきか判断するのは人間の役割だ。
13. Nassim Nicholas Taleb, *The Black Swan* (New York: Random House, 2007)（ナシーム・ニコラス・タレブ『ブラック・スワン（上・下）――不確実性とリスクの本質』ダイヤモンド社、2009年、望月衛訳）.
14. アイザック・アシモフの「ファウンデーション」シリーズでは、予測は非常に強力になって、銀河帝国の滅亡だけでなく、物語の焦点となっている社会の様々な苦しみについて予言できるようになった。しかし筋書きにとって重要なのは、「ミュータント」の出現を予言できなかったことだ。予測にとって、思いがけない事象の予言は不可能だった。
15. Joel Waldfogel, "Copyright Protection, Technological Change, and the Quality of New Products: Evidence from Recorded Music since Napster," *Journal of Law and Economics* 55, no. 4 (2012): 715–740.
16. Donald Rubin, "Estimating Causal Effects of Treatments in Randomized and Nonrandomized Studies," *Journal of Educational Psychology* 66, no. 5 (1974): 688–701; Jerzy Neyman, "Sur les applications de la theorie des probabilities aux experiences agricoles: Essai des principes," master's thesis, 1923, excerpts reprinted in English, D. M. Dabrowska, and T. P. Speed, translators, *Statistical*

Science 5 (1923): 463–472.

17. Garry Kasporov, *Deep Thinking* (New York: Perseus Books, 2017)（ガルリ・カスパロフ『ディープ・シンキング　人工知能の思考を読む』日経BP社、2017年、染田屋茂訳）, 99–100.
18. Google Panda, *Wikipedia*, https://en.wikipedia.org/wiki/Google_Panda, accessed July 26, 2017. 特に以下に注目したい。 Google webmasters, "What's It Like to Fight Webspam at Google?" YouTube, Febuary 12, 2014, https://www.youtube.com/watch?v=rr-Cye_mFiQ.
19. たとえば、以下のような点検作業が公表されている。September 2016: Ashitha Nagesh, "Now You Can Finally Get Rid of All Those Instagram Spammers and Trolls," *Metro*, September 13, 2016, http://metro.co.uk/2016/09/13/now-you-can-finally-get-rid-of-all-those-instagram-spammers-and-trolls-6125645/. さらに、以下にも公表されている。June 2017: Jonathan Vanian, "Instagram Turns to Artificial Intelligence to Fight Spam and Offensive Comments," *Fortune*, June 29, 2017, http://fortune.com/2017/06/29/instagram-artificial-intelligence-offensive-comments/. 戦略的主体に直面したとき予測マシンを利用することに伴う課題は、歴史の長い問題である。1976年には経済学者のロバート・ルーカスが、インフレなどの経済指標に関するマクロ経済的政策に関して、この点を指摘している。政策が変更された後に行動を改めた結果として暮らしが豊かになるのであれば、人びとは行動を改めるだろう。ここで、インフレ率が高いと雇用水準が高くなる傾向があって、豊かになったような錯覚を起こすとする。この原則に中央銀行が注目し、インフレ刺激策に舵を切り、人びとを消費に向かわせようとしたらどうか。人びとがこの原則を理解していて、インフレと豊かな暮らしのあいだに関係は成り立たないことがわかっていれば、消費意欲はわかず、予想通りの結果にはならない。したがって、政策は過去のデータからの予想に基づくのではなく、人間の行動を支える原動力についての理解に基づいて決定されるべきだとルーカスは論じている。これは「ルーカス批判」として知られる。以下を参照。Robert Lucas, "Econometric Policy Evaluation: A Critique," *Carnegie-Rochester Conference Series in Public Policy* 1, no. 1 (1976): 19–46, https://ideas.repec.org/a/eee/crcspp/v1y1976ip19-46.html. 経済学者のティム・ハーフォードの説明は異なる。フォートノックス［米国連邦金塊貯蔵所の所在地］から金塊が盗まれたことはない。では、フォートノックスを守るためにどれだけ出費するべきか。盗まれた経験がないのだから、セキュリティにお金をかけたら盗難が減るとは予測できない。そうなると予測マシンは、いっさい出費しないことを勧めるかもしれない。セキュリティの強化が盗難の減少につながらないのであれば、出費する意味はないはずだ。以下を参照。Tim Harford, *The Undercover Economist Strikes Back: How to Run—or Ruin—an Economy* (New York: Riverhead Books, 2014)（ティム・ハーフォード『まっとうな経済学』ランダムハウス講談社、2006年、遠藤真美訳）.

20. Dayong Wang et al., "Deep Learning for Identifying Metastatic Breast Cancer," Camelyon Grand Challenge, June 18, 2016, https://arxiv.org/pdf/1606.05718.pdf.
21. Charles Babbage, *On the Economy of Machinery and Manufactures* (London: Charles Knight Pall Mall East, 1832), 162.
22. Daniel Paravisini and Antoinette Schoar, "The Incentive Effect of IT: Randomized Evidence from Credit Committees," working paper 19303, National Bureau of Economic Research, August 2013.
23. このような「初期処理の」分業は、予測マシンを採用する多くの場面で見られる。2016 年、ワシントンポスト紙は社内のＡＩが作成した 850 の記事を公表したが、その前にはかならず人間が見直した。そしてＲＯＳＳインテリジェンスが何千もの法律文書を分析して短いメモにまとめるときにも、同じプロセスは採用されている。以下を参照。Miranda Katz, "Welcome to the Era of the AI Coworker," *Wired*, November 15, 2017 https://www.wired.com/story/welcome-to- the-era-of-the-ai-coworker/.

第7章

1. Jody Rosen, "The Knowledge, London's Legendary Taxi-Driver Test, Puts Up a Fight in the Age of GPS," *New York Times*, November 10, 2014, https://www.nytimes.com/2014/11/10/t-magazine/london-taxi-test-knowledge.html?_r=0.
2. 標準的な扱いに関しては、以下を参照。Joshua S. Gans, *Core Economics for Managers* (Australia: Cengage, 2005).
3. 理由に関しては以下を参照。傘を持っていく見返りの平均点 = (3/4)（傘があり濡れない）+ (1/4)（傘があり濡れない）= (3/4) 8 + (1/4) 8 = 8。傘を置いていく見返りの平均点 = (3/4)（傘がなくても濡れない）+ (1/4)（濡れる）= (3/4)10 +(1/4)0 = 7.5。

第8章

1. Andrew McAfee and Erik Brynjolfsson, *Machine, Platform, Crowd: Harnessing Our Digital Future* (New York: Norton, 2017)（アンドリュー・マカフィー＆エリック・ブリニョルフソン『プラットフォームの経済学――機械は人と企業の未来をどう変える？』日経ＢＰ社、2018 年、村井章子訳), 72.
2. この事例は、以下からの引用。Jean-Pierre Dubé and Sanjog Misra, "Scalable Price Targeting," working paper, Booth School of Business, University of Chicago, 2017, http://conference.nber.org/confer//2017/SI2017/PRIT/Dube_Misra.pdf.

第9章

1. Daisuke Wakabayashi, "Meet the People Who Train the Robots (to Do Their

Own Jobs)," *New York Times*, April 28, 2017, https://www.nytimes.com/2017/04/28/technology/meet-the-people-who-train-the-robots-to-do-their-own-jobs.html?_r=1.

2. 同上

3. Ben Popper, "The Smart Bots Are Coming and This One Is Brilliant," *The Verge*, April 7, 2016, https://www.theverge.com/2016/4/7/11380470/amy-personaldigital-assistant-bot-ai-conversational.

4. Ellen Huet, "The Humans Hiding Behind the Chatbots," *Bloomberg* , April 18, 2016, https://www.bloomberg.com/news/articles/2016-04-18/the-humans-hiding-behind-the-chatbots.

5. Wakabayashi, "Meet the People Who Train the Robots (to Do Their Own Jobs)."

6. Marc Mangel and Francisco J. Samaniego, "Abraham Wald's Work on Aircraft Survivability," *Journal of the American Statistical Association* 79, no. 386(1984): 259–267.

7. Bart J. Bronnenberg, Peter E. Rossi, and Naufel J. Vilcassim, "Structural Modeling and Policy Simulation," *Journal of Marketing Research* 42, no. 1 (2005): 22–26, http://journals.ama.org/doi/abs/10.1509/jmkr.42.1.22.56887.

8. Jean Pierre Dubé et al., "Recent Advances in Structural Econometric Modeling," *Marketing Letters* 16, no. 3–4 (2005): 209–224, https://link.springer.com/article/10.1007%2Fs11002-005-5886-0?LI=true.

第10章

1. "Robot Mailman Rolls on a Tight Schedule," *Popular Science*, October 1976, https://books.google.ca/books?id=HwEAAAAAMBAJ&pg=PA76&lpg=PA76&dq=mailmobile+robot&source=bl&ots=SHkkOiDv8K&sig=sYFXzvvZ8_GvOV8Gt30hoGrFhpk&hl=en&sa=X&ei=B3kLVYr7N8meNoLsg_AD&redir_esc=y#v=onepage&q=mailmobile%20robot&f=false.

2. ジョージ・スティグラーの発言に関しては、1991年にネイサン・ローゼンバーグから著者らに伝えられた。

3. Nobel citation: "Studies of Decision Making Lead to Prize in Economics," Royal Swedish Academy of Sciences, press release, October 16, 1978, https://www.nobelprize.org/nobel_prizes/economic-sciences/laureates/1978/press.html. Turing award citation: Herbert Alexander Simon, A.M. Turing Award, 1975, http://amturing.acm.org/award_winners/simon_1031467.cfm. 以下を参照。Herbert A. Simon, "Rationality as Process and as Product of Thought," *American Economic Review* 68, no. 2 (1978): 1–16; Allen Nevell and Herbert A. Simon, "Computer Science as Empirical Inquiry," *Communications of the ACM* 19, no. 3 (1976): 120.

4. フレデリック・ジェリネックの発言は、以下からの引用。 Roger K. Moore, "Results from a Survey of Attendees at ASRU 1997 and 2003," INTERSPEECH-2005, Lisbon, September 4–8, 2005.

第11章

1. Jmdavis, "Autopilot worked for me today and saved an accident," *Tesla Motors Club* (blog), December 12, 2016, https://teslamotorsclub.com/tmc/threads/autopilot-worked-for-me-today-and-saved-an-accident.82268/.
2. 数週間後には別のドライバーのドライブレコーダーが、システムが稼働しているところを撮影した。Fred Lambert, "Tesla Autopilot's New Radar Technology Predicts an Accident Caught on Dashcamera a Second Later," *Electrek*, December 27, 2016, https://electrek.co/2016/12/27/tesla-autopilot-radar-technology-predict-accident-dashcam/.
3. NHTSA, "U.S. DOT and IIHS Announce Historic Commitment of 20 Automakers to Make Automatic Emergency Braking Standard on New Vehicles," March 17, 2016, https://www.nhtsa.gov/press-releases/us-dot-and-iihs-announce-historic-commitment-20-automakers-make-automatic-emergency.
4. Kathryn Diss, "Driverless Trucks Move All Iron Ore at Rio Tinto's Pilbara Mines, in World First," *ABC News* , October 18, 2015, http://www.abc.net.au/news/2015-10-18/rio-tinto-opens-worlds-first-automated-mine/6863814.
5. Tim Simonite, "Mining 24 Hours a Day with Robots," *MIT Technology Review*, December 28, 2016, https://www.technologyreview.com/s/603170/mining-24-hours-a-day-with-robots/.
6. Samantha Murphy Kelly, "Stunning Underwater Olympics Shots Are Now Taken by Robots," *CNN* , August 9, 2016, http://money.cnn.com/2016/08/08/technology/olympics-underwater-robots-getty/.
7. Hoang Le, Andrew Kang, and Yisong Yue, "Smooth Imitation Learning for Online Sequence Prediction," International Conference on Machine Learning, June 19, 2016, https://www.disneyresearch.com/publication/smooth-imitation-learning/.
8. 三つの原則とは、（1）ロボットは人間を傷つけてはならないし、人間が傷つく危険性を黙って見過ごしてはならない。（2）ロボットは、人間の命令に従わなければならない。ただし、原則1に反する命令は例外とする。（3）原則1、2に反しないかぎり、ロボットは自己を守らなければならない。以下を参照。Isaac Asimov, "Runaround," *I, Robot* (The Isaac Asimov Collection ed.) (New York: Doubleday, 1950)（アイザック・アシモフ「堂々めぐり」『われはロボット〔決定版〕』ハヤカワ文庫、2004年、小尾芙佐訳), 40.
9. Department of Defense Directive 3000.09: Autonomy in Weapon Systems, November 21, 2012, https://www.hsdl.org/?abstract&did=726163.

10. たとえば、戦闘で時間的制約があるときには、別の選択肢を許可する様々な条項が存在している。Mark Gubura, "Why Should We Ban Autonomous Weapons? To Survive," *IEEE Spectrum*, June 1, 2016, http://spectrum.ieee.org/automaton/robotics/military-robots/why-should-we-ban-autonomous-weapons-to-survive.

第12章

1. Robert Solow, "We'd Better Watch Out," *New York Times Book Review*, July 12, 1987, 36.
2. Michael Hammer, "Reengineering Work: Don't Automate, Obliterate," *Harvard Business Review*, July–August 1990, https://hbr.org/1990/07/reengineering-work-dont-automate-obliterate.
3. Art Kleiner, "Revisiting Reengineering," *Strategy +Business*, July 2000, https://www.strategy-business.com/article/19570?gko=e05ea.
4. Nanette Byrnes, "As Goldman Embraces Automation, Even the Masters of the Universe Are Threatened," *MIT Technology Review*, February 7, 2017, https://www.technologyreview.com/s/603431/as-goldman-embraces-automation-even-the-masters-of-the-universe-are-threatened/.
5. "Google Has More Than 1,000 Artificial Intelligence Projects in the Works," *The Week*, October 18, 2016, http://theweek.com/speedreads/654463/google-more-than-1000-artificial-intelligence-projects-works.
6. Scott Forstall, quoted in "How the iPhone Was Born," *Wall Street Journal* video, June 25, 2017, http://www.wsj.com/video/how-the-iphone-was-born-inside-stories-of-missteps-and-triumphs/302CFE23-392D-4020-B1BD-B4B9CEF7D9A8.html.

第13章

1. Steve Jobs in *Memory and Imagination: New Pathways to the Library of Congress*, Michael Lawrence Films, 2006, https://www.youtube.com/watch?v=ob_GX50Za6c.

第14章

1. Steven Levy, "A Spreadsheet Way of Knowledge," *Wired*, October 24, 2014, https://backchannel.com/a-spreadsheet-way-of-knowledge-8de60af7146e.
2. Nick Statt, "The Next Big Leap in AI Could Come from Warehouse Robots," *The Verge*, June 1, 2017, https://www.theverge.com/2017/6/1/15703146/kindred-orb-robot-ai-startup-warehouse-automation.
3. L. B. Lusted, "Logical Analysis in Roentgen Diagnosis," *Radiology* 74 (1960): 178–193.

4. Siddhartha Mukherjee, "A.I. versus M.D.," *New Yorker*, April 3, 2017, http://www.newyorker.com/magazine/2017/04/03/ai-versus-md.
5. S. Jha and E. J. Topol, "Adapting to Artificial Intelligence: Radiologists and Pathologists as Information Specialists," *Journal of the American Medical Association* 316, no. 22 (2016): 2353–2354.
6. ここで紹介されているアイデアの多くは、フランク・レヴィの以下の解説と関連している。"Computers and the Supply of Radiology Services," *Journal of the American College of Radiology* 5, no. 10 (2008): 1067–1072.
7. 2009年の米国放射線医学協会との会長とのインタビューに関しては、以下を参照。Verdict Hospital (http://www.hospitalmanagement.net/features/feature51500/). より専門的な文献に関しては、以下を参照。 Leonard Berlin, "The Radiologist: Doctor's Doctor or Patient's Doctor," *American Journal of Roentgenology* 128, no. 4(1977), http://www.ajronline.org/doi/pdf/10.2214/ajr.128.4.702.
8. Levy, "Computers and the Supply of Radiology Services."
9. Jha and Topol, "Adapting to Artificial Intelligence"; S. Jha, "Will Computers Replace Radiologists?" *Medscape* 30 (December 2016), http://www.medscape.com/viewarticle/863127#vp_1.
10. Carl Benedikt Frey and Michael A. Osborne, "The Future of Employment: How Susceptible Are Jobs to Computerisation?" Oxford Martin School, University of Oxford, September 2013, http://www.oxfordmartin.ox.ac.uk/downloads/academic/The_Future_of_Employment.pdf.
11. すでにトラックのメーカー各社は、最新の車両に運搬能力を持たせている。ボルボは数回にわたってテストを実施しており、テスラは新しいセミトレーラーにこれらの能力を最初から取り入れている。

第15章

1. "How Germany's Otto Uses Artificial Intelligence," *The Economist*, April 12, 2017, https://www.economist.com/news/business/21720675-firm-using-algorithm-designed-cern-laboratory-how-germanys-otto-uses.
2. Zvi Griliches, "Hybrid Corn and the Economics of Innovation," *Science* 29 (July 1960): 275–280.
3. Bryce Ryan and N. Gross, "The Diffusion of Hybrid Seed Corn," *Rural Sociology* 8 (1943): 15–24; and Bryce Ryan and N. Gross, "Acceptance and Diffusion of Hybrid Corn Seed in Two Iowa Communities," *Iowa Agriculture Experiment Station Research Bulletin*, no. 372 (January 1950).
4. Kelly Gonsalves, "Google Has More Than 1,000 Artificial Intelligence Projects in the Works," *The Week*, October 18, 2016, http://theweek.com/speedreads/654463/google-more-than-1000-artificial-intelligence-projects-works.

5. このようなセイバーメトリクス・アナリストが従来のスカウトよりも優秀か否かについては、興味深い議論があれこれ展開されているが、結局は役に立っていない。ネイト・シルバーが強調しているように、マネー・ボールのタイプのアナリストも従来のスカウトも、どちらも重要な役割を担っている。Nate Silver, *The Signal and the Noise* (New York: Penguin Books, 2015)（ネイト・シルバー『シグナル＆ノイズ――天才データアナリストの「予想学」』日経BP社、2013年、川添節子訳), chapter 3.
6. 改善するために、予測マシンには過去のデータの蓄積が確実に必要だという反論があるかもしれない。これは微妙な問題である。新しいデータを加えても、アルゴリズムに極端な変化が引き起こされないとき、予測は最も役に立つことができる。優れた統計的慣行に基づいて、安定性が得られる。つまり、フィードバックデータを利用して改善したアルゴリズムが最も役に立つのは、予測そのものが進歩するときである。たとえば人口動態やほかの何らかの一時的流行によってヨーグルト需要が急に変化したときには、それに関する新しいデータがアルゴリズムの改善に役立つ。その結果、変化をきっかけに「古いデータ」は予測にとって以前ほど役に立たなくなる。
7. Daniel Ren, "Tencent Joins the Fray with Baidu in Providing Artificial Intelligence Applications for Self-Driving Cars," *South China Morning Post*, August 27, 2017, http://www.scmp.com/business/companies/article/2108489/tencent-forms-alliance-push-ai-applications-self-driving.
8. Ren, "Tencent Joins the Fray with Baidu in Providing Artificial Intelligence Applications for Self-Driving Cars."

第16章

1. ここで概略が紹介されている適応理論と誘因は、以下からの引用である。Steven Tadelis, "Complexity, Flexibility, and the Make-or-Buy Decision," *American Economic* Review 92, no. 2 (May 2002): 433–437.
2. Silke Januszewski Forbes and Mara Lederman, "Adaptation and Vertical Integration in the Airline Industry," *American Economic Review* 99, no. 5 (December 2009): 1831–1849.
3. Sharon Novak and Scott Stern, "How Does Outsourcing Affect Performance Dynamics? Evidence from the Automobile Industry," *Management Science* 54, no. 12 (December 2008): 1963–1979.
4. Jim Bessen, *Learning by Doing* (New Haven, CT: Yale University Press, 2106).
5. 2016年、ウェルズ・ファーゴでは大がかりな詐欺行為が発覚した。営業成績を上げようとしたアカウントマネージャーが高額の不正口座を開設し、顧客から手数料を不正に徴収した。
6. この解説は以下に基づいている。Dirk Bergemann and Alessandro Bonatti,

"Selling Cookies," *American Economic Journal: Microeconomics* 7, no. 2 (2015): 259–294.
7. 一例がマスターカード・アドバイザーズのコンサルティングサービスで、マスターカードの大量の情報を利用して、消費者詐欺から定着率まで様々な予測を行なっている。以下を参照。http://www.mastercardadvisors.com/consulting.html.

第17章

1. スティーブン・レヴィの談話に基づく。以下を参照。Will Smith, "Stop Calling Google Cardboard's 360-Degree Videos 'VR,'" *Wired*, November 16, 2015, https://www.wired.com/2015/11/360-video-isnt-virtual-reality/.
2. Jessir Hempel, "Inside Microsoft's AI Comeback," *Wired*, June 21, 2017, https://www.wired.com/story/inside-microsofts-ai-comeback/.
3. "What Does It Mean for Google to Become an 'AI-First' (Quoting Sundar) Company?" *Quora*, April 2016, https://www.quora.com/What-does-it-mean-for-Google-to-become-an-AI-first-company.
4. Clayton M. Christensen, *The Innovator's Dilemma* (Boston: Harvard Business Review Press, 2016).
5. 破壊に伴うジレンマについてのさらに詳しい情報は、以下を参照。Joshua S. Gans, *The Disruption Dilemma* (Cambridge, MA: MIT Press, 2016).
6. Nathan Rosenberg, "Learning by Using: Inside the Black Box: Technology and Economics," paper, University of Illinois at Champaign-Urbana, 1982, 120–140.
7. ビデオゲームの場合には、目標（得点の最大化）が予測（この動きは得点を増やすのか、減らすのか）と密接に関わっているので、自動化のプロセスにおいて独立した形での判断を必要としない。判断といっても、最もたくさんの得点を挙げることが目的なので、いたってシンプルである。一方、マインクラフトのようなサンドボックスゲーム［タスクが存在しないゲーム］やポケモンGOのようなコレクションゲームは、もっと多くの判断を必要とする。何が目標か明確でなく、ゲームの楽しみ方が人によって異なるからだ。
8. Chesley "Sully" Sullenberger quoted in Katy Couric, "Capt. Sully Worried about Airline Industry," *CBS News*, February 10, 2009; https://www.cbsnews.com/news/capt-sully-worried-about-airline-industry/.
9. Mark Harris, "Tesla Drivers Are Paying Big Bucks to Test Flawed Self-Driving Software," *Wired*, March 4, 2017, https://backchannel.com/tesla-driversare-guinea-pigs-for-flawed-self-driving-software-c2cc80b483a#.s0u7lsv4f.
10. Nikolai Yakovenko, "GANS Will Change the World," *Medium*, January 3, 2017, https://medium.com/@Moscow25/gans-will-change-the-world-7ed6ae8515ca; Sebastian Anthony, "Google Teaches 'AIs' to Invent Their Own Crypto and Avoid Eavesdropping," *Ars Technica*, October 28, 2016, https://arstechnica.com/

information-technology/2016/10/google-ai-neural-network-cryptography/.
11. Apple, "Privacy," https://www.apple.com/ca/privacy/.
12. 同上
13. このような賭けが可能なのは、プライバシーの保護に役立つデータ分析が進歩したからだ。特に、シンシア・ドゥワークが差分プライバシー［サンプリングやノイズ付加を利用することでユーザーの個人情報を保護したまま学習を行なう技術］を発明した影響は大きい。Cynthia Dwork, "Differential Privacy: A Survey of Results," in M. Agrawal, D. Du, Z. Duan, and A. Li (eds), *Theory and Applications of Models of Computation. TAMC 2008. Lecture Notes in Computer Science*, vol 4978 (Berlin: Springer, 2008), https://doi.org/10.1007/978-3-540-79228-4_1.
14. William Langewiesche, "The Human Factor," *Vanity Fair*, October 2014, http://www.vanityfair.com/news/business/2014/10/air-france-flight-447-crash.
15. Tim Harford, "How Computers Are Setting Us Up for Disaster," *The Guardian*, October 11, 2016, https://www.theguardian.com/technology/2016/oct/11/crash-how-computers-are-setting-us-up-disaster.

第18章

1. L. Sweeney, "Discrimination in Online Ad Delivery," *Communications of the ACM* 56, no. 5 (2013): 44–54, https://dataprivacylab.org/projects/onlineads/.
2. 同上
3. "Racism Is Poisoning Online Ad Delivery, Says Harvard Professor," *MIT Technology Review*, February 4, 2013, https://www.technologyreview.com/s/510646/racism-is-poisoning-online-ad-delivery-says-harvard-professor/.
4. Anja Lambrecht and Catherine Tucker, "Algorithmic Bias? An Empirical Study into Apparent Gender-Based Discrimination in the Display of STEM Career Ads" (paper presented at the NBER Summer Institute, July 2017).
5. Diane Cardwell and Libby Nelson, "The Fire Dept. Tests That Were Found to Discriminate," *New York Times*, July 23, 2009, https://cityroom.blogs.nytimes.com/2009/07/23/the-fire-dept-tests-that-were-found-to-discriminate/?mcubz=0&_r=0; *US v. City of New York* (FDNY), https://www.justice.gov/archives/crt-fdny/overview.
6. Paul Voosen, "How AI Detectives Are Cracking Open the Black Box of Deep Learning," *Science*, July 6, 2017, http://www.sciencemag.org/news/2017/07/how-ai-detectives-are-cracking-open-black-box-deep-learning.
7. T. Blake, C. Nosko, and S. Tadelis, "Consumer Heterogeneity and Paid Search Effectiveness: A Large-Scale Field Experiment," *Econometrica* 83 (2015): 155–174.
8. Hossein Hosseini, Baicen Xiao, and Radha Poovendran, "Deceiving Google's

Cloud Video Intelligence API Built for Summarizing Videos" (paper presented at CVPR Workshops, March 31, 2017), https://arxiv.org/pdf/1703.09793.pdf; 以下も参照。"Artificial Intelligence Used by Google to Scan Videos Could Easily Be Tricked by a Picture of Noodles," *Quartz*, April 4, 2017, https://qz.com/948870/the-ai-used-by-google-to-scan-videos-could-easily-be-tricked-by-a-picture-of-noodles/.

9. たとえば、以下への多数の引用を参照。 C. S. Elton, *The Ecology of Invasions by Animals and Plants* (New York: John Wiley, 1958).
10. ウォータールー大学のパール・サリヴァン学部長、アレクサンダー・ワン教授、ウォータールー大学のそのほかの教授たちと 2016 年 11 月 20 日に行なわれた討論に基づく。
11. デバイス上での予測には四番目の利点があって、それには現実的な目的がある。たとえばグーグルグラスは、瞼《まぶた》の動きが瞬き（意図的でない）なのかウィンク（意図的）なのか、決断できなければならない。ウィンクならば、デバイスをコントロールする手段になるからだ。この決断にはスピードが求められるので、データをクラウドに送って回答を待つのは現実的ではない。予測マシンはデバイスに搭載される必要がある。
12. Ryan Singel, "Google Catches Bing Copying; Microsoft Says 'So What?'" *Wired*, February 1, 2011, https://www.wired.com/2011/02/bing-copies-google/.
13. なぜ受け入れられないのかについての議論に関しては、以下を参照。Shane Greenstein "Bing Imitates Google: Their Conduct Crosses a Line," *Virulent Word of Mouse* (blog), February 2, 2011, https://virulentwordofmouse.wordpress.com/2011/02/02/bing-imitates-google-their-conduct-crosses-a-line/; and Ben Edelman for a counterpoint, "In Accusing Microsoft, Google Doth Protest Too Much," *hbr.org*, February 3, 2011, https://hbr.org/2011/02/in-accusing-microsoft-google.html.
14. マイクロソフトの機械学習の操作を狙ったグーグルの試みが、あまりうまくいかなかったことも興味深い。実験は 100 回行なわれたが、ビングの検索結果に実際に表示されたのは 7 ～ 9 回だった。以下を参照。Joshua Gans, "The Consequences of Hiybbprqag'ing," *Digitopoly*, February 8, 2011; https://digitopoly.org/2011/02/08/the-consequences-of-hiybbprqaging/.
15. Florian Tramer, Fan Zhang, Ari Juels, Michael K. Reiter, and Thomas Ristenpart, "Stealing Machine Learning Models via Prediction APIs" (paper presented at the Proceedings of the 25th USENIX Security Symposium, Austin, TX, August 10–12, 2016), https://regmedia.co.uk/2016/09/30/sec16_paper_tramer.pdf.
16. James Vincent, "Twitter Taught Microsoft's AI Chatbot to Be a Racist Asshole in Less Than a Day," *The Verge*, March 24, 2016, https://www.theverge.com/2016/

3/24/11297050/tay-microsoft-chatbot-racist.
17. Rob Price, "Microsoft Is Deleting Its Chatbot's Incredibly Racist Tweets," *Business Insider*, March 24, 2016, http://www.businessinsider.com/microsoft-deletes-racist-genocidal-tweets-from-ai-chatbot-tay-2016-3?r=UK&IR=T.

第19章

1. James Vincent, "Elon Musk Says We Need to Regulate AI Before It Becomes a Danger to Humanity," *The Verge*, July 17, 2017, https://www.theverge.com/2017/7/17/15980954/elon-musk-ai-regulation-existential-threat.
2. Chris Weller, "One of the Biggest VCs in Silicon Valley Is Launching an Experiment That Will Give 3000 People Free Money Until 2022," *Business Insider*, September 21, 2017, http://www.businessinsider.com/y-combinator-basic-income-test-2017-9.
3. Stephen Hawking, "This Is the Most Dangerous Time for Our Planet," *The Guardian*, December 1, 2016, https://www.theguardian.com/commentisfree/2016/dec/01/stephen-hawking-dangerous-time-planet-inequality.
4. "The Onrushing Wave," *The Economist*, January 18, 2014, https://www.economist.com/news/briefing/21594264-previous-technological-innovation-has-always-delivered-more-long-run-employment-not-less.
5. 詳しくは以下を参照。John Markoff, *Machines of Loving Grace: The Quest for Common Ground Between Humans and Robots* (New York: HarperCollins, 2015)（ジョン・マルコフ『人工知能は敵か味方か』日経BP社、2016年、瀧口範子訳）; Martin Ford, *Rise of the Robots: Technology and the Threat of a Jobless Future* (New York: Basic Books, 2016); and Ryan Avent, *The Wealth of Humans: Work, Power, and Status in the Twenty-First Century* (London: St. Martin's Press, 2016).
6. Jason Furman, "Is This Time Different? The Opportunities and Challenges of AI," https://obamawhitehouse.archives.gov/sites/default/files/page/files/20160707_cea_ai_furman.pdf.
7. Claudia Dale Goldin and Lawrence F. Katz, *The Race between Education and Technology* (Cambridge, MA: Harvard University Press, 2009), 90.
8. Lesley Chiou and Catherine Tucker, "Search Engines and Data Retention: Implications for Privacy and Antitrust," working paper no. 23815, National Bureau of Economic Research, http://www.nber.org/papers/w23815.
9. Google AdWords, "Reach more customers with broad match," 2008.
10. アルゴリズムやデータやＡＩが独占禁止などにもたらす影響に関する論評については、以下を参照。Ariel Ezrachi and Maurice Stucke, *Virtual Competition: The Promise and Perils of the Algorithm-Driven Economy* (Cambridge, MA: Harvard University Press, 2016). 複数のアルゴリズムがひとつのアルゴリズムに

集約されるという見解に関しては、以下を参照。Pedro Domingos, *The Master Algorithm* (New York: Basic Books, 2015). そしてもうひとつ、スティーブ・ローは、企業が戦略的利点を確保するためデータに先行投資している状況について、以下の著書で取り上げている。Steve Lohr, *Dataism* (New York: Harper Business, 2015).
11. James Vincent, "Putin Says the Nation That Leads in AI 'Will Be the Ruler of the World,'" *The Verge*, September 4, 2017, https://www.theverge.com/2017/9/4/16251226/russia-ai-putin-rule-the-world.
12. 4つの報告書は以下の通り。(1) Jason Furman, "Is This Time Different? The Opportunities and Challenges of Artificial Intelligence" (remarks at AI Now, New York University, July 7, 2016), https://obamawhitehouse.archives.gov/sites/default/files/page/files/20160707_cea_ai_furman.pdf; (2) Executive Office of the President, "Artificial Intelligence, Automation, and the Economy," December 2016, https://obamawhitehouse.archives.gov/sites/whitehouse.gov/files/documents/Artificial-Intelligence-Automation-Economy.PDF; (3) Executive Office of the President, National Science and Technology Council, and Committee on Technology, "Preparing for the Future of Artificial Intelligence," October 2016, https://obamawhitehouse.archives.gov/sites/default/files/whitehouse_files/microsites/ostp/NSTC/preparing_for_the_future_of_ai.pdf; (4) National Science and Technology Council and Networking and Information Technology Research and Development Subcommittee, "The National Artificial Intelligence Research and Development Strategic Plan," October 2016, https://obamawhitehouse.archives.gov/sites/default/files/whitehouse_files/microsites/ostp/NSTC/national_ai_rd_strategic_plan.pdf.
13. Dan Trefler and Avi Goldfarb, "AI and Trade," in Ajay Agrawal, Joshua Gans, and Avi Goldfarb, eds., *Economics of AI*, forthcoming.
14. Paul Mozur, "Beijing Wants AI to Be Made in China by 2030," *New York Times* , July 20, 2017, https://www.nytimes.com/2017/07/20/business/chinaartificial-intelligence.html?_r=0.
15. "Why China's AI Push Is Worrying," *The Economist*, July 27, 2017, https://www.economist.com/news/leaders/21725561-state-controlled-corporations-are-developing-powerful-artificial-intelligence-why-chinas-ai-push?frsc=dg%7Ce.
16. Paul Mozur, "Beijing Wants AI to Be Made in China by 2030," *New York Times*, July 20, 2017, https://www.nytimes.com/2017/07/20/business/china-artificial-intelligence.html?_r=0.
17. 同上
18. Image 37 of Impact of Basic Research on Technological Innovation and National Prosperity: Hearing before the Subcommittee on Basic Research of the

Committee on Science, House of Representatives, One Hundred Sixth Congress, first session, September 28, 1999, 27.
19. "Why China's AI Push Is Worrying."
20. Will Knight, "China's AI Awakening," *MIT Technology Review*, November 2017.
21. Jessi Hempel, "How Baidu Will Win China's AI Race—and Maybe the World's," *Wired*, August 9, 2017, https://www.wired.com/story/how-baidu-will-win-chinas-ai-raceand-maybe-the-worlds/.
22. Will Knight, "10 Breakthrough Technologies—2017: Paying with Your Face," *MIT Technology Review*, March–April 2017, https://www.technologyreview.com/s/603494/10-breakthrough-technologies-2017-paying-with-your-face/.
23. Oren Etzioni, "How to Regulate Artificial Intelligence," *New York Times*, September 1, 2017, https://www.nytimes.com/2017/09/01/opinion/artificial-intelligence-regulations-rules.html?_r=0.
24. Aleecia M. McDonald and Lorrie Faith Cranor, "The Cost of Reading Privacy Policies," *I/S* 4, no. 3 (2008): 543–568, http://heinonline.org/HOL/Page?handle=hein.journals/isjlpsoc4&div=27&g_sent=1&casa_token=&collection=journals.
25. Christian Catalini and Joshua S. Gans, "Some Simple Economics of the Blockchain," working paper no. 2874598, Rotman School of Management, September 21, 2017, and MIT Sloan Research Paper No. 5191-16, https://ssrn.com/abstract=2874598.
26. Nick Bostrom, *Superintelligence* (Oxford, UK: Oxford University Press, 2016)（ニック・ボストロム『スーパーインテリジェンス――超絶ＡＩと人類の命運』日本経済新聞出版社、2018 年、倉骨彰訳）.
27. この論争を取り上げた最近の優れた解説は以下。Max Tegmark, *Life 3.0: Being Human in the Age of Artificial Intelligence* (New York: Knopf, 2017).
28. "Prepare for the Future of Artificial Intelligence," Executive Office of the President, National Science and Technology Council, Committee on Technology, October 2016.

FREEWILL

〔訳者略歴〕
小坂恵理（こさか・えり）
翻訳家。慶應義塾大学文学部英米文学科卒業。訳書にセガール『貨幣の「新」世界史』、ローズ『平均思考は捨てなさい』、ストーン&カズニック『オリバー・ストーンが語る　もうひとつのアメリカ史２』（共訳、以上早川書房刊）、ダイアモンド&ロビンソン編著『歴史は実験できるのか』、ハンソン『全脳エミュレーションの時代』ほか多数。

予測《よそく》マシンの世紀《せいき》
ＡＩが駆動する新たな経済
2019年２月10日　初版印刷
2019年２月15日　初版発行
＊
著　者　アジェイ・アグラワル
　　　　ジョシュア・ガンズ
　　　　アヴィ・ゴールドファーブ
訳　者　小《こ》坂《さか》恵《え》理《り》
発行者　早　川　　浩
＊
印刷所　中央精版印刷株式会社
製本所　中央精版印刷株式会社
＊
発行所　株式会社　早川書房
東京都千代田区神田多町２−２
電話　03-3252-3111（大代表）
振替　00160-3-47799
http://www.hayakawa-online.co.jp
定価はカバーに表示してあります
ISBN978-4-15-209837-5　C0033
JASRAC 出 1814635-801
Printed and bound in Japan
乱丁・落丁本は小社制作部宛お送り下さい。
送料小社負担にてお取りかえいたします。